STUDIES ON VOLTAIRE AND
THE EIGHTEENTH CENTURY

270

General editor

PROFESSOR H. T. MASON

Department of French
University of Bristol
Bristol BS8 1TE

LISE ANDRIES

La Bibliothèque bleue au dix-huitième siècle: une tradition éditoriale

THE VOLTAIRE FOUNDATION

AT THE TAYLOR INSTITUTION, OXFORD

1989

© 1989 University of Oxford

ISSN 0435-2866

ISBN 0 7294 0391 2

*The publications of the
Voltaire Foundation are printed
on durable acid-free paper*

British Library cataloguing in publication data

Andries, Lise
La Bibliothèque bleue au dix-huitième siècle:
une tradition éditoriale.
— (Studies on Voltaire and the eighteenth century,
ISSN 0435-2866; 270)
1. France. Publishing history
I. Title II. Voltaire Foundation III. Series
070.5'0944

ISBN 0-7294-0391-2

Printed in England at The Alden Press, Oxford

Table des matières

Remerciements

Je voudrais remercier tous ceux qui ont contribué à l'élaboration de ce travail, madame Michèle Duchet, monsieur Georges Benrekassa, madame Veyrin-Forrer, Mlle Geneviève Guilleminot, Mlle Françoise Weil et, surtout, Jacques Andries et Geneviève Bollème, qui a eu la générosité de m'ouvrir son important fichier sur la Bibliothèque bleue et m'a encouragée et aidée tout au long de mes recherches.

Introduction

POURQUOI s'intéresse-t-on aujourd'hui à la Bibliothèque bleue et, plus généralement, à la littérature populaire? Il semble bien que la prise en compte depuis
une quinzaine d'années des littératures marginales et des 'contrecultures'[1]
traduise, sans l'avouer, une valorisation romantique de la marginalité et, en ce
qui concerne la Bibliothèque bleue, la quête nostalgique du passé. Dans la
mouvance de la nouvelle histoire, qui privilégie l'histoire des individus, la
Bibliothèque bleue semble correspondre à la face cachée de la culture d'ancien
régime, puisque c'est une littérature de masse dont le statut est d'être rejetée
et oubliée.

Or, toute recherche dans ce domaine doit se garder de célébrer naïvement
ces vestiges de la culture populaire ou de projeter des clivages politiques actuels
dans un univers culturel qui leur est étranger. A elles seules, les notions de
'peuple' et de 'populaire' suscitent des réactions passionnées. Comme le rappelle
Richard Hoggart, les mots 'travailleurs' et 'classes populaires' ont une aura
romantique et lui-même reconnaît que sa propre enquête sur la classe ouvrière
'était teintée dès le départ d'une sorte de nostalgie'.[2] Enfin, l'analyse de la
Bibliothèque bleue présente les difficultés de toute étude pluridisciplinaire à
l'intersection de l'histoire, de la littérature et de la sociologie, et cela pour deux
raisons: en tant qu'objet d'étude, la Bibliothèque bleue apparaît comme un
phénomène culturel traversé par l'histoire; et dans sa structure interne, elle
regroupe des ouvrages abordant les sujets les plus divers, la religion, les
techniques, le théâtre, l'histoire ... L'originalité de cette collection en marge
de la production 'savante' est qu'elle en reflète à sa manière le large éventail
de titres.

C'est d'ailleurs, en grande partie, sur la relation complexe entre production
savante et édition populaire à la fin du dix-septième siècle et au dix-huitième
siècle que repose la problématique de ce travail. L'idée d'une démarcation entre
culture savante et culture populaire, si elle a le mérite d'être claire, ne peut
fonctionner seule ici. Tout au long de la recherche, des émergences et des
mises en parallèle résultent d'échanges culturels entre le monde savant et le
public populaire. Il faudrait également redéfinir ces deux termes, qui n'existent

---

1. Voir Bernard Mouralis, *Les Contre-littératures* (Paris 1975).
2. Richard Hoggart, *The Uses of literacy* (London 1957), p.17: 'Some kind of nostalgia was
colouring the material in advance'. Hoggart étudie la classe ouvrière du Nord de l'Angleterre dans
les années qui suivent la dernière guerre.

que dans leur exclusion réciproque. Car où commence la production savante? S'agit-il de textes à diffusion limitée, par opposition à la diffusion de masse? Dans ce cas seraient populaires, et non savants, *Robinson Crusoë* ou les *Aventures de Télémaque* de Fénelon, dont le succès fut considérable au dix-huitième siècle. En fait, la distinction entre secteurs savants et sujets populaires, qui n'est d'ailleurs pas dénuée de critères subjectifs, ne peut s'appliquer à la Bibliothèque bleue, qui proposait à ses lecteurs une vision globale du monde. Le statut de cette collection est ambigu. Doit-elle être considérée comme populaire parce qu'elle avait acquis une indéniable popularité ou parce qu'elle était proche du peuple? Qualifier la Bibliothèque bleue de 'littérature populaire', ce serait alors tenir compte essentiellement du public auquel elle s'adresse. Car elle est, par l'origine des ouvrages, une littérature savante et ne s'intègre dans la culture populaire que par le biais de ses lecteurs. Tout le problème est alors de savoir si le fait qu'elle soit lue par le peuple suffise à la définir comme une littérature populaire.

Il serait, d'ailleurs, illusoire de croire à l'authenticité d'une écriture issue du peuple: si les traditions orales et le folklore peuvent à juste titre être considérés comme des créations populaires transmises par la mémoire collective, peut-on imaginer des textes écrits qui ne soient pas le produit de la culture lettrée? Les écrivains qui, comme Jamerey-Duval ou Restif de La Bretonne, sont fils de paysans ne renient pas leur passé, mais leur écriture et jusqu'à leur attitude à l'égard du peuple sont celles d'hommes des Lumières. D'autre part, comme plusieurs enquêtes ethnologiques l'ont montré, les progrès de l'alphabétisation et l'accès des classes populaires à l'écriture provoquent rapidement la disparition des conteurs.[3] C'est pourquoi la Bibliothèque bleue ne saurait correspondre à l'image mythique d'une langue populaire qui aurait la spontanéité d'un retour aux sources et s'opposerait à l'artifice stérile de la culture savante. Pourtant, Charles Nodier, cédant à une vision romantique de cette littérature, la décrivait ainsi:

Ces livres que dédaignent notre expérience morose et notre savoir pédantesque, archives ingénues du *bon vieux temps*, conservent en eux tout ce que la vieillesse des nations, comme celle des hommes, aime à conserver du passé [...]. Candeur et bravoure, franchise et loyauté, patience et dévouement, tous les traits distinctifs de notre vieux caractère national brillent d'un éclat ineffaçable dans les chroniques aujourd'hui si délaissées de la Bibliothèque bleue.[4]

Les livres de la Bibliothèque bleue n'appartiennent pas véritablement à la

---

3. Voir, par exemple, l'enquête menée par A. B. Lord sur les conteurs yougoslaves, dans *The Singer of tales* (New York 1965).
4. Charles Nodier, préface à *Nouvelle Bibliothèque bleue, ou légendes populaires de la France* (Paris 1842).

culture populaire mais ils entretiennent avec elle des relations complexes qu'il faudra analyser.

Cette problématique a été évoquée dans plusieurs ouvrages et articles depuis une quinzaine d'années. Mais dès le Second Empire, la Bibliothèque bleue a inspiré divers travaux d'érudition, l'ouvrage le plus célèbre et le plus complet étant l'*Histoire des livres populaires ou de la littérature de colportage* par Charles Nisard, membre de la commission chargée sous le Second Empire de censurer les livres de colportage.[5] Plus tard les travaux d'A. Assier, Corrard de Breban, A. Socard, et Louis Morin retracent l'histoire des imprimeurs de la Bibliothèque bleue.[6] Mais c'est seulement en 1964, grâce à l'ouvrage de Robert Mandrou, *De la culture populaire aux 17e et 18e siècles: la Bibliothèque bleue de Troyes*, que l'on s'intéresse de nouveau à la Bibliothèque bleue dans une perspective socio-historique qui l'intègre à l'histoire des mentalités.[7] Cet ouvrage, qui présente cependant une analyse assez rapide de la collection, fera date. A partir de ce moment, divers travaux se succèdent, portant sur la culture populaire. En 1968 paraît l'étude de Marc Soriano sur *Les Contes de Perrault: culture savante et traditions populaires*, et, en 1971, Geneviève Bollème réunit une anthologie de textes de la Bibliothèque bleue sous le titre *La Bibliothèque bleue: la littérature populaire en France du XVIIe au XVIIIe siècles*.[8] La vente par colportage, dont Pierre Brochon avait décrit les mécanismes dès 1954, est analysée également par Jean-Jacques Darmon dans *Le Colportage de librairie en France sous le Second Empire: grands colporteurs et culture populaire*.[9] Plus récemment une exposition à la Bibliothèque nationale sur 'Le livre dans la vie quotidienne'[10] et des colloques[11] ont apporté des compléments d'information sur le sujet. Enfin, en 1974 Alfred Morin publie un *Catalogue descriptif de la Bibliothèque bleue de Troyes* dans lequel sont répertoriés les livrets bleus conservés à la bibliothèque de

5. Charles Nisard, *Histoire des livres populaires ou de la littérature de colportage* (Paris 1864).

6. Alexandre Assier, *La Bibliothèque bleue depuis Jean Oudot Ier jusqu'à M. Baudot, 1600-1863* (Paris 1874); Corrard de Breban, *Recherches sur l'établissement et l'exercice de l'imprimerie à Troyes* (Paris 1873); A. Socard, *Livres populaires imprimés à Troyes, 1600-1800* (Paris 1864); Louis Morin, *Histoire corporative des artisans du livre à Troyes* (Troyes 1900).

7. Robert Mandrou, *De la culture populaire aux 17e et 18e siècles: la Bibliothèque bleue de Troyes* (Paris 1964; réédition, avec texte remanié: Paris 1975).

8. Marc Soriano, *Les Contes de Perrault: culture savante et traditions populaires* (Paris 1973); Geneviève Bollème, *La Bibliothèque bleue: la littérature populaire en France du XVIIe au XVIIIe siècles* (Paris 1971).

9. Pierre Brochon, *Les Livres de colportage en France depuis le XVe siècle* (Paris 1954); Jean-Jacques Darmon, *Le Colportage de librairie en France sous le Second Empire: grands colporteurs et culture populaire* (Paris 1972).

10. Exposition organisée en 1975 par Roger Pierrot et Albert Labarre.

11. *Images du peuple au XVIIIe siècle*, colloque d'Aix-en-Provence, 25-26 octobre 1969 (Paris 1973); *Le Livre d'aventures dans la littérature populaire*, colloque de Lyon, mars 1983 (Lyon 1985).

Troyes, ainsi qu'un certain nombre d'éditions provenant d'autres bibliothèques et de collections privées.[12]

Ces toutes dernières années, les articles et les livres qui ont paru dans ce domaine ont souvent adopté des positions polémiques. Le problème est, en effet, de savoir quelle place accorder à la Bibliothèque bleue par rapport à l'ensemble de la production imprimée, de cerner son public et, surtout, de définir le 'savant' et le 'populaire'. Pour Henri-Jean Martin, qui publia en 1975 un article sur la culture écrite et orale sous l'ancien régime, et pour Roger Chartier, les lecteurs de la Bibliothèque bleue n'appartiennent pas, à proprement parler, aux classes populaires.[13] Littérature savante à l'origine, cette collection s'adresse, selon eux, à de petits notables des villes et de la campagne. Pour Robert Muchembled, au contraire, la Bibliothèque bleue est un instrument de propagande politique et d'aliénation culturelle des masses.[14]

L'objet de ce travail n'est pas de polémiquer mais de définir, à partir d'un corpus de textes aussi rigoureux que possible, l'objet 'Bibliothèque bleue'. Pour ce faire, il a paru nécessaire d'aborder dans une première partie divers aspects qui ont été déjà traités ailleurs – le système de vente par colportage, les imprimeurs, les problèmes de censure sous l'ancien régime ... – afin de rassembler sous forme de synthèse des éléments souvent évoqués de façon partielle. Car comment étudier la Bibliothèque bleue sans la situer dans un système économique où les critères de rentabilité sont des données essentielles? Le livret bleu est, plus que tout autre ouvrage à l'époque, à la fois livre et marchandise. D'autre part, la description de son réseau de vente et de son public permet d'en cerner plus précisément la portée sociologique. Ainsi devenait-il possible de définir les conditions matérielles d'existence de la Bibliothèque bleue. Cette définition extérieure aux textes mêmes permettait alors dans un second temps de procéder à une analyse de contenu. Celle-ci n'a pu être faite à partir d'un objet d'étude déjà constitué. La grosse difficulté de ce travail a été de réunir un corpus cohérent d'ouvrages se présentant dans les bibliothèques de manière éparse; un recensement a cependant été déjà effectué par Alfred Morin et Geneviève Bollème.[15] La première étape de la thèse permit de définir les critères de sélection qui nous semblaient les plus rigoureux pour mener à bien cette recherche. Mais il fallut ensuite – ce fut un travail long et

---

12. Alfred Morin, *Catalogue descriptif de la Bibliothèque bleue de Troyes* (Genève 1974).

13. Henri-Jean Martin, 'Culture écrite et culture orale, culture savante et culture populaire dans la France d'ancien régime', *Journal des savants* (1975), p.225-82; Roger Chartier, 'La culture populaire en question', *Histoire* 8 (1981), p.68-90.

14. Robert Muchembled, *Culture populaire et culture des élites dans la France moderne, XVe-XVIIIe siècles* (Paris 1977), voir en particulier p.353-66.

15. Alfred Morin, *Catalogue descriptif*; Geneviève Bollème, *La Bible bleue* (Paris 1975), p.405-72: Répertoire de titres.

minutieux – classer les ouvrages par tranches chronologiques pour pouvoir en étudier l'évolution.

L'analyse évolutive n'a pas pris la forme d'une étude textuelle mais d'une étude des titres et des différentes rubriques du corpus. L'objectif était, en effet, de démontrer que la Bibliothèque bleue n'est pas une littérature immobile, contrairement à certains jugements portés sur elle.[16] Ces jugements dénotent une attitude stéréotypée et dévalorisante à l'égard des classes populaires. Quand on présente la Bibliothèque bleue comme telle, on identifie les lectures du peuple à la culture des sociétés 'sans histoire' et on considère comme acquise l'idée que, pendant des siècles, les classes populaires se sont contentées de lire et de 'ressasser' des textes toujours identiques. On a beau jeu, dans ce cas, de parler de conservatismes culturels et de visions archaïques du monde. En réalité, l'étude de l'évolution des titres (à partir d'un corpus de 875 éditions) montre que la Bibliothèque bleue se transforme, à un rythme bien plus lent, il est vrai, que celui de la production savante.

Enfin, dans une dernière étape, on a tenté de déterminer les principales filières culturelles que l'étude évolutive du corpus avait mises en évidence et de constituer, par des recoupements thématiques, la structure interne du corpus. Il nous a semblé important, en effet, d'examiner la cohésion d'une collection pourtant construite à partir d'éléments dispersés, pour pouvoir mieux définir ses liens avec la culture savante. Comme il a été dit, le but de ce travail n'est pas de procéder à une histoire des mentalités populaires mais d'étudier des phénomènes d'échanges et de transmissions culturels. En effet, l'on ne peut considérer les livres de la Bibliothèque bleue comme les 'reflets' des mentalités populaires. Aucun livre, aucun corpus de titres ne permettent de reconstruire, à coup sûr, l'univers mental des lecteurs. Comment en effet savoir de quelle manière ces textes étaient reçus? Il faudrait disposer de témoignages. Or, les lecteurs de la Bibliothèque bleue ont, beaucoup moins que d'autres, accès à la culture écrite et ne rédigent pas leurs mémoires. Si l'on ne dispose pas de documents exceptionnels,[17] les phénomènes de réception et d'assimilation des textes restent difficiles à cerner. Pourtant, il est frustrant sur le plan intellectuel de renoncer totalement à une telle analyse et quelques éléments en permettent l'approche. En premier lieu, le succès d'un ouvrage, tel que l'indiquent le

---

16. 'Le monde immobile de la littérature de colportage' (Muchembled, *Culture populaire et culture des élites*, p.353); 'Cette culture-ci demeure, à travers deux siècles, une vision inchangée de mondes, partie réels, partie imaginaires, où les Fées, les Saints, les Géants tiennent autant de place que les hommes' (Mandrou, *De la culture populaire*, p.162).

17. Carlo Ginzburg, dans *Le Fromage et les vers* (Paris 1980), a pu étudier, par exemple, à partir d'archives judiciaires, la manière dont Menocchio, meunier frioulan du seizième siècle, tirait parti de ses lectures pour construire un système de l'univers.

nombre de ses rééditions ou l'importance des chiffres de tirage, est un bon indice concernant les choix de lecture (sans qu'il faille pour autant assimiler choix de lecture et attitudes devant la vie). Des cas flagrants comme le pourcentage énorme des livrets religieux dans la Bibliothèque bleue attestent, de la part du public, un intérêt réel pour le sacré. D'autre part, la perspective dans laquelle s'orientent les travaux de H. R. Jauss ouvre des possibilités nouvelles.[18] Restituant au destinataire d'une œuvre toute sa place dans l'histoire littéraire, Jauss évoque, en particulier, l'existence de signaux inscrits dans les textes eux-mêmes et renvoyant le lecteur à des expériences affectives ou culturelles déjà enregistrées dans sa mémoire. L'intérêt d'une étude de la Bibliothèque bleue selon cette problématique est de considérer les ouvrages comme des chaînons reliant une expérience culturelle et historique présente à des souvenirs de lecture antérieurs ou transmis par la tradition.

18. H. R. Jauss, *Pour une esthétique de la réception* (Paris 1978).

I

Présentation générale

1. Essai de définition

i. Aspect matériel

La Bibliothèque bleue se définit d'abord par son aspect matériel. La couverture bleu gris qui la recouvre et qui servait autrefois à envelopper les pains de sucre lui a donné son nom. Cette dénomination semble être apparue au début du dix-huitième siècle. Dans le dictionnaire de Furetière, il n'est encore question que de 'contes bleus', qui ont un sens trop général pour désigner les livrets de colportage. C'est dans le catalogue d'ouvrages vendus au début du dix-huitième siècle par la veuve Nicolas Oudot sous le titre de 'Livres récréatifs, appelés communément la Bibliothèque bleue' que l'expression se fixe définitivement. Les livrets bleus étaient également appelés des 'bluets' au dix-huitième siècle et Littré en donne la définition suivante: 'signifiait aussi dans le commencement du XVIIe siècle un petit livre couvert de papier bleu qui contenait le plus souvent des contes de fées et qui appartenait à la Bibliothèque bleue'. Cette définition, qui comporte des inexactitudes quant à la datation et au contenu de la collection, peut cependant servir de référence. On peut s'interroger sur le sens symbolique de telles dénominations. Dès le dix-septième siècle, selon A. Assier, ces romans étaient identifiés aux contes de bonnes femmes, appelés 'contes bleus, contes borgnes, contes de loup'.[1] Mais pour Geneviève Bollème, le bleu évoque aussi le 'papier bleu, bleu des pauvres, mais bleu des pauvres aussi parce que le bleu symbolise la naïveté, le rêve, la dévotion'.[2]

Cette couverture bleue, ne comportant ni titre ni indication d'auteur, est donc un premier critère qui différencie ces ouvrages du reste de la production imprimée. On peut en dire autant de la qualité du papier, épais et grisâtre, que seuls les éditeurs clandestins de pamphlets utilisent aussi. D'autre part, ces livres ont presque tous l'apparence de fragiles brochures comportant moins d'une cinquantaine de pages. Leur format, variable au dix-septième siècle, se réduit progressivement à celui des livres in-8 et in-16. Enfin, l'impression est mauvaise, les coquilles nombreuses et la pagination défectueuse. Tout témoigne du peu de soin qu'on a mis à les imprimer. Textes faits à la va-vite, produits massivement pour des lecteurs peu exigeants, ils satisfont à des critères de rentabilité: fabriqués au moindre coût, ils peuvent se vendre à bas prix et sont, par leur dimension, parfaitement adaptés au ballot du colporteur.

1. Assier, *La Bibliothèque bleue depuis Jean Oudot Ier*, p.15.
2. Bollème, *La Bible bleue*, p.21.

9

ii. Les imprimeurs

La Bibliothèque bleue se définit aussi par ses lieux d'impression et ses imprimeurs car elle est assez vite diffusée par des éditeurs spécialisés dont les noms
sont bien connus aux dix-septième et dix-huitième siècles. Les débuts de la
collection posent un problème de datation car la Bibliothèque bleue est issue
d'une tradition éditoriale plus ancienne. Ses premiers éditeurs, Jean et Nicolas
Oudot de Troyes et la veuve Costé à Rouen, puisent, au début du dix-septième
siècle, dans un fonds de librairie constitué à la Renaissance. Les ouvrages qui
sont alors réédités appartiennent rarement à la diffusion lettrée du seizième
siècle. Ils correspondent le plus souvent à des catégories de livres – les romans
de chevalerie en sont un exemple – et à des titres publiés par des éditeurs qui,
déjà à la Renaissance, s'adressaient à un large public: Olivier Arnoullet à Lyon,
Jehan Bonfons et la veuve Trepperel à Paris et, à la fin du seizième siècle,
Benoît Rigaud, dont la liste de publications est très proche de celle de la
Bibliothèque bleue.[3] On sait aussi que plusieurs merciers d'Amiens vendent à
cette époque des psautiers, des livres d'heures et des 'fatras'.[4] On ne peut donc
faire coïncider les débuts de la littérature de colportage avec ceux de la
Bibliothèque bleue, cette forme de diffusion existant probablement dès le
seizième siècle. Quant au moment où paraissent les premières plaquettes sous
couverture bleue, il est, lui aussi, difficile à préciser. On s'accorde, en général,
à considérer que les débuts de la collection datent des années 1650. Mais c'est
dans les premières années du dix-septième siècle que se constituent de véritables
dynasties d'imprimeurs qui se partageront ensuite, pendant deux siècles, la
publication des textes de colportage. Nous ne décrirons pas dans le détail
l'histoire de ces imprimeurs parce que diverses études existent déjà sur le sujet[5]
et que nous insisterons plutôt sur la manière dont était organisé le commerce
de ce genre de livres à la fin de l'ancien régime.

On trouve ainsi à Troyes au dix-septième siècle plusieurs imprimeurs qui
diffusent les textes de la Bibliothèque bleue au même moment que Nicolas
Oudot et ses successeurs, Parre Piot, les Briden et les Febvre (ces derniers
sont, jusqu'au dix-huitième siècle, une des grandes familles d'imprimeurs
troyens et publient, en même temps que des livrets bleus, divers autres ouvrages).
La prépondérance troyenne semble s'établir vers le milieu du dix-septième

3. Voir Jean-Paul Oddos, 'Simples notes sur les origines de la Bibliothèque dite bleue', *Quaderni
del Seicento francese* 4 (1981), p.162-63.
4. Martin, 'Culture écrite et culture orale', p.233. Pour plus de détails, voir A. Labarre, *Le Livre
dans la vie amiénoise du XVIe siècle: l'enseignement des inventaires après décès 1503-1576* (Paris, Louvain,
Nauwelaerts 1971).
5. Socard, *Livres populaires*; Corrard de Breban, *Recherches sur l'imprimerie à Troyes*; Louis Morin,
Histoire corporative.

siècle, c'est-à-dire au moment où les Oudot prennent l'initiative de renouveler l'aspect des ouvrages de colportage pour mieux les adapter à ce type de diffusion. Jusqu'à cette époque, la littérature de colportage ne se différencie pas nettement de l'ensemble des textes imprimés, si ce n'est par la mauvaise qualité déjà apparente de la typographie. Or, à partir des années 1650, ce qu'on appelle la littérature de colportage, c'est-à-dire la littérature bon marché vendue par les colporteurs, se confond avec l'histoire de la Bibliothèque bleue.

En effet, un réseau de vente remarquablement efficace se met rapidement en place. En 1665 un des fils de Nicolas I Oudot s'installe à Paris, rue de La Harpe, et vend en grande quantité des ouvrages qui continuent d'être imprimés à Troyes. Les Oudot travaillent d'ailleurs, depuis longtemps, pour les libraires parisiens et, surtout, pour A. de Rafflé, imprimeur-libraire, rue du Petit Pont. Celui-ci, reçu libraire en 1661, vend des abécédaires, des Vies de saints, des Bibles de Noël, des romans de chevalerie, enfin tout ce qui, dès cette époque, constitue le fonds de la Bibliothèque bleue. Jean Musier, autre marchand-libraire installé rue du Petit Pont depuis 1661, vend le *Jardin d'amour*, le *Secret des secrets de nature*, les *Facétieuses rencontres de Verboquet* ... sous couverture bleue. Comme le rappelle H. J. Martin:

Ce serait se faire une idée fausse de l'industrie du livre à cette époque que de penser que chaque libraire travaillait isolément à la publication de ses 'sortes'. Loin de là: l'association était alors, en effet, pratique courante à tous les échelons du monde de l'édition [...]. Ainsi, les libraires étalants eux-mêmes se groupent – parfois, paraît-il, par dizaines – pour publier des livrets et des plaquettes[6]

et réduire ainsi les frais. C'est pourquoi l'adresse 'à Troyes et se trouve à Paris' figure sur plusieurs brochures en guise de lieu d'impression. Cela signifie que l'éditeur est à Troyes et le dépositaire à Paris.[7]

Cette concentration de libraires à l'étalage, rue St Jacques, rue du Petit Pont, rue de La Harpe ou, pour un autre d'entre eux, Jean Promé, rue Dauphine, correspond à un phénomène sociologique intéressant. Le quartier de l'université est, de tradition, le quartier des imprimeurs-libraires et des 'suppôts de l'Université', et ceci dès le moyen âge. Mais les libraires qui diffusent les éditions troyennes sont loin d'avoir ce statut. Certains sont aussi marchands d'estampes, d'autres étalent leurs marchandises sur les ponts à la façon des bouquinistes actuels. Certains, enfin, tiennent boutique dans la cour du Palais de Justice comme par le passé:

Depuis le Moyen Age, des marchands de toutes sortes – merciers et marchands de mode surtout – s'étaient installés dans l'enceinte du Palais. Dès le XVe siècle, des libraires

6. H. J. Martin, *Livre, pouvoirs et société au XVIIe siècle* (Genève 1969), i.358.
7. Voir F. Weil, *L'Interdiction du roman et la Librairie, 1728 à 1750* (Paris 1986).

spécialisés dans l'édition des traités juridiques et surtout des livres en français destinés à un public plus large [...] étaient venus les y rejoindre.[8]

Ce phénomène n'est pas uniquement parisien et l'on trouve à Rouen, vers 1660, parmi les imprimeurs d'ouvrages à grande diffusion, Jacques Cailloué et Jacques Besongne, qui sont tous deux libraires 'dans la cour du Palais'. Ce système de vente des livres gardait donc au dix-septième siècle quelque chose de médiéval et les libraires, qu'ils fussent vendeurs à l'étalage ou qu'ils eussent pignon sur rue, s'adressaient à une clientèle composite de clercs de la basoche et de badauds à l'affût de nouveautés divertissantes. Ce n'était pas encore le public populaire du dix-huitième siècle. Les enseignes portaient des noms poétiques imprégnés, eux aussi, de l'imagerie médiévale: 'au Chapon d'or couronné', 'à l'Imprimerie du Levant', 'à l'enseigne du nom de Jésus', 'à l'Image Notre-Dame' ...

Pourtant, le réseau de vente qui s'organise à la fin du dix-septième siècle est déjà de conception moderne. 'Les inventaires après décès de Jacques II Oudot et d'Etienne Garnier montrent que des dépôts de la Bibliothèque bleue existaient dans toutes les grandes villes de la région comprise entre Saumur, Besançon, Lille et Nevers',[9] et, selon Geneviève Bollème, 150 imprimeurs répartis dans soixante-dix centres diffusaient la Bibliothèque bleue au dix-huitième siècle.[10] Tous ne travaillaient pas en association avec les éditeurs troyens. Un peu partout étaient apparues des contrefaçons ou, plutôt, des collections d'ouvrages imitant la Bibliothèque bleue, sans lui ressembler tout à fait: les titres ou la couleur de la couverture pouvaient être différents mais les variations restaient limitées. C'est que l'entreprise des Oudot se révèle très rentable et il est compréhensible que la prospérité de cette famille ait suscité chez d'autres imprimeurs le désir de prendre la relève – prospérité manifeste, si l'on en juge par les inventaires après décès, qui au dix-huitième siècle témoignent d'une solide fortune.

L'efficacité de ce quadrillage géographique des centres d'impression se renforce par le fait que se constituent dans plusieurs villes de véritables dynasties d'imprimeurs. Nous ne citerons que les plus importantes. A Troyes les Garnier concurrencent la famille Oudot à la fin du dix-septième siècle et Jean II Garnier rachète le fonds d'imprimerie des Oudot en 1762. Les impressions Garnier seront cédées, à leur tour, en 1830, à Charles-Louis Baudot, dont le fils est le dernier imprimeur troyen de la Bibliothèque bleue. (Les impressions s'achèvent définitivement en 1863.) A Rouen, ce sont les Oursel et les Besongne qui assurent l'impression de la Bibliothèque bleue à la fin du dix-septième siècle

8. Martin, *Livre, pouvoirs et société*, i.346.
9. Louis Morin, *Histoire corporative*, p.256.
10. Bollème, *La Bibliothèque bleue*, p.12.

et au début du dix-huitième. Voici le jugement significatif que porte G. Lepreux sur les productions de la veuve Jean Oursel: '[elle vendait] une foule de petits livres populaires, qu'à l'instar des imprimeurs de Troyes, elle jetait à profusion sur le marché, et qui sont de véritables horreurs'.[11] Signalons en passant qu'une bonne partie des bibliophiles ont porté ce jugement plein de mépris sur la Bibliothèque bleue, du dix-neuvième siècle à une époque récente. Le fonds des Besongne – une des grandes familles d'imprimeurs rouennais – est racheté par Jean-François Behourt, dont la veuve le cède ensuite à Pierre Seyer en 1761. Pierre Seyer se signalera pendant la Révolution par son activisme républicain: 'il imprime un calendrier de la Prise de la Bastille en 1790, une Civilité républicaine [...] et l'Alphabet national, contenant les Droits de l'homme'.[12] Pendant la Révolution s'est d'ailleurs produite une scission entre les éditeurs de colportage gardant une neutralité politique et ceux qui diffusaient la propagande jacobine. Deux autres centres d'impression deviennent très actifs après 1750: il s'agit de Limoges, où deux familles d'imprimeurs, les Chapoulaud et les Farne, publient la Bibliothèque bleue, et de Caen, où les Chalopin dominent le marché.

Ces grandes dynasties d'imprimeurs qui ont fait fortune au dix-huitième siècle n'ont pas grand chose à voir avec les libraires-étalagistes souvent misérables qui, dans les villes, exposent leurs productions. Le matériel d'impression des Oudot était considérable, et leur capacité de production les plaçait parmi les imprimeurs importants de l'époque. L'inventaire de la veuve Oudot indique en 1722 que 40.000 livrets environ se trouvaient en stock prêts à être expédiés, ainsi que des rames de feuilles susceptibles de 'composer par exemple plus de 360.000 livrets de 48 pages in 8°;[13] au moment où les Garnier et les Oudot écoulaient concurremment leurs livrets, la diffusion de la Bibliothèque bleue devait donc atteindre chaque année près d'un million d'exemplaires. En effet, en dehors des 'géants' de l'impression de colportage vivotaient aussi de petites entreprises à dimension familiale. Sous l'ancien régime elles étaient légion, assurant à la fois l'impression, l'édition et le commerce des livres puisque, comme on le sait, c'est seulement au dix-neuvième siècle que les métiers d'imprimeur, d'éditeur et de libraire se sont distingués. Ces imprimeries publiaient des impressions locales en même temps qu'elles diffusaient des éditions de la Bibliothèque bleue: 'faire-part, affiches, prospectus de toutes sortes, et aussi impression d'abécédaires ou encore de feuilles de classes pour le collège voisin'.[14] Ainsi,

11. G. Lepreux, *Répertoire biographique et chronologique de tous les imprimeurs de France depuis les origines jusqu'à la Révolution* (Paris 1912), t.iii: *Gallia typographica*, p.344-45.
12. René Hélot, *La Bibliothèque bleue en Normandie* (Rouen 1928), p.lxi.
13. Martin, 'Culture écrite et culture orale', p.245.
14. L. Febvre et H. J. Martin, *L'Apparition du livre* (Paris 1971), p.203.

la publication par centaines de milliers de Civilités chrétiennes, manuel de base de l'enseignement primaire avant la Révolution,[15] était pour elles, comme les commandes d'ouvrages religieux par le diocèse, un moyen de survivre. Enfin, les saints paroissiaux et les lieux de pèlerinage suscitent une abondante série de plaquettes, imprimées parfois sur une simple feuille, qui sortent de ces mêmes presses. Ce sont ces circuits qu'emprunte la Bibliothèque bleue.

Rappelons, pour l'ensemble de l'édition, la disparité au dix-huitième siècle entre Paris et la province.

Depuis Louis XIV, le nombre des ateliers est étroitement réglementé en France [...] Au total la province française compte en 1764 [...] 274 ateliers et neuf cents ouvriers tandis qu'on dénombre entre 1769 et 1771, à Paris, environ trois cents presses et sept cents à mille ouvriers.[16]

Les ateliers de province restent, pour la plupart, de petite dimension et ne font travailler régulièrement que quelques ouvriers typographes. Or, la Bibliothèque bleue, malgré la suprématie de la capitale dans le monde de l'édition, est un *phénomène essentiellement provincial* et l'on a vu que sa diffusion parisienne se faisait par le biais des imprimeurs troyens. Cependant, les centres d'impression provinciaux se limitent jusque vers 1750 à une zone géographique bien délimitée. L'impression et la diffusion concernent l'Ile de France, la Champagne, la Normandie et le Nord de la France, c'est-à-dire toute la partie du pays située au nord de la Loire. Cette frontière correspond à l'ancienne séparation linguistique entre pays d'oïl et pays d'oc, qui garde encore tout son sens au dix-huitième siècle et se traduit alors par une nette inégalité de l'alphabétisation. L'enquête menée par F. Furet et J. Ozouf montre, en effet, que la région sud du pays ainsi que la Bretagne ont un taux d'alphabétisation beaucoup plus faible (moins de 20% dans certains secteurs),[17] qui s'élève, cependant, progressivement, au cours du dix-huitième siècle.[17] Après 1750, Limoges puis Toulouse et Avignon deviennent, à leur tour, des centres d'impression de la Bibliothèque bleue mais, jusqu'à cette époque, la Bibliothèque bleue reste un phénomène lié à la civilisation d'oïl et sa diffusion s'étend tout naturellement aux régions où le taux d'alphabétisation est le plus élevé. Peut-être faut-il considérer de ce point de vue la Bibliothèque bleue, comme un facteur de normalisation linguistique s'opposant à la culture dialectale, selon l'analyse de R. Muchembled.[18]

15. Celles-ci s'inspirent du *De civilitate morum puerilium*, ouvrage d'Erasme publié en 1530. Le texte de Jean-Baptiste de La Salle ne se répand dans la littérature de colportage qu'à la fin du dix-huitième siècle.
16. H. J. Martin, 'La librairie française en 1777-1778', *Dix-huitième siècle* 11 (1979), p.95.
17. François Furet et Jacques Ozouf, *Lire et écrire* (Paris 1978), p.75-85.
18. Muchembled, *Culture populaire et culture des élites*, p.362.

2. La diffusion

i. Marchands et colporteurs

ON a vu qu'une partie de la vente se fait directement chez le libraire: libraire ayant pignon sur rue mais aussi libraire étalant ses ouvrages et ses brochures le long des quais ou dans le quartier du Pont-Neuf, petits marchands installés à la porte des églises et sur les lieux de pèlerinage ou bien boutiquiers vendant un peu de tout, comme ce mercier d'un quartier populaire de Grenoble qui, en 1742, a sur ses étagères mouchoirs, rubans, assiettes, miroirs et livres de la Bibliothèque bleue au nombre de deux mille![1] C'est bien ce genre de marchandises qu'on trouve pêle-mêle dans la hotte du colporteur. D'autre part, l'exemple de ce marchand rappelle à la fois les liens assez mystérieux qui unissent la corporation des merciers, ou 'mercelots', et celle des colporteurs, et annonce, plus d'un siècle à l'avance, le développement systématique de nouveaux réseaux de distribution.[2]

Cependant, la caractéristique essentielle de la diffusion populaire au dix-huitième siècle est la vente par colportage. A la ville, les colporteurs vendaient dans les rues, à la criée.[3] A la campagne passaient de village en village les colporteurs, ou 'porte-balles', figures presque mythiques. Avant de mieux les décrire et pour ne pas céder justement à la facilité d'une reconstitution plus mythique qu'historique de la réalité, insistons d'abord sur deux aspects de la vente par colportage: le terme de 'colporteur' regroupe des genres de marchands forts différents, du pauvre hère à l'aventurier lettré du dix-huitième siècle; d'autre part, les marchandises que transporte le colporteur sont diverses. Si les colporteurs de la Bibliothèque bleue sont pour la plupart des libraires ambulants se limitant au commerce des livres, à l'exclusion d'autre chose, les ouvrages qu'ils proposent peuvent aussi bien être des livrets bleus que des publications différentes et parfois même des ouvrages d'occasion appartenant à la diffusion

---

1. Jacques Solé, 'Lecture et classes populaires à Grenoble au XVIIIe siècle: le témoignage des inventaires après décès', dans *Images du peuple au XVIIIe siècle*, colloque d'Aix-en-Provence, 25-26 octobre 1969 (Paris 1973), p.101.

2. Dans les années 1860, la vente de la presse populaire à grand tirage (celle du *Petit journal*, en particulier) était assurée en province par les épiciers de village, qui recevaient les journaux en dépôt.

3. Deux cris de libraires de la fin du dix-huitième siècle sont ainsi signalés: 'Avez-vous rêvé d'chats? Avez-vous rêvé d'chiens? Avez-vous vu d'l'eau trouble? Voilà l'explication de tous les rêves: un volume broché, avec des figures'; 'La Belle au bois dormant pour un sou. Cendrillon avec la gravure, la Belle au chaperon rose et le Conte de l'oiseau bleu: trois éditions pour deux sous' (cité par J. B. Gouriet, *Les Charlatans célèbres*, Paris 1819, p.317-18).

savante. La bibliothèque du colporteur de campagne est un bric-à-brac où se côtoient des textes de provenance diverse tirés des oubliettes de la librairie et plus ou moins adaptés à leur clientèle. Pourtant, comme on a déjà eu l'occasion de le rappeler, ce qu'on appelle la littérature de colportage sous l'ancien régime concerne la Bibliothèque bleue, littérature conçue pour ce type de diffusion et adaptée, à sa manière, à une clientèle populaire.

On peut établir une sorte de hiérarchie de la profession. Au sommet de l'échelle, on trouve des marchands ambulants, qui sont à peine des colporteurs si on donne au mot son sens étymologique: celui qui porte au cou sa marchandise. Ces marchands ambulants, ou marchands forains, parcourent la France, accompagnés parfois de quelques apprentis et munis d'une carriole à cheval. Il en est ainsi de Noël Gille, 'marchand forain libraire roulant par la France' juste avant la Révolution.[4] Il va de foire en foire proposant une considérable quantité de livres des plus divers puisqu'il possède des livres de théologie, des œuvres de Voltaire, des dictionnaires, des ouvrages techniques ... et quelques ouvrages interdits, comme les *Bijoux indiscrets*, qui lui valurent une arrestation. Peut-être vend-il aussi des livrets de la Bibliothèque bleue mais sa clientèle est plutôt lettrée et constituée d'ecclésiastiques, officiers civils, médecins, comme le prouve son livre de crédit. D'autre part, les libraires avec lesquels il est en relation ne sont pas, à l'exception de Besongne à Rouen, des éditeurs de colportage. La vie de ce marchand forain est difficile. La faillite, les maladies le guettent. Qu'en est-il alors de tous ceux, souvent misérables, qui parcourent la France à pied et sont les véritables diffuseurs de la Bibliothèque bleue? Rares sont ceux qui font fortune. Certains disparaissent un beau jour ou meurent au bord d'un chemin. De tous ces humbles voyageurs, peu de documents biographiques portent la trace. Anciens compagnons typographes, ouvriers au chômage, ou estropiés des campagnes militaires, tous ces colporteurs gonflent le nombre des errants qui, au dix-huitième siècle, sillonnent les routes de France.

En dehors de quelques ordonnances royales concernant le colportage – elles seront évoquées dans le chapitre 3 – on sait donc peu de choses de la vie de ces colporteurs, mi-vagabonds, mi-marchands. Les seules enquêtes approfondies dont nous disposons actuellement datent du Second Empire, moment où le pouvoir tente de cerner ce phénomène pour mieux le contrôler, ou sont fondées sur des documents de cette période.[5] Il est possible, cependant, à condition de reconnaître que pour l'ancien régime notre démarche consiste en

---

4. Voir Anne Sauvy, 'Noël Gille dit la Pistole, "marchand forain libraire roulant par la France"', *Bulletin d'histoire moderne et contemporaine* 11 (1978), p.178-90.

5. Essentiellement, Nisard, *Histoire des livres populaires*, et Darmon, *Colportage de librairie sous le Second Empire*.

une reconstruction a posteriori, de donner à ces enquêtes une portée plus générale et d'en tirer des indices valables également pour le dix-huitième siècle: la vente par colportage s'inscrit, en effet, dans la longue durée. Si les données chiffrées ne sont pas transposables, l'analyse d'ordre sociologique que tente Charles Nisard, par exemple, porte, en revanche, sur des pratiques multiséculaires. Selon Nisard, les colporteurs étaient en général bien accueillis dans les villages: 'Ils obtiennent avec facilité des paysans, et presque gratuitement, une nourriture suffisante et la permission de passer la nuit dans une étable ou dans une grange.'[6] Ils ne passaient parfois qu'une fois l'an et s'annonçaient en jouant d'un instrument de musique, tambour ou pipeau. Leur arrivée était une sorte de fête, rompant avec le quotidien, car le colporteur, pour beaucoup de villages avant et après la Révolution, représentait le seul lien avec la ville. C'était celui qui apportait les nouvelles, l'homme social. Ils transportaient leurs marchandises – fil, aiguilles, savon, rubans, médicaments-miracles et petits livrets de la Bibliothèque bleue – dans une hotte d'osier ou dans un carré d'étoffe, la 'balle'. Mais il semble bien que ceux qui s'étaient spécialisés dans la vente des livrets ou des estampes – ils représentent environ 23% des colporteurs au dix-neuvième siècle[7] – portaient plutôt une sorte de sacoche de bois en bandoulière qu'ils pouvaient déplier et sur laquelle ils fixaient alors les petits livrets en présentoir.

Ce type de colportage, plus important en période de chômage, constitue aussi une sorte d'exode rural, d'émigration intérieure. Les colporteurs sont originaires de régions pauvres, à forte densité de population. Dès la fin du dix-septième siècle ils viennent du Dauphiné et de certaines régions des Alpes comme l'Oisans et le Queyras. On les appelle les 'dauphinés' et les 'bisoards'. 'A la veille de la Révolution, le "commerce à porte-col" semble être la forme d'émigration hivernale la plus pratiquée: profession d'hiver que le cultivateur alterne avec sa profession d'été; sur les passeports il prend les différents titres'.[8] L'approvisionnement s'effectue dans quelques grands centres comme Troyes, où les livrets sont vendus aux colporteurs par paquets de douze ou de vingt-quatre exemplaires. Les éditeurs publiaient, d'ailleurs, des catalogues qui permettaient au colporteur de choisir parmi les titres ceux qui risquaient de se vendre le mieux, et, surtout, de reprendre des ouvrages au succès déjà assuré. Lecrêne-Labbey, grand éditeur de colportage installé à Rouen au tout début du dix-neuvième siècle, publie ainsi un catalogue où les livres sont classés non

6. Charles Nisard, 'Essai sur le colportage de librairie', *Journal de la Société de la morale chrétienne* 5, 3 (1855), p.50. Charles Nisard fut secrétaire de la commission chargée à partir de 1853 de réglementer la vente des livres par colportage.
7. Darmon, p.61, n.21.
8. E. Besson, *Les Colporteurs de l'Oisans au XIXe siècle* (Grenoble 1975), p.10.

pas d'après le format et le prix, comme c'est en général le cas, mais par assortiment d'une douzaine d'ouvrages: 'sortes à 4 liv. 16 sols la douzaine', 'sortes à 4 livres 4 sols' … R. Hélot note, à ce propos, que 'cette façon de classer les livres sent un peu l'épicerie; ce sont, il est vrai, des impressions sur papier à chandelles', faisant allusion au caractère hautement commercial de la vente par colportage.[9] Les livrets bleus sont, en effet, bien avant les livres de poche vendus dans les grandes surfaces, des objets de consommation.

Les colporteurs-libraires connaissaient-ils leurs ouvrages et jouaient-ils le rôle de conseillers auprès du public? C'est probable, et dans ce dialogue entre le public populaire et les colporteurs se dessinent des choix de lecture qui sont les indices d'attitudes collectives. Il en est de même pour les chiffres de tirage de tel ou tel titre, qui permettent de recourir, pour une analyse sociologique des mentalités, à la notion de 'popularité'. Cependant, selon Nisard, 'les colporteurs savent lire et écrire, mais rien de plus'.[10] Difficiles à dissocier des autres colporteurs par leur niveau de formation, ils sont, comme eux, intégrés, à l'origine, dans la corporation des merciers. On trouve, d'ailleurs, dans la hotte du colporteur, des articles de mercerie et, comme on l'a vu, les livrets bleus voisinent avec le rayon mercerie chez un marchand grenoblois. 'En principe les merciers-grossiers, selon l'arrêt de 1609, ne peuvent vendre en gros et détail que des Almanachs, A.B.C., petits livres d'heures et de prières', mais ils ne respectent pas la législation et servent volontiers 'd'intermédiaires entre les imprimeurs et les colporteurs'.[11] La relation entre merciers et colporteurs a pas mal stimulé les imaginations, comme en témoignent deux livrets publiés dans la Bibliothèque bleue, la *Vie généreuse des mercelots, bons compagnons et Boesmiens, contenant leur façon de vivre, subtilitez et gergon*,[12] et le *Jargon ou langage de l'argot réformé, à l'usage des merciers, porte-balles et autres*, texte qui connut un certain nombre de rééditions au dix-huitième siècle. Les colporteurs et les merciers formaient, en effet, un monde à part, une sorte de maffia avec ses rites de passage et son langage codé. Si l'on en croit un de ces livres, on découvre qu'il s'agit d'un monde fortement hiérarchisé dans lequel, pour être admis, 'il faut sçavoir le Jargon des Blesches ou des Merciers, la truche [triche] comme les

9. Hélot, *Bibliothèque bleue en Normandie*, p.lxxiv.
10. Nisard, 'Essai sur le colportage de librairie', p.49 (témoignage confirmé par J. M. Garnier, *Histoire de l'imagerie populaire et des cartes à jouer à Chartres*, Chartres 1869, p.67 ss).
11. Brochon, *Livres de colportage*, p.12, 15.
12. La première édition de cet ouvrage date, selon Brunet, de 1596 (*Manuel du libraire*, Paris 1966, iv.462). Voir, pour les éditions de la Bibliothèque bleue, ci-dessous, annexe A: 'Liste d'ouvrages de la Bibliothèque bleue' [ci-après, corpus], no. 84. (Dans notre texte, nous normalisons la ponctuation et l'emploi de majuscules dans les titres des livrets bleus; dans les notes, ainsi que dans l'annexe A, ils suivent l'original.)

gueux, et la subtilité des coupeurs de bourses'.[13] On peut douter de l'authenticité de ces textes mais ils correspondent bien à l'image que l'on se faisait des colporteurs aux dix-septième et dix-huitième siècles. Pierre Brochon rappelle que, d'après une tradition poitevine, les colporteurs auraient appartenu à une vaste confrérie non sans analogie avec les associations de voleurs et de truands.[14] Il faut cependant faire la part du mythe dans ce domaine. S'il existe un type d'homme capable de nourrir l'imaginaire, c'est bien celui du colporteur. Vagabond, il suscite la méfiance devant l'étranger, mais il représente aussi, pour sa clientèle paysanne, la séduction de l'aventure, toute une symbolique de la liberté.

ii. Les chiffres de diffusion

On sait peu de choses de la diffusion: ce problème concerne, d'ailleurs, l'ensemble des ouvrages ou périodiques publiés avant la Révolution, qu'ils appartiennent aux circuits lettrés ou populaires. Les sources que l'on possède sont fragmentaires. L'inventaire après décès de la veuve Oudot montre que plus de 350.000 livrets existaient en stock dans sa librairie en 1722, et deux inventaires du fonds Garnier au cours du dix-huitième siècle indiquent que leur stock était plus important encore.[15] En 1759, à Rouen, la veuve de Jean-François Behourt possède 50.000 exemplaires de livrets bleus[16] et, au début du dix-neuvième siècle, Lecrêne-Labbey imprime dans cette même ville des livrets de la Bibliothèque bleue par centaines de milliers. Les chiffres de tirage sont également une source d'information. Selon H. J. Martin,[17] une édition correspondait à un 'labeur d'environ 1200 à 1500 exemplaires' au dix-septième siècle, alors qu'au dix-huitième siecle une édition populaire pouvait dépasser les cinq mille exemplaires: c'est le cas pour la littérature de pèlerinage ou certains livres d'école, qui n'appartiennent pas forcément à la Bibliothèque bleue. Compte tenu du fait que les catalogues d'éditeurs de la Bibliothèque bleue dépassaient la centaine de titres, la production totale de livrets bleus pendant la première moitié du dix-huitième siècle devait atteindre chaque année près d'un million d'exemplaires – chiffre considérable quand on le compare aux tirages de l'époque. Déjà un éditeur de colportage parisien du dix-septième siècle parlait d'imprimer l'*Histoire et miracles de Notre-Dame-de-Liesse*, lieu d'un

---

13. *Le Jargon ou langage de l'argot reformé comme il est à présent en usage parmi les bons pauvres* (Troyes s.d.; corpus, no. 705), p.19.
14. Brochon, p.10.
15. Martin, 'Culture écrite et culture orale', p.245.
16. Martin, 'Culture écrite et culture orale', p.245.
17. Martin, *Livre, pouvoirs et société*, i.70.

célèbre pèlerinage, à 36.000 exemplaires,[18] alors qu'au dix-huitième siècle la première édition de *Candide* est tirée à quelques milliers d'exemplaires et que, si on compare la diffusion de la Bibliothèque bleue à celle de certains périodiques, la *Gazette de France* se vend chaque semaine à quelques centaines d'exemplaires!

iii. Le public

Les inventaires après décès sont donc un bon élément d'information quand ils concernent les fonds de libraires. Il en va autrement des inventaires de particuliers, qui apportent surtout des renseignements sur la circulation des ouvrages savants. Les riches bibliothèques ont peu de chance de comporter des livres de la Bibliothèque bleue et, dans le cas de bibliothèques plus modestes, les inventaires ne signalent que les beaux livres. Impossible donc de se fier à ce type de documents pour mieux connaître la diffusion des livres de colportage et le milieu social qui les lisait. Il reste alors, dans l'état actuel des recherches, une autre source, moins rigoureuse cependant: celle que constituent les témoignages de contemporains. Lorsque Voltaire déclare à propos de l'*Encyclopédie*: 'Jamais vingt volumes in-folio ne feront de révolution; ce sont les petits livres portatifs à trente sous qui sont le plus à craindre. Si l'évangile avait coûté 1200 sesterces, jamais la religion chrétienne ne se serait établie,'[19] il fait allusion au pouvoir de manipulation que représente la circulation massive des éditions à bon marché. Mais quels sont les lecteurs dans cette France rurale à 80%? La grande quantité de livrets édités confirme les analyses de Furet et Ozouf sur le degré d'alphabétisation de la France d'ancien régime. Ils montrent, en effet, qu'avant la Révolution environ 50% de la population masculine savait lire (sans pour autant savoir écrire, puisque l'apprentissage de la lecture et de l'écriture étaient alors dissociés) et que l'enseignement primaire – et même secondaire, grâce aux collèges, dont le recrutement était assez ouvert – était mieux organisé qu'on ne l'a pensé pendant longtemps.[20]

Il faut distinguer, cependant, le public urbain du public rural, dont l'alphabétisation a été plus lente, et essayer, malgré le petit nombre des éléments d'information, de procéder à une analyse sociologique de l'évolution du public qui lisait la Bibliothèque bleue. En adoptant le point de vue de H. J. Martin, on peut avancer l'hypothèse probable que les lecteurs de la Bibliothèque bleue se

18. Martin, *Livre, pouvoirs et société*, i.152.
19. Lettre à d'Alembert, 5 avril 1766, dans Voltaire, *Correspondence and related documents*, éd. Th. Besterman, *The Complete works of Voltaire* (Genève, Banbury, Oxford 1968-), Best.D13235.
20. Furet et Ozouf, *Lire et écrire*.

recrutent au dix-septième siècle, dans les campagnes, parmi les 'petit notables-hobereau, riche laboureur ou maître d'école',[21] et, dans les villes, parmi les robins et les marchands. Ces derniers s'approvisionnent sur les quais, près du Pont-Neuf ou dans la cour du Palais. Que propose, d'ailleurs, la Bibliothèque bleue au milieu du dix-septième siècle? Des ouvrages encore soignés qui présentent les dernières plaisanteries du Sieur Tabarin ou les comédies à la mode. Mais le public se transforme dès la fin du dix-septième siècle et la Bibliothèque bleue se répand de plus en plus dans les couches populaires. Le jugement de mademoiselle Lhéritier, dans la préface de la *Tour ténébreuse*, roman publié en 1705, souligne cette évolution:

Il y a de ces Fabliaux ou Contes du Roy Richard qu'on trouve placez, mais tout défigurez, jusque dans certains de nos Romans en papier bleu les plus méprisez [...] Ils ont passé dans la bouche des personnes les plus vulgaires, les Nourrices et les Gouvernantes les contaient tout tronqués aux petits enfants. Et quand je lus le Manuscrit de Jean de Sorels, j'y reconnu les originaux de plusieurs Contes défigurez impitoyablement dans les Livres en papier bleu.[22]

Au dix-huitième siècle les lecteurs des villes deviennent les compagnons, les garçons-chirurgiens et les clercs de procureur auxquels s'adressent les Misères des métiers. Les lecteurs se recrutent aussi parmi les artisans et les domestiques. Les gens 'd'échoppe et d'atelier' correspondent bien, comme le dit Roger Chartier, à une 'aristocratie urbaine de la culture'[23] et il est certain que la Bibliothèque bleue ne s'est jamais adressée, du moins sous l'ancien régime, au prolétariat des villes et des campagnes; son public est constitué au dix-huitième siècle d'une élite culturelle populaire, si l'on peut dire. Selon plusieurs témoignages, les domestiques des villes, dont le nombre atteignait plusieurs millions avant la Révolution, étaient des lecteurs assidus de la Bibliothèque bleue. Dans sa préface à *Pierre de Provence*, Jean Castilhon imagine une scène au cours de laquelle

Madame de *** sonna sa femme de chambre, et lui demanda l'Histoire de Pierre de Provence. La soubrette, étonnée, se fit répéter jusqu'à trois fois, et reçut avec dédain cet ordre bizarre. Il fallut pourtant obéir; elle descendit à la cuisine, et rapporta la brochure en rougissant.[24]

Louis-Sébastien Mercier évoque également, dans le *Tableau de Paris*, les

21. Martin, 'Culture écrite et culture orale', p.234.
22. Cité par M. E. Störer, *Un épisode littéraire de la fin du XVIe siècle: la mode des contes de fées, 1685-1700* (Paris 1928), p.239.
23. R. Chartier, D. Julia, M. M. Compère, *L'Education en France du XVIe au XVIIIe siècles* (Paris 1976), p.103.
24. Jean Castilhon, préface à l'*Histoire de Pierre de Provence et de la belle Maguelonne* (Paris: Costard, 1770), p.x-xi.

progrès de la lecture dans les milieux populaires: 'Aujourd'hui vous voyez une soubrette dans son entresol, et un laquais dans une antichambre lisant une brochure. On lit dans presque toutes les classes. Tant mieux.'[25] Les domestiques, par leur contact avec les milieux de la bourgeoisie et de l'aristocratie, ont, en effet, plus que d'autres, accès à la culture écrite. 'Parmi les travailleurs non spécialisés, les domestiques ont une place à part puisqu'à la fin du XVIIIe siècle, les deux tiers d'entre eux peuvent à Lyon signer leur contrat de mariage.'[26]

Quant aux lecteurs des campagnes, ils n'appartiennent plus à la riche élite des laboureurs. Dans ses *Mémoires*, écrits de 1733 à 1747, Valentin Jamerey-Duval raconte que, fils de pauvres paysans, il a appris à lire dans les textes de la Bibliothèque bleue et que ses maîtres d'école étaient des bergers:

J'engageay mes confreres dans la vie bucolique a m'aprendre a lire, ce qu'ils firent volontiers au moyen de quelques repas champetres que je leur promis. Le hasard m'occasionna cette entreprise par l'inspection d'un livre de fables, ou les animaux, qu'Esope introduit pour instruire ceux qui croyent avoir la raison en partage, étaient représentés en fort belles tailles douces. [...] Mes progrès dans la lecture furent si rapides qu'en peu de mois les acteurs de l'apologue n'eurent plus rien de nouveau pour moi. Je parcourus avec une extrème avidité toutes les bibliothèques du hameau. J'en feuilletay tous les auteurs et bientot, grace à ma mémoire et à mon peu de discernement, je me vis en état de raconter les merveilleuses proüesses de Richard sans peur, de Robert le Diable, de Valentin et Orson et des quatre fils Aimon.[27]

Le livre de fables dont il s'agit a été publié chez Pierre Garnier sous le titre *Les Fables et la vie d'Esope phrigien* et tous les ouvrages cités par Jamerey-Duval sont des livrets de la Bibliothèque bleue. Un peu plus tard il apprend à écrire et à compter selon les mêmes méthodes; s'instruire au village c'est encore, souvent, agir en autodidacte: 'Je commencay ma nouvelle carrière par aprendre à écrire [...] Un abrégé d'arithmétique que je trouvay dans un bouquin de la bibliothèque bleue m'en aprit les quatre règles.'[28] Le village où Jamerey-Duval passe son enfance se situe dans l'Yonne, donc au cœur même de la région où est diffusée la Bibliothèque bleue. Mais il semble bien que le père de Restif de La Bretonne, paysan riche de Bourgogne, tire ses connaissances livresques de sources identiques et Jamerey-Duval, dans un autre passage de ses *Mémoires*, confirme la diffusion de la Bibliothèque bleue sur un large territoire (p.195):

C'étoit un de ces bouquins qui forment ce que l'on nomme en France la bibliothèque

25. Louis-Sébastien Mercier, *Tableau de Paris*, ix.755, cité par J. L. Vissière, 'La culture populaire à la veille de la Révolution, d'après le *Tableau de Paris* de Mercier', dans *Images du peuple au XVIIIe siècle*, p.128.
26. Chartier, Julia, Compère, *Education en France*, p.103. Voir également D. Roche, *Le Peuple de Paris* (Paris 1983).
27. Valentin Jamerey-Duval, *Mémoires* (Paris 1981), p.191-92.
28. Jamerey-Duval, *Mémoires*, p.221.

2. *La diffusion*

bleue et qui avoit pour titre la *Vie de Jésus-Christ avec celle de Judas Iscarioth*, imprimée à Troyes en Champagne, chez la veuve de Jacques Oudot [...] ce pernicieux roman étoit répandu dans la plupart des provinces de France, [...] les habitants de la campagne le sçavoient par cœur et le mettoient entre les mains de leurs enfans pour aprendre à lire.

On peut donc penser que, dès le début du dix-huitième siècle, la Bibliothèque bleue se répand massivement dans toutes les classes de la société, avec, pour signe distinctif, de s'adresser aux plus humbles. N'oublions pas que le prix de ces livrets est, jusqu'à la Révolution, d'un à deux sous, quelquefois un peu plus – prix extrêmement bas mais peut-être trop élevé encore pour la partie de la population la plus misérable: dans les campagnes, beaucoup de 'manouvriers' sont encore illettrés et l'achat d'un livre, dans des milieux sociaux marqués par la misère et l'analphabétisme, n'a pas de sens: 'Les journaliers agricoles [...] forment un stock humain longtemps imperméable aux progrès de l'alpha-bétisation.'[29]

On ne peut donc suivre l'argumentation de ceux qui, comme Roger Chartier, remettent en cause l'appartenance populaire du public de la Bibliothèque bleue faute de sources documentaires suffisantes:

Sur la base de quelques textes, rares au demeurant, permettant de postuler une lecture publique lors de veillées, est affirmé 'l'usage essentiellement populaire' de cette littérature vendue par colportage tout comme la mercerie. Deux séries d'arguments ont pu faire douter de cette première interprétation. Tout d'abord, la vente par colportage n'implique pas d'elle-même des acheteurs populaires [...] Par ailleurs, nombreux sont les textes qui indiquent la présence des livrets bleus dans la bourgeoisie moyenne et petite. [...] La Bibliothèque bleue constituerait donc la lecture d'un public ni lettré ni populaire, composé à la ville par les bourgeois rentiers, les marchands, les artisans fortunés, dans les bourgs et les campagnes par les petits officiers et les plus riches des fermiers et des laboureurs.[30]

Si ce texte a été longuement cité, c'est parce qu'il représente une position partagée aujourd'hui par certains historiens, position qui, à mon avis, n'est pas justifiée pour le public du dix-huitième siècle. Leur analyse décrit, de manière assez légitime, la composition sociologique des lecteurs du dix-septième siècle mais ce public évolue au dix-huitième siècle, et plus encore au dix-neuvième, atteignant des couches sociales de moins en moins favorisées sur les plans économiques et culturels. D'autre part, à l'implantation plutôt urbaine des lecteurs fait place progressivement un public constitué en majorité de paysans. Pourquoi l'évolution du public s'est-elle faite dans ce sens? Il est difficile de le dire. On peut penser que le public semi-lettré du dix-huitième siècle ne se satisfait plus d'une collection constituée, en bonne partie, de textes de la

29. Furet et Ozouf, i.179.
30. Chartier, 'La culture populaire en question', p.89.

Renaissance. Alors que ce même public de petits notables acceptait, un siècle plus tôt, de s'intégrer à des continuités culturelles portant parfois trace d'archaïsmes, les lecteurs du dix-huitième siècle exigent une 'modernité' littéraire conforme au sens de l'histoire. Il n'en reste pas moins vrai que certains ouvrages de la Bibliothèque bleue sont lus au dix-huitième siècle par la bourgeoisie et l'aristocratie – ne trouve-t-on pas une Bible de noëls reliée aux armes de Marie-Antoinette? – et que la définition donnée par R. Chartier de la vente par colportage rappelle à juste titre que celle-ci ne concernait pas forcément un public populaire. Le problème du clivage entre une lecture savante et une lecture populaire n'est certes pas résolu. C'est un point essentiel que nous tâcherons de mieux définir dans la dernière partie de cette étude.

3. Les problèmes de censure: la Bibliothèque bleue et l'institution monarchique

i. Les permissions d'imprimer

LA censure des livres commence dès la Renaissance puisque, selon un édit royal de 1566, les peines les plus lourdes seront infligées à ceux qui impriment des livres non autorisés: l'imprimeur est passible de la peine de mort. Cet édit reste en vigueur pendant tout l'ancien régime. D'autre part, les statuts de 1618 réglementent la vente des livres de colportage; ils précisent, en particulier, que les colporteurs 'ne pourraient vendre que les almanachs, les édits et les petits livrets de moins de huit feuilles, brochés ou reliés à la corde, à condition que ceux-ci aient été imprimés par un libraire ou un imprimeur de Paris et portent mention de la permission du juge compétent'.[1] En 1757 un édit spécifie que le colportage des livres clandestins sera puni de mort.[2] La censure s'exerce, en fait, sur plusieurs plans. Une réglementation limite d'abord le nombre des colporteurs. En 1611, quarante-six colporteurs sont autorisés pour tout le pays. En 1725, alors que la vente par colportage a connu une formidable expansion, ils ne sont encore que 120. Ces chiffres n'indiquent, bien entendu, que le nombre de colporteurs *autorisés,* dont les faibles effectifs permettent une surveillance policière constante. Mais il y a tous les autres, petits colporteurs à demi-vagabonds qui circulent à l'intérieur d'un territoire ou colporteurs clandestins des villes; ceux-là sont bien plus nombreux et ils échappent aux statistiques.

La censure exerce également un contrôle économique: une législation particulière concerne la profession de libraire ou d'imprimeur:

Depuis Louis XIV, le nombre des ateliers est étroitement réglementé en France. [...] Ce *numerus clausus* a pour objectif de favoriser une concentration et de supprimer les petits ateliers incontrôlables et en état de chômage endémique, où faute d'autre travail on multipliait les libelles.[3]

De toute manière, la communauté des libraires et imprimeurs, organisée en chambre syndicale depuis le début du dix-septième siècle, n'accueille chaque

1. Martin, *Livre, pouvoirs et société*, p.357-58.
2. Voir G. Bollème, 'Littérature populaire et littérature de colportage au XVIIIe siècle', dans *Livre et société dans la France du XVIIIe siècle* (Paris 1965), i.65.
3. Martin, 'La librairie française', p.95.

anneé qu'un nombre très réduit de nouveaux venus. Ceux qui accèdent à la maîtrise sont de plus en plus souvent des fils de maîtres et dès le dix-septième siècle se constituent ainsi des dynasties d'imprimeurs-libraires comme les Oudot ou les Garnier, ôtant tout espoir à un simple compagnon de devenir maître.[4] Ce système crée un esprit corporatif attaché à ses privilèges et l'on comprend qu'à Paris la concurrence entre libraires-jurés et libraires-étaleurs n'appartenant pas à la communauté ait suscité de violents conflits aux dix-septième et dix-huitième siècles:

A côté de cette organisation officielle [la communauté des libraires] existe une organisation officieuse, une coulisse de la librairie dont les membres se nomment colporteurs ou étaleurs, quelques-uns tolérés, la plupart cependant sans titre d'aucune sorte, n'ayant même pas la plaque que décernait aux autres colporteurs l'autorité de police, et se développant en raison directe des rigueurs de la réglementation, tout comme la contrefaçon se développa en raison directe du nombre accru des privilèges.[5]

Ces libraires à la sauvette installaient leurs marchandises sur les ponts de Paris, qui 'à cette époque étaient bordés de maisons, d'étalages, et formaient de véritables prolongements des rues' (p.19); ils étaient particulièrement nombreux dans le quartier du Pont-Neuf, quartier commerçant où circulent une foule de badauds attirés par les spectacles des comédiens de tréteaux et où régnait une perpétuelle effervescence. Pendant deux siècles, la communauté des libraires multiplia les mémoires contre cette concurrence illégale, et le pouvoir, à plusieurs reprises, tenta de lutter contre cette forme de colportage qui échappait à son autorité. 'En 1759 encore, une ordonnance royale, en même temps qu'elle renouvelait l'interdiction d'imprimer sans permission, prohibait derechef tous étalages sur les quais et les ponts' (p.22).

Pourtant, la censure s'exerce surtout sur les textes eux-mêmes, par le biais des permissions et des privilèges. Rappelons qu'au dix-huitième siècle il existait trois types d'autorisation d'imprimer: les privilèges octroyés à l'imprimeur pour une durée théorique de trois ans mais, de fait, illimitée; les permissions accordées pour un seul ouvrage; et les permissions tacites, destinées à laisser publier des livres qui ne pouvaient recevoir une autorisation officielle. Les livrets de la Bibliothèque bleue obéissaient à cette législation, même lorsqu'il s'agissait de rééditions:

Aucun libraire et imprimeur ne pourra faire imprimer ou réimprimer aucun livret sans en avoir obtenu permission des juges de police des lieux et sans une approbation de personnes capables et choisies par les dits juges pour l'examen des dits livrets.[6]

---

4. Voir, à ce sujet, l'article d'Anne Sauvy, 'Un marginal du livre au XVIIIe siècle: Jacques Merlin', *Revue française d'histoire du livre* 12 (1976), p.443-85.
5. H. Falk, *Les Privilèges de librairie sous l'ancien régime* (1906; Paris 1970), p.17.
6. Falk, p.57.

3. *Les problèmes de censure*

Ils étaient cependant considérés comme des publications distinctes du reste de la production imprimée: contrairement aux autres livres, placés sous le contrôle de la Direction de la librairie, ils étaient sous le contrôle du lieutenant de police, qui avait aussi sous sa juridiction les brochures de moins de deux feuilles, les affiches et les placards. Les livres de la Bibliothèque bleue sont, malgré ce système tâtillon, souvent publiés sans que la permission d'imprimer soit mentionnée. Un relevé statistique du nombre de permissions d'imprimer figurant sur les livrets répertoriés dans le *Catalogue descriptif* de Morin donne les pourcentages suivants: 37% de livres sans permission d'imprimer, 58% de livres avec permission et 5% avec privilège.[7] Ce sont, en général, les livres imprimés au dix-huitième siècle – au moment où la législation devient plus tracassière – qui comportent approbations et permissions. Pourtant, les permissions, dans les trois quarts des cas, sont signalées seulement sur la page de titre, alors qu'en bonne et due forme elles devraient également figurer en pleine page à la fin du livret. Parfois l'imprimeur recevait un privilège groupé qui figurait sur un des ouvrages et non sur l'ensemble. Ainsi les censeurs approuvaient-ils souvent en même temps les 'petits romans'[8] de la Bibliothèque bleue, *Pierre de Provence*, *Robert le Diable*, *Richard sans peur*, la *Belle Hélène de Constantinople*, *Jean de Paris* et *Jean de Calais*, considérant sans doute ces textes comme une sorte de collection. Cette pratique ne justifie cependant pas le fait que tant d'ouvrages omettent les pages de permission et d'approbation. On doit donc remettre en cause les pourcentages évoqués plus haut et considérer que, dans de nombreux cas, l'éditeur s'octroie une permission d'imprimer fantaisiste, peut-être pour rassurer le lecteur et mieux écouler sa production. De toute manière, le charlatanisme était de règle dans le monde du colportage, comme en témoignent, par exemple, les titres ronflants des ouvrages: *Le Médecin désintéressé, où l'on trouvera l'élite de plusieurs remèdes infaillibles très expérimentés et à peu de frais* appartient au registre des camelots et transforme le livre en marchandise alléchante. Il semble ainsi que les livrets bleus paraissant sans permission d'imprimer atteignent au moins la moitié de la production. Ce résultat est tout de même inférieur à ce qui a été souvent dit et donne une image relativement disciplinée des imprimeurs de la Bibliothèque bleue. Pierre Garnier a, par exemple, le souci de faire soigneusement viser par Versailles ses rééditions et il en est de même pour d'autres confrères, comme Jean Oudot. Mais le problème se complique du fait que ces permissions sont réutilisées bien des années plus tard par leurs successeurs. Dans les ouvrages publiés par Jean-

7. L'échantillonnage a porté sur 10% de l'ensemble des titres répertoriés par Morin.
8. Voir, à ce sujet, G. Bollème, 'Des romans égarés', *Nouvelle revue française* 238 (1972), p.191-228.

Antoine Garnier, il est fréquent de relever des permissions accordées à Pierre Garnier trente ans plus tôt. A vrai dire, le laxisme était de règle sur ce point, puisque c'est seulement en 1777 qu'un édit limite la durée des privilèges.

ii. Les censeurs

Si l'on a évoqué aussi longuement le code de la Librairie d'ancien régime dans sa complexité, c'est parce qu'en mesurant les écarts faits à la législation, on peut mieux définir les rapports de la Bibliothèque bleue et du pouvoir. Dans ce contexte, les censeurs jouent un rôle singulier. Certains noms de censeurs reviennent plus souvent que d'autres, comme Mallemans de Sacé (dans les premières années du dix-huitième siècle) ou Grosley. Grosley, avocat troyen, 'était chargé de censurer les pièces de moins de quarante-huit pages publiées à Troyes'.[9] Il faisait figure d'érudit et animait l'Académie de Troyes, fondée en 1742. Or, Grosley et Mallemans de Sacé ont la réputation non seulement d'avoir corrigé les textes de la Bibliothèque bleue – ce qui faisait partie de leurs attributions – mais d'en avoir écrit certains. Mallemans de Sacé aurait corrigé et réécrit entièrement l'*Histoire de Jean de Paris*[10] et serait partiellement l'auteur du *Miroir d'astrologie naturelle*,[11] ce qui est le comble pour un censeur royal du siècle des Lumières! Grosley est probablement l'auteur de plusieurs facéties parues dans la Bibliothèque bleue, l'*Oraison funèbre et testament de Jean-Gilles Bricotteau*, l'*Eloge funèbre de Michel Morin* et le *Récit véritable et authentique de l'honnête réception d'un maître savetier, carleur et réparateur de la chaussure humaine*,[12] ainsi que des textes de même inspiration.[13] On peut penser qu'il s'agissait d'un divertissement de lettré, caractéristique d'une certaine tournure d'esprit chez ceux qui s'intéressaient à la littérature populaire. Cette question sera d'ailleurs évoquée plus loin. D'autre part, la façon de procéder de Mallemans de Sacé

9. Martin, 'Culture écrite et culture orale', p.256, n.64.

10. Selon une note manuscrite du marquis de Paulmy (Bibliothèque de l'Arsenal, BL 28836).

11. Voir A. Morin, *Catalogue descriptif*, no.763.

12. Voir Nisard, *Histoire des livres populaires*, i.470. Il existe, cependant, une édition du *Récit véritable* publiée par la veuve Oudot et dont la permission d'imprimer est de 1709 (voir corpus, no.300). Si l'on peut se fier à cette date, l'ouvrage ne serait donc pas de Grosley, né en 1718. Pour l'*Oraison funèbre* [...] *de Jean-Gilles Bricotteau* et l'*Eloge funèbre de Michel Morin*, voir corpus, nos.506, 665.

13. Au *Catalogue général des livres imprimés: Auteurs* de la Bibliothèque nationale figurent les œuvres suivantes sous le nom de Grosley: *Eloge historique et critique de M. Breyer, chanoine* [...] *de Troyes* (1753); *Mémoires de l'Académie des sciences, inscriptions, belles-lettres* [...] *nouvellement établie à Troyes, en Champagne* (1744); *Trois ouvrages de goût, sçavoir: I. Dissertation sur un ancien usage de la ville de Troyes* [par P. J. Grosley]; *II. L'Art de péter, essai théori-physique* [...]; *III. Syrop-au-cul, tragédie héroï-merdifique* [...] (Au Temple du goût, 1752). (Les deux derniers textes ont pour auteurs des membres de l'Académie troyenne.)

et, surtout, de Grosley discrédite l'institution des censeurs au dix-huitième siècle et en rappelle les scandales.[14]

iii. La Bibliothèque bleue et le pouvoir

Pour analyser si la Bibliothèque bleue transgressait ou non la légalité, il faut d'abord établir une distinction entre vente par colportage et livrets bleus. On a vu que dans le ballot du colporteur voisinaient toutes sortes d'ouvrages; or, il semble bien que parmi eux se trouvaient un bon nombre de livres interdits et de contrefaçons qui donnaient au commerce par colportage un caractère semi-clandestin sans rapport aucun avec le statut de la Bibliothèque bleue. Un édit de 1686 constate que

des colporteurs de balles ou soi-disant merciers, allant par les campagnes [...] sous prétexte de vendre des heures et petits livres [...] ont souvent apporté des pays étrangers, vendu et débité en divers lieux des libelles diffamatoires, mémoires contre l'état et la religion, et des livres défendus et contrefaits.[15]

A côté des livrets inoffensifs de la Bibliothèque bleue, le colporteur pouvait donc vendre des pamphlets ou des ouvrages interdits.

Il existait aussi, bien entendu, un colportage urbain de manuscrits clandestins et d'écrits politiques ou philosophiques interdits, imprimés la plupart du temps sous de fausses adresses. Ce genre de colportage, qui s'est développé après 1750, était réservé à une élite culturelle, prête à payer très cher des livres entrés en France en contrebande. R. Darnton, en suivant l'histoire d'un de ces commerçants clandestins, Bruzard de Mauvelain, montre que sa clientèle à la fin du dix-huitième siècle se recrutait parmi la bourgeoisie et que le prix d'un ouvrage pouvait atteindre deux livres treize sous, soit la dépense en nourriture d'une famille ouvrière de cinq personnes pendant trois jours![16] Installé à Troyes, cet aventurier des lettres, comme il en existe tant à cette époque,[17] sert de courtier pour une société d'impression de Neuchâtel et fait venir clandestinement les ouvrages qu'on lui commande par l'intermédiaire d'agents placés aux frontières. Ces ouvrages sont surtout des libelles, et 'les livres immoraux et irréligieux représentent 2/5 des commandes'.[18]

14. 'Le censeur Pidansat de Mairobert s'amusait à corser les polissonneries du *Passe-temps des mousquetaires* qu'on lui avait donné à examiner': voir M. Pellisson, *Les Hommes de lettres au XVIIIe siècle* (Paris 1911), p.19, n.3.
15. Brochon, *Livres de colportage*, p.12.
16. R. Darnton, 'Un commerce de livres "sous le manteau" en province à la fin de l'ancien régime', *Revue française d'histoire du livre* 9 (1975), p.17.
17. Voir Suzanne Roth, *Les Aventuriers au XVIIIe siècle* (Paris 1980).
18. Darnton, 'Un commerce de livres', p.17.

I. *Présentation générale*

Ce colportage-là n'a évidemment rien à voir avec celui de la Bibliothèque bleue, comme le souligne incidemment Néel en 1749 dans sa préface au *Voyage de saint Cloud par mer et par terre*:

Je n'ai eu d'autre but que d'amuser les autres en m'amusant le premier et j'aime beaucoup mieux voir vendre publiquement mon livre à la Bibliothèque bleue que de le voir offrir sous le manteau doré sur tranche. L'auteur et l'Editeur y gagnent moins à la vente mais ils en dorment plus tôt.[19]

En réalité, la Bibliothèque bleue est, sauf exception, une littérature de colportage tolérée par le pouvoir. Parfois des imprimeurs ont maille à partir avec la législation, parce qu'ils publient des ouvrages sans en recevoir permission, tel Jean Oursel à la fin du dix-septième siècle, 'visé par un arrêt du Conseil privé pour avoir édité avec Jean-Lucas et Henri François Viret, sans privilège du grand sceau, un livre intitulé "Manuel astronomique ou Introduction aux jugements astronomiques"';[20] ou bien ils recourent à la fraude et aux contrefaçons: le spécialiste du genre est, sans conteste, l'imprimeur Chalopin de Caen, qui multiplie les fausses adresses – 'à Lélis, chez Goderfe', 'à Milan', ou 'à Paris chez les marchands de nouveautés'[21] – et publie des livrets bleus, à l'adresse des Garnier de Troyes, qui imitent, à s'y méprendre, la Bibliothèque bleue troyenne. Dans ce cas l'imprimeur cherche visiblement à appâter le lecteur en écoulant sa production sous l'apparence de la célèbre collection des Oudot et des Garnier. Enfin, certains livrets qui touchent à des domaines un peu tabou (les facéties ou les recueils de chansons à boire) sont parfois publiés sans que le lieu ou la date d'impression figurent sur la page de titre.

Cependant, tous ces délits sont sans gravité et, en général, la publication de livrets bleus, littérature qui n'a rien de contestataire, n'entraîne pas de condamnations. Mentionnons tout de même un fait assez peu connu qui donne quelques éléments d'information sur la diffusion clandestine: de nombreux pamphlets politiques prennent aux dix-septième et dix-huitième siècles l'apparence des livrets bleus et vont jusqu'à en usurper les titres. On a vu que le même papier 'à chandelles', de grossière qualité, est utilisé dans les pamphlets et les livrets bleus; quant à la couverture bleu gris, qui n'est d'ailleurs pas toujours présente sur les plaquettes troyennes, elle sert également à recouvrir pamphlets et autres brochures sous l'ancien régime. On trouve ainsi une mazarinade publiée en 1649 sous le titre de *Pierre de Provence*[22] et, au dix-

19. Néel, *Voyage de Saint Cloud par Mer et par Terre* (1749; Paris: D'Aubrée, 1843).
20. Lepreux, *Gallia typographica*, p.343.
21. Voir l'article d'A. Sauvy, 'La librairie Chalopin', *Bulletin d'histoire moderne et contemporaine* 11 (1978), p.95-140. Sauvy signale que l'adresse fantaisiste 'à Lélis, chez Goderfe' est l'anagramme d'un autre imprimeur de colportage, 'Deforge, à Sillé'.
22. Voir *Catalogue des livres imprimés, manuscrits, estampes composant la bibliothèque de M. C. Leber* (Paris 1839), t.ii, no.4602.

huitième siècle, 'des pamphlets appelés "Centuries" fabriqués à l'imitation de celles de Michel Nostradamus'.[23] Les auteurs de pamphlets comptaient-ils ainsi déjouer la surveillance de la police ou se servaient-ils de la popularité de la Bibliothèque bleue pour mieux s'assurer un public? En tout cas, ces pamphlets et ces libelles, malgré leur apparence, ne faisaient pas partie de la Bibliothèque bleue, dont ils revêtaient l'aspect à des fins de propagande.

Il est sûr que l'analyse des rapports entre la Bibliothèque bleue et le pouvoir est une question complexe, sujette à controverses. Compte tenu du mépris et même du scandale que les livrets bleus ont pu susciter dans les milieux lettrés, on serait tenté aujourd'hui, afin de la valoriser, d'accentuer le caractère marginal de cette littérature et de la considérer comme un des lieux d'expression de la culture populaire face à l'idéologie dominante. Le problème se pose effective- ment de savoir si elle a assumé cette fonction, non par son contenu mais par la manière dont elle était reçue. L'examen des textes eux-mêmes ne semble en effet pas prouver l'existence d'une résistance culturelle. Est-ce alors par une déception d'ordre politique que certains chercheurs sont allés jusqu'à soutenir à l'extrême que la Bibliothèque bleue est le reflet d'une propagande assurée par le pouvoir? C'est à cette conclusion qu'aboutit R. Muchembled lorsqu'il écrit: 'Une propagande active, qui était à la fois visuelle par l'imagerie, écrite par les livrets bleus, auditive par les prêtres et les agents royaux, construisait pour les populations un univers idéal, immobile et tranquillisant', et, un peu plus loin, 'l'Eglise et l'Etat avaient réussi à perfectionner leurs procédures de domination et à imposer massivement la soumission par l'actif embrigadement des populations: sermons, missions, petites écoles, imagerie pieuse, livrets bleus de Troyes'.[24] Naguère Robert Mandrou avait considéré la collection comme une littérature d'évasion perpétuant dans les couches populaires l'esprit de conservatisme (voir *De la culture populaire aux 17e et 18e siècles*, Paris 1964, p.179-81). Et, en effet, la Bibliothèque bleue peut paraître telle. Mais c'est manquer de nuances et pousser trop les choses que de la qualifier de littérature de propagande. On ne peut mettre sur le même plan l'imagerie, les livrets bleus et les missions ecclésiastiques. Sermons, mandements diocésains lus obligatoirement par le curé à la messe dominicale, petites écoles et missions, soit: voilà des exemples où l'Eglise répand le dogme et fait œuvre de propagande. Encore faudrait-il différencier le sermon d'un curé de paroisse, susceptible de s'écarter de l'orthodoxie en ces siècles dominés par les querelles théologiques, et les mandements diocésains, qui, eux seuls, sont les discours imposés par la hiérarchie religieuse et, parfois, le pouvoir royal. Quant à l'imagerie populaire,

23. *L'Attentat de Damiens* (Lyon 1979), p.192.
24. Muchembled, *Culture populaire et culture des élites*, p.359, 387.

elle n'a pas qu'un caractère religieux. Les portraits des grands criminels du temps, les Mandrin et les Cartouche, côtoient les figures des saints et suscitent probablement plus de fascination que de répulsion. Pour la Bibliothèque bleue, il en est de même. En opérant une soigneuse sélection parmi les ouvrages publiés à Troyes ou ailleurs, on peut aboutir à la conclusion qu'elle sert le pouvoir. Mais pour beaucoup d'autres ouvrages, il ne peut en être ainsi. On ne comprendrait d'ailleurs pas, en donnant à la Bibliothèque bleue une définition aussi restrictive, les jugements portés sur elle au dix-neuvième siècle.[25] En réalité, la Bibliothèque bleue se prête mal aux définitions, parce qu'elle n'existe pas en tant que totalité. Ce sont les critères du dix-neuvième siècle et du vingtième siècle qui l'ont constituée en corpus cohérent, alors qu'elle s'est élaborée lentement à l'aide de matériaux divers, réfractaires ou perméables à l'idéologie dominante. D'autre part, cette littérature qui nous semble aujourd'hui si conformiste pouvait être considérée différemment par les contemporains. La notion de 'livre interdit' est relative et, aux yeux des censeurs du dix-huitième siècle, certains ouvrages d'inspiration pourtant religieuse étaient condamnables: 'En février 1709, les censeurs de Paris reçurent de Rouen une centaine de livres' dont la plupart étaient des éditions de colportage. Sont 'réprouvez pour toujours': la *Vie de Jésus-Christ*, les *Figures de la Bible*, un *Recueil de noëls*, le *Grand Albert …*[26] Il faut donc dans ce domaine éviter de porter un jugement global sur la Bibliothèque bleue (comme, du reste, dans une analyse thématique ou dans une étude du public des lecteurs), collection composite et contradictoire.

Au terme de cette étude descriptive, nous voudrions préciser encore les principales caractéristiques de la Bibliothèque bleue, critères qui ont servi de base à l'étude de contenu des chapitres suivants. Au sens le plus restreint, la Bibliothèque bleue représente l'ensemble de la production troyenne parue sous couverture bleue, de la fin du dix-septième siècle au milieu du dix-neuvième siècle, au moment où le dernier éditeur troyen, Baudot, liquide son fonds de librairie. Mais cette définition, qui pourrait s'appuyer sur le catalogue de Morin (celui-ci ne répertorie, en effet, que les livrets bleus parus à Troyes ou vendus par des libraires associés à la branche troyenne), n'est pas totalement satisfaisante, bien qu'elle utilise deux critères assez rigoureux: l'aspect matériel des livres et leur lieu d'édition. D'abord, il est difficile, comme on l'a vu, de donner une date précise pour les débuts de la collection. A ce jour, il n'a pas été possible d'indiquer à partir de quand l'éditeur Oudot – car l'initiative semble

25. Voir, par exemple, Nisard, 'Essai sur le colportage de librairie', *Journal de la Société de la morale chrétienne* 5, no.3 (1855), p.2.
26. 'Liste des livres envoyez de Rouen au mois de février 1709, avec le jugement des examinateurs', publiée en annexe par Hélot, *Bibliothèque bleue en Normandie*, p.1-4.

bien venir de lui – a donné leur forme définitive aux petits livrets bleus: idée géniale sur le plan publicitaire puisque cette couverture aisément repérable devenait un signe d'appartenance et de ralliement. Le critère matériel doit cependant être utilisé avec précaution: je n'ai pu avoir sous les yeux *tous* les livrets du corpus et, de toute manière, on se trouve souvent devant des ouvrages qui ont été reliés tardivement et ont perdu leur apparence première. D'autre part, le choix du lieu d'impression est trop limité. Il existe une bibliothèque bleue parisienne, rouennaise, etc.: au dix-huitième siècle, environ soixante-dix centres impriment des livres bleus. Pour cette raison même, le lieu d'impression ne peut constituer un critère suffisant.

Restent alors deux autres critères assez aléatoires qui, s'ils contribuent à établir les définitions dans un premier temps, restent de nature empirique: le corpus de titres, la diffusion. En ce qui concerne le corpus, le catalogue de Morin lui-même, qui reste pourtant l'élément de référence le plus précieux, n'est pas parfaitement rigoureux. On trouve, en effet, quelques ouvrages qui s'apparentent davantage à des canards qu'à des livrets de la Bibliothèque bleue, comme le *Discours très véritable d'un insigne voleur qui contrefaisoit le Diable, lequel fut pris et pendu à Bayonne au mois de décembre dernier mil six cent huict.*[27] En outre sont inclus dans ce catalogue des ouvrages parus pendant la première moitié du dix-septième siècle. Dans ce cas le critère sous-jacent est moins celui de l'aspect matériel que celui du nom de l'imprimeur. Puisque les premiers livrets bleus proviennent, selon l'hypothèse la plus probable, des presses de Nicolas II Oudot, le catalogue de Morin remonte plus loin dans la dynastie de ces imprimeurs, qui étaient simplement, au début du dix-septième siècle, des éditeurs de livres à large diffusion, comme il y en avait tant d'autres. Le seul moyen de lever ces ambiguïtés est donc d'utiliser tous les critères de manière convergente. La Bibliothèque bleue pourrait être alors définie comme:

1. une collection aux marques formelles caractéristiques;

2. une production éditée par des imprimeurs spécialisés dont les noms servent de référence;

3. un ensemble de titres, relativement stable d'un centre d'impression à l'autre.

Sur ce dernier point, ajoutons quelques précisions.

Ce corpus 'relativement stable' s'est constitué entre 1650 et 1850 et a suivi une évolution significative dont il sera question dans la seconde partie de ce travail. Il apparaît sous la forme d'un noyau de textes – environ quatre cents titres – régulièrement réédités, auxquels s'ajoutent des ouvrages dont l'appari-

---

27. Cette plaquette a été imprimée par Jean Oudot en 1609: voir A. Morin, *Catalogue descriptif*, no.225.

tion dans la collection est de courte durée ou dont la diffusion reste un phénomène local. *Cinna* et *Polyeucte* n'eurent, par exemple, qu'une ou deux rééditions et une Vie de saints comme celle de saint Ortaire ne se vend que dans la région de Caen, où se trouve un lieu de pèlerinage voué à ce saint. Mais ces productions locales ou éphémères sont minoritaires dans la Bibliothèque bleue, qui donne d'elle-même, avec force, l'image de la continuité historique et de l'uniformisation géographique.

Des problèmes d'identification se posent, cependant, pour des genres à la lisière de la Bibliothèque bleue, les almanachs et les canards. La plupart des éditeurs de la Bibliothèque bleue vendent, en effet, ces deux types d'ouvrages également. Les principaux imprimeurs d'almanachs sont, au dix-huitième siècle, les Oudot et les Garnier, et Jean II Garnier, à la veille de la Révolution, 'fait un commerce de plus de cent cinquante mille livres par an avec les Almanachs de Milan imprimés chez lui'.[28] Ces almanachs populaires sont très proches des livrets bleus. Les centres d'intérêt sont identiques – l'astrologie, les recettes médicales, la religion et, plus tard, les facéties y occupent une large place – et certains textes figurent dans l'un et l'autre genre d'ouvrages. Geneviève Bollème constate qu'"il semble que tous les thèmes de la littérature populaire, ou presque tous, soient représentés dans les almanachs. Mais il semble aussi que ces emprunts à la littérature populaire ne s'effectuent qu'au moment où l'almanach n'a pas encore trouvé sa forme propre.'[29] Si les almanachs n'ont pas été intégrés dans cette recherche, c'est surtout pour ne pas augmenter un corpus de titres déjà étendu. D'autre part, les almanachs se différencient des autres livrets de colportage par le fait qu'ils abordent en un seul volume divers domaines. Les autres livrets bleus se limitent, eux, à un seul sujet d'intérêt, même lorsqu'il s'agit de recueils comme les cantiques de Noël. Il est vrai qu'au cours du dix-huitième siècle une orientation se dessine: certains éditeurs publient, sous forme de recueils, des manuels pratiques jusqu'alors publiées séparément, comme les Abrégés d'arithmétique ou les manuels épistolaires; dans ce cas les livrets bleus se rapprochent des almanachs.

Enfin, les almanachs ont pour caractéristique de paraître à intervalles plus ou moins réguliers: le *Grand Mathieu Laensberg* ou les almanachs liégeois dispensent conseils et prédictions pour toute une année et, parfois, pour cinq à six années de suite, ce qui ne semble pas déranger le crédule lecteur. Or, la plupart des livrets bleus échappent à un repérage temporel aussi précis. C'est pour cette raison que les occasionnels, ou les canards, ne peuvent, à leur tour,

28. L. Morin, *Histoire corporative*, p.222.

29. Geneviève Bollème, *Les Almanachs populaires au XVIIe et au XVIIIe siècles: essai d'histoire sociale* (Paris 1969), p.32.

3. *Les problèmes de censure*

être insérés dans le corpus. Leur aspect de minces brochures comportant, en général, quelques feuillets pourrait les identifier aux livrets de la Bibliothèque bleue et leur public est le même. Mais leur lien avec l'actualité immédiate, leur ressemblance lointaine avec la presse populaire moderne, malgré l'irrégularité de la parution, les séparent de la Bibliothèque bleue, inscrite dans la durée: 'Précisons la définition du canard, tel que nous l'entendons, pour cette période: le canard est un imprimé vendu à l'occasion d'un fait divers d'actualité, ou relatant une histoire présentée comme telle.'[30] En réalité, la frontière est ambiguë entre l'événement fictif et l'événement historique et, de plus, il est des événements historiques, comme les conquêtes de Napoléon, ou des faits divers, comme les forfaits de grands criminels, qui, quand ils sont décrits et publiés, s'apparentent aux pièces d'actualité mais acquièrent très vite une dimension légendaire. Cette amplification mythique leur assure une sorte de permanence dont la Bibliothèque bleue se fait alors l'écho: les Vies de Mandrin et de Cartouche, au dix-huitième siècle, et plus tard les récits des batailles napoléoniennes entrent dans la Bibliothèque bleue parce qu'ils relèvent d'une certaine intemporalité; non que le texte échappe aux conditions historiques de sa lecture mais parce qu'il se détache suffisamment de son ancrage événementiel pour offrir d'autres grilles de lisibilité: l'esprit de révolte, l'exemplarité d'une victoire.

Les livrets de la Bibliothèque bleue se définissent donc par la continuité historique, continuité fondée sur le nombre important d'ouvrages réédités pendant deux siècles. Ils constituent, d'autre part, une collection reconnaissable à son aspect matériel et à ses lieux d'édition mais dont les textes forment un ensemble disparate et contradictoire. Enfin, la Bibliothèque bleue ne peut ni être confondue avec la totalité des textes qui se vendent par colportage, livres interdits, ouvrages d'occasion et savants échoués par hasard dans la sacoche du libraire ambulant, ni représenter, à elle seule, la littérature populaire d'ancien régime, qui inclut les occasionnels,[31] les placards, les estampes et une foule d'impressions en marge du monde lettré.

---

30. Jean-Pierre Seguin, *L'Information en France avant le périodique* (Paris 1964), p.8.
31. Seguin préfère appeler ainsi la presse populaire d'ancien régime et réserver au seul dix-neuvième siècle l'emploi du mot 'canard'.

II

Analyse évolutive

4. Problèmes méthodologiques

i. Les sources bibliographiques

Après avoir tenté de définir le corpus 'Bibliothèque bleue' dans sa généralité, nous entreprendrons d'en suivre l'évolution. Comme le nombre des ouvrages actuellement répertoriés s'élève à plus de quatre mille, compte tenu des réimpressions, il a fallu limiter cette masse de documentation trop considérable. La première limite a été d'ordre historique: nous nous en sommes tenus aux productions du dix-septième et du dix-huitième siècles parues jusqu'à la Révolution française, laissant donc volontairement de côté la quantité énorme de textes parus au dix-neuvième siècle. Cette étude portait, en effet, sur la Bibliothèque bleue au dix-huitième siècle, période où la collection connut son plein succès avec la multiplication des contrefaçons et des lieux d'édition, l'augmentation du nombre des rééditions, l'extension du catalogue de titres. Mais il nous a paru intéressant de donner également des aperçus des débuts de la Bibliothèque bleue et de son développement au cours du dix-septième siècle. Si, d'autre part, le recensement des textes se termine en 1789, ce n'est pas que la Révolution constitue une date importante dans l'histoire de la collection. Après 1789, on peut constater que les éditeurs de la Bibliothèque bleue, à la suite de quelques années éphémères de propagande jacobine, continuent d'écouler le même type d'ouvrages. L'événement énorme qui a eu lieu n'a aucun retentissement immédiat et l'on voit donc sur cet exemple que l'étude de la Bibliothèque bleue ne peut se faire uniquement dans le cadre de l'histoire événementielle. Cette collection évolue selon des rythmes analysables en période longue. La véritable transformation de la littérature de colportage intervient plus tard, vers 1820.

La seconde limite vient du choix opéré dans les sources documentaires. Ont été utilisés, exclusivement, le catalogue d'A. Morin, comportant 1389 éditions, et mon fichier personnel, constitué de 730 ouvrages issus du fonds anonyme de la Bibliothèque nationale et de la Bibliothèque de l'Arsenal. Etant donné que certaines indications se recoupent et que seules les éditions des dix-septième et dix-huitième siècles ont été prises en considération, on arrive à un total de 875 éditions différentes. A ce travail s'ajoute le dépouillement du livre de Nisard, précieux surtout pour les éditions du dix-neuvième siècle, de la liste d'environ mille titres publiée par G. Bollème en annexe de la *Bible bleue* et du catalogue Leber, qui donne de nombreuses indications sur le fonds de colportage conservé à la bibliothèque de Rouen.[1] Enfin, les catalogues d'imprimeurs, du moins ceux qui nous sont parvenus, ont été également utilisés: au dix-septième siècle, le catalogue Girardon[2] et, au dix-huitième siècle, le catalogue de la veuve Nicolas Oudot de Paris,[3] le catalogue de la veuve Jacques Oudot[4] et la liste de livres pour lesquels Jean-François Behourt reçut un privilège global d'impression.[5]

ii. Les classements existants

Une fois ce corpus établi, le gros problème a été de constituer des unités significatives de classification, sans lesquelles une analyse évolutive était impossible.

Le classement finalement adopté s'inspire de celui d'H. J. Martin, qui se fonde sur trois grandes rubriques, 'Religion', 'Fiction', 'Information et instruction', et de la classification choisie par François Furet pour analyser un tout autre corpus que celui de la Bibliothèque bleue: les éditions figurant dans les registres de privilèges, de permission publiques et de permissions tacites du dix-huitième siècle.[6] En effet, ce classement 'a été établi selon les critères de l'époque', c'est-à-dire selon les cinq grandes catégories du temps: théologie et religion, droit et jurisprudence, histoire, sciences et arts, belles-lettres.[7] Ainsi est évité un classement arbitraire des ouvrages selon des critères subjectifs et anachroniques. Pourtant, une difficulté subsiste: comment être sûr, pour les ouvrages à la frontière entre plusieurs disciplines, que les contemporains les auraient classés comme nous le faisons? Et, de toute façon, l'analyse que nous tirons de ce classement n'est-elle pas le produit de notre culture présente? Enfin, l'ambiguïté de certains textes pose des problèmes de lisibilité: c'est le cas des ouvrages mi-sérieux, mi-parodiques, et de ceux dont on ne sait pas très bien s'ils s'adressent à un public d'enfants ou d'adultes. Le caractère composite de la Bibliothèque bleue complique d'ailleurs les choses et la cohérence interne du corpus est loin d'être manifeste. Comme le rappelle Geneviève Bollème:

Quoi qu'on fasse [...], lorsqu'on approche du contenu, le classement, quel qu'il soit, pose une quantité de problèmes et se révèle arbitraire. Car s'il est vrai, en gros, que les

1. Nisard, *Histoire des livres populaires. Catalogue de la bibliothèque de M. C. Leber.*
2. Reproduit dans le catalogue de Morin.
3. Ce catalogue est publié par Hélot en annexe de *La Bibliothèque bleue en Normandie.*
4. Catalogue reproduit par Assier, *Bibliothèque bleue depuis Jean Oudot Ier*, p.17-21.
5. Publiée par Hélot, *La Bibliothèque bleue en Normandie*, p.lxiii-lxiv.
6. Le classement de Martin figure dans 'Culture écrite et culture orale'; pour les classifications et graphiques de Furet, voir 'La librairie du royaume de France au XVIIIe siècle', dans *Livre et société dans la France du XVIIIe siècle*, i.3-32.
7. Furet, p.14-16.

titres de la Bibliothèque bleue ont tendance à aller dans le sens d'une spécialisation, du moins dans certains domaines utilitaires, il est vrai aussi que nous trouvons dans un même livret divers sujets traités ensemble, et que, la plupart du temps, le rapprochement des thèmes est infiniment plus fructueux que leur séparation: c'est la mise en regard de textes différents qui s'avère plus riche. La littérature religieuse est pleine de récits et de recettes, les vies de saints sont des romans, les chansons des histoires ou des faits divers, ou des satires, ou des chroniques, les cantiques des exercices spirituels ou des recueils de dévotions mais aussi de véritables narrations.[8]

iii. Le choix des rubriques

Quoi qu'il en soit, et tout en reconnaissant les difficultés d'une telle étude, nous avons donc classé les textes selon la nomenclature indiquée par François Furet, en l'adaptant à la Bibliothèque bleue, grâce, en particulier, aux rubriques utilisées par H. J. Martin. Ces dernières ont été, elles aussi, remaniées, car les rubriques auxquelles F. Furet a recours ne correspondent pas exactement à notre corpus. En gros, on pourrait dire qu'elles ne sont opératoires que pour la littérature savante imprimée à Paris et de diffusion relativement restreinte: c'est bien ce que reflètent les registres de privilèges et de permissions. Il est intéressant de relever les disparités entre cette nomenclature et les catégories d'ouvrages présentes dans la Bibliothèque bleue car, de cette manière, précisément, le clivage fort controversé entre littérature savante et littérature populaire apparaît nettement. On a dû ainsi supprimer, dans la première section 'Théologie et religion', les rubriques 'Pères de l'Eglise' et 'Théologie et apologétique'. Les grands débats théologiques, abstraits et complexes, n'existent pas, en effet, dans la littérature de colportage et ne semblent pas passionner les classes populaires. D'autres rubriques, par contre, ont dû être ajoutées: ce sont les 'Cantiques' et les 'Vies de saints'.

La seconde rubrique, consacrée au droit et à la jurisprudence, est, en dehors d'un ouvrage de la veuve Oudot publié en 1716 où l'on apprend à 'écrire correctement des lettres de marchands et de change', totalement absente de la Bibliothèque bleue. Il n'existe, en effet, aucun ouvrage qui puisse initier les lecteurs au vocabulaire juridique, encore moins à la réglementation existante. Au dix-neuvième siècle seulement, divers manuels épistolaires recourent à ce langage. Encore s'agit-il là d'ouvrages pratiques aux prétentions limitées. C'est, d'ailleurs, un trait marquant de la Bibliothèque bleue que de proposer, dans les domaines de la connaissance, un savoir-vivre plutôt qu'une ouverture théorique. Cela est vrai tout autant de la médecine que de la botanique ou de l'art oratoire!

8. Bollème, *La Bible bleue*, p.35.

La troisième rubrique, qui regroupe les ouvrages d'histoire, est, elle aussi, peu représentée, et il en est de même de la géographie ou de la littérature de voyage. Dans la Bibliothèque bleue, l'histoire n'est jamais abordée dans une perspective historiographique car elle relève du mythe et l'actualité apparaît davantage dans des textes en marge de l'histoire, comme les chansons et les complaintes. Quant à la géographie, seuls des itinéraires de pèlerinage et des guides pour voyageurs pourraient à la rigueur s'y rattacher.

La quatrième rubrique, 'Sciences et arts', qui, comme on peut s'y attendre, occupe une large place dans la nomenclature établie par F. Furet, est davantage modifiée encore. La philosophie et la plupart des rubriques scientifiques n'ont pas de rubriques équivalentes dans la Bibliothèque bleue. On pourrait éventuellement considérer qu'à l'astronomie correspond le secteur 'para-scientifique', si développé dans la Bibliothèque bleue, avec ses manuels d'astrologie et de prédictions. Enfin, les mathématiques sont représentées par des abrégés d'arithmétique, qui ont été classés parmi les livres d'école. Quant aux autres disciplines scientifiques passées en revue dans la nomenclature de Furet, elles témoignent plus encore du déplacement des centres d'intérêt et des processus réflexifs quand on passe du circuit lettré au circuit populaire: ne sont représentés dans la Bibliothèque bleue ni les sciences naturelles, ni l'économie politique, ni l'agriculture, ni les arts libéraux ou les arts mécaniques. Pour certains de ces secteurs, il existe, cependant, une sorte d'équivalence pratique: manuels de jardinage, de cuisine ou d'éloquence ont, malgré leur apparente diversité, pour point commun de proposer des recettes et non un système de connaissances abstraites. Le seul domaine, finalement, qui s'ouvre à une pratique est celui de la médecine. Et c'est pourquoi, dans ce cas unique, les deux réseaux de diffusion – savant et populaire – ne font qu'un, du moins dans des ouvrages publiés au dix-septième siècle sous couverture bleue et réédités au siècle suivant comme l'*Opérateur des pauvres* et le *Médecin charitable*, dont l'auteur, Philibert Guibert, était un médecin célèbre sous Louis XIII. Mais que faire des ouvrages de magie et d'astrologie? Peut-on les inclure dans les ouvrages scientifiques? Il semble qu'ils aient été considérés comme tels au moment de leur parution, bien que les intentions parodiques et les procédés de distanciation existent dans certains de ces textes, comme le *Secret des secrets de nature, extraits tant du petit Albert que d'autres philosophes hébreux*. Toutefois, si l'on se réfère, par exemple, au 'système figuré des connaissances humaines' que d'Alembert définit dans son 'Discours préliminaire' de l'*Encyclopédie*, on s'aperçoit que divination et magie noire sont classées dans la sous-rubrique 'Science de Dieu', dépendant elle-même de la section 'Philosophie'.

Enfin, la cinquième rubrique, consacrée aux belles-lettres, fait moins de difficulté. Quoique la poésie soit trop rare dans la Bibliothèque bleue pour constituer un genre particulier, sauf dans le cas des chansons, et que les textes versifiés soient classés dans les pièces facétieuses quand il s'agit des pasquilles ou dans les œuvres théâtrales lorsqu'il s'agit de tragédies ou de comédies en vers, les autres textes littéraires de la Bibliothèque bleue sont assez aisément repérables: romans, contes moraux, théâtre et facéties, ainsi que manuels d'éloquence, classés dans cette rubrique conformément à l'usage du temps, dictionnaires argotiques et œuvres poissardes.

iv. La méthode statistique: ses limites

Quatre rubriques principales ont été finalement retenues, les rubriques 'Religion', 'Sciences et arts', 'Histoire' et 'Belles-lettres' et, à partir de celles-ci et de leurs sous-rubriques, différents diagrammes ont été tracés, qui figurent en annexe de la thèse.[9] Nous ne passerons pas en revue toutes les rubriques, n'attirant l'attention que sur celles dont l'établissement posait problème. La rubrique 'Divers', d'abord, représente un pourcentage minime du corpus, sauf pendant la période 1700-1720, où le pourcentage atteint est de 6.3%: en effet, c'est pendant cette période qu'a paru la centaine de titres présentés dans le catalogue de la veuve Nicolas Oudot de Paris et certains des ouvrages, à la différence de ceux qui ont été repérés dans les bibliothèques, sont mal connus et n'ont pas fait l'objet de rééditions. Les livres d'école, quant à eux, étaient difficiles à classer. Leurs liens étroits au dix-huitième siècle avec l'enseignement religieux leur interdisaient tout statut autonome mais où classer les alphabets et les arithmétiques, qui ne relevaient certes pas d'une pratique dévote et ne s'adressaient pas forcément aux enfants? Finalement, la coupure entre livres profanes et religieux nous a paru significative par elle-même et intéressante dans une perspective évolutive. Certains ouvrages, comme les Civilités, ont été classés dans la section 'Religion' et d'autres dans la section 'Sciences et arts'. D'autre part, la section 'Histoire' n'a pas fait l'objet d'une analyse de contenu, vu le petit nombre d'ouvrages qui la représentent. Dans cette rubrique sont classés, comme c'était l'usage aux dix-septième et dix-huitième siècles, les livres de 'géographie': c'est-à-dire, essentiellement, les itinéraires, les livres d'histoire générale, les faits divers ayant trait à l'actualité et la satire politique. Cette dernière, à l'exception de quelques mazarinades, est quasi inexistante. Comme on sait, la critique s'exprimait surtout par les placards, les pamphlets et les vaudevilles, colportés et chantés dans les rues de Paris, mais de ces textes-là, la Bibliothèque bleue s'est rarement fait l'écho.

La classification s'est enfin faite selon deux critères: on a d'abord dissocié

9. Voir ci-dessous, p.190-97.

les rééditions, des exemplaires différents d'un même ouvrage. Dans la mesure où l'histoire de la Bibliothèque bleue est tout entière constituée de reprises et de répétitions textuelles, il était nécessaire de comptabiliser chaque réédition d'ouvrage à part entière. En revanche on n'a pas tenu compte des exemplaires parfois nombreux d'un même ouvrage (c'est le cas des Bibles de Noël), les signalant, cependant, comme indice de diffusion. Les rééditions sont, bien entendu, elles aussi, des indices de popularité et 'si elle entraîne à des doubles emplois dans le dénombrement global, la fréquence des rééditions est une indication précieuse sur la consommation du livre'.[10]

Le second critère est historique. Si l'on se reporte à la liste d'ouvrages publiée en annexe, on verra que l'ordre choisi n'est plus seulement alphabétique mais chronologique. Ce long travail – assez fastidieux – était nécessaire pour une étude diachronique de la collection. Les unités historiques sont de vingt ans et, pour les ouvrages qui figurent à la fin de l'annexe, de cinquante ans. En effet, beaucoup de textes de la Bibliothèque bleue ne comportent pas de date de publication. Les dates de permissions ou de privilèges ne sont en outre pas très fiables car elles peuvent figurer encore, comme on l'a vu, sur des ouvrages réédités vingt ans plus tard. Pour la datation des livrets bleus, on s'est servi, dans la mesure du possible, du nom de l'éditeur et de la période, quelquefois brève, pendant laquelle il exerça sa profession. On arrive ainsi à une chronologie approximative, fondée, pour une minorité d'ouvrages, sur des intervalles d'une cinquantaine d'années. Cette répartition par tranches historiques est arbitraire mais on peut la justifier par le fait qu'il est pratiquement impossible de dater les textes de la Bibliothèque bleue sans cette marge de liberté. De plus, la Bibliothèque bleue ne suit pas l'actualité ni le rythme de l'histoire d'assez près pour être étudiée année par année. Il se produit souvent un certain laps de temps, un décalage chronologique et culturel entre les faits de l'histoire et leur intrusion dans le monde du colportage.

Le principal point d'achoppement de la méthode statistique – et il est de taille – vient du petit nombre de textes étudiés. Un corpus de 875 éditions classées selon l'ordre chronologique et cataloguées par rubriques représente un travail de longue patience. S'il était possible de recourir à l'informatique, la solution serait alors de traiter non plus huit cents ouvrages mais deux à trois mille éditions déjà répertoriées, sans compter celles, nombreuses, qui restent à découvrir dans les bibliothèques parisiennes et provinciales. Dans ce cas, la méthode utilisée ici serait certes plus féconde et plus satisfaisante. Il n'en reste pas moins que, même alors, ces trois mille éditions ou plus ne correspondraient qu'à la partie apparente de l'"iceberg', compte tenu de la quantité d'ouvrages

---

10. Furet, 'La librairie du royaume de France', p.11.

perdus définitivement. C'est, en effet, un problème majeur pour les études sur la littérature populaire que de devoir se contenter des miettes, des bribes d'un continent perdu. La littérature savante, dont la diffusion se limitait à quelque milliers de lecteurs cultivés, nous est parvenue dans des conditions proportionnellement beaucoup plus acceptables. Mais la Bibliothèque bleue, tout comme les pamphlets et les ouvrages de quelques feuillets, a mal résisté au temps; en sont cause sa fragilité, le manque de soin de ses utilisateurs et, plus généralement, le mépris dans lequel on la tenait. Comme le rappelle Nisard à propos de l'éditeur de colportage Pellerin, 'C'est une des vues de l'éditeur que plus il fait ces livrets fragiles, plus ils sont usés rapidement et plus il faut en acheter de neufs.'[11]

A ces raisons s'ajoute le fait que beaucoup de livrets bleus n'ont pu être acquis par les bibliothèques. Au dix-huitième siècle, les éditeurs de colportage ne respectaient pas le dépôt légal. D'autre part, les collections privées que possèdent les bibliothèques parisiennes comportent, elles aussi, fort peu de livrets de colportage, parce que, jusque vers 1750, la plupart des grands collectionneurs et bibliophiles ne s'intéressaient pas à ce type d'éditions. Il existe, cependant, quelques exceptions: parmi l'importante collection rassemblée au dix-huitième siècle par Pierre-Daniel Huet, évêque d'Avranches, et conservée à la Bibliothèque nationale, se trouvent de nombreux livrets de la Bibliothèque bleue et des éditions populaires du seizième siècle. Mais c'est surtout le marquis de Paulmy qui a recueilli les textes bleus parus au dix-huitième siècle. Plusieurs de ces volumes ont été réunis à cette époque sous forme de recueils intitulés 'Bibliothèque bleue' et sont à la Bibliothèque de l'Arsenal. Ces recueils contiennent uniquement des romans de chevalerie publiés dans la Bibliothèque bleue troyenne ou rouennaise et correspondent à un renouveau d'intérêt pour le moyen âge qui sera évoqué plus loin. Enfin au dix-neuvième siècle, au moment où l'ancienne littérature de colportage est menacée de disparaître, des érudits entreprennent d'en rassembler les vestiges. Pièces de musée qui intéressent le monde intellectuel dès qu'elles perdent leur caractère d'œuvres vivantes, elles ont la 'beauté du mort', selon l'expression de Michel de Certeau, et se prêtent alors au regard ethnologique ou suscitent une nostalgie passéiste.[12]

11. Nisard, *Histoire des livres populaires*, ii.408.

12. Voici ce que dit en 1842 Charles Nodier, un des grands collectionneurs de la Bibliothèque bleue, confirmant par-là même le déclin de la collection: 'Aucune lecture ne laisse à la mémoire des réminiscences plus aimables, plus touchantes, et je ne crains pas de le dire, plus utiles à la conduite de la vie. Il n'y a point de cœur si blasé qui ne tressaille encore au nom de la belle Maguelonne et de son doux ami Pierre de Provence [...]. Candeur et bravoure, franchise et loyauté, patience et dévouement, tous les traits distinctifs de notre vieux caractère national brillent d'un éclat ineffaçable dans les chroniques aujourd'hui si délaissées de la *Bibliothèque bleue*, comme les hiéroglyphes sur les obélisques de Ramsès' (Nodier, préface à *Nouvelle Bibliothèque bleue*, p.ix).

II. *Analyse évolutive*

Le problème est donc de savoir si les fonds actuellement conservés et le corpus choisi permettent des études statistiques pertinentes. Pour pouvoir étayer l'analyse, il m'a semblé nécessaire de confronter les résultats obtenus au terme de cette enquête statistique, avec trois types de sources: 1. les catalogues de libraires et les inventaires après décès, qui, au dix-huitième siècle, sont au nombre de trois: il s'agit du catalogue de la veuve Nicolas Oudot, établi vers 1720; du catalogue de la veuve Jacques Oudot, un peu plus tardif; et de l'inventaire après décès de la veuve Garnier, en 1789.[13] Le tableau 6 figurant en annexe indique la répartition des ouvrages en pourcentage pour chacun de ces catalogues. 2. Les études statistiques menées par H. J. Martin pour les éditions de la fin du dix-septième siècle comportant, au minimum, quarante-huit pages, à partir du fonds d'ouvrages de la Bibliothèque nationale (cette clause restrictive élimine donc la plupart des livres de la Bibliothèque bleue).[14] 3. Les deux enquêtes effectuées sur la librairie au dix-huitième siècle, c'est-à-dire l'enquête de François Furet fondée sur les registres de permissions publiques et de privilèges et l'enquête menée par Julien Brancolini et M. T. Bouyssy sur la production provinciale du dix-huitième siècle.[15] Toutes ces enquêtes permettent de mieux mesurer les écarts ou les similitudes entre l'ensemble des ouvrages parus au dix-huitième siècle et la Bibliothèque bleue. A l'exception de l'enquête sur la production provinciale, qui donne une bonne image de ce qui se publiait à mi-chemin entre la littérature savante et la littérature de masse, les autres résultats (qu'il s'agisse des fonds d'ouvrages de la Bibliothèque nationale ou des registres de privilèges) concernent surtout la production savante.

Finalement, les tableaux statistiques, à cause de l'important phénomène de déperdition, sont à lire comme une esquisse de l'évolution, dans ses grandes lignes, de la collection. Ce sont des indices et non des certitudes chiffrées.

13. Nous nous sommes servi des pourcentages établis par Martin à partir de cet inventaire et publiés dans 'Culture écrite et culture orale', p.246-47.

14. Martin, *Livre, pouvoirs et société*. Les diagrammes publiés au tome ii, p.1065-72, ont été le principal élément de référence.

15. Furet, 'La librairie du royaume de France'; J. Brancolini et M. T. Bouyssy, 'La vie provinciale du livre à la fin de l'ancien régime', dans *Livre et société dans la France du XVIIIe siècle* (Paris 1970), ii.3-37.

5. Histoire

IL m'a semblé difficile, voire artificiel, d'étudier l'évolution du corpus selon un découpage historique par grandes périodes significatives. En effet, la Bibliothèque bleue s'inscrit en marge de l'histoire et, même si elle subit par contre-coup et à retardement diverses influences historiques et culturelles, elle ne peut être analysée en fonction de l'histoire événementielle. C'est pourquoi il a paru justifié de recourir à un genre d'analyse plus thématique qu'historique, tout en plaçant les phénomènes étudiés dans une perspective diachronique.

Si l'on examine l'évolution de la rubrique 'Histoire', on constate d'abord qu'elle occupe assez peu de place par rapport à l'ensemble du corpus. Son pourcentage est, en moyenne, de 4% à 5%, ce qui est très faible quand on le compare aux chiffres indiqués par H. J. Martin ou F. Furet: à la fin du dix-septième siècle, les ouvrages d'histoire représentent 20% à 32% du corpus, compte tenu du fait qu'ils regroupent l'important secteur de l'histoire ecclésiastique. Au dix-huitième siècle, les registres de permissions publiques indiquent un net fléchissement mais l'histoire concerne encore 10% des ouvrages et reprend de l'importance à la veille de la Révolution. La Bibliothèque bleue ne se fait pas l'écho de cette évolution puisque la place accordée à l'histoire au début de la collection (11,8% du corpus) tend à diminuer. A la veille de la Révolution, le pourcentage tombe à 5,7% du corpus. Ces résultats sont confirmés par les catalogues de libraires, qui attribuent à la rubrique 'Histoire' un pourcentage variant assez faiblement autour de 6% du corpus.[1] D'autre part, l'enquête menée par J. Brancolini et M. T. Bouyssy sur le nombre de tirages en province montre qu'entre 1778 et 1789 l'histoire ne représente que 4,1% de l'ensemble. On peut parler ici de 'traditionnalisme du public provincial',[2] de pesanteurs culturelles qui se situent en marge de l'actualité. C'est d'autant plus vrai pour la Bibliothèque bleue qu'il a fallu alors donner à la notion d''histoire' un sens élargi, une élasticité conceptuelle, qui renforce l'idée que l'intérêt accordé à l'histoire semble être un trait de la littérature savante. En effet, certains ouvrages classés ici dans la rubrique 'Histoire' ne correspondent probablement pas aux critères élaborés par H. J. Martin ou F. Furet: ni les vies de grands criminels, calquées, il est vrai, sur des faits divers, ni les quelques satires politiques ne sont, à proprement parler, des ouvrages historiques. Le choix d'une telle rubrique montre, plutôt, de quelle manière les livrets bleus

1. Voir tableau 6.
2. Brancolini et Bouyssy, p.12.

utilisent l'actualité et, si l'on veut se montrer rigoureux dans la définition de l'"histoire', on ne trouvera presqu'aucun ouvrage qui en relève.

i. Historiographie

Il faut convenir que, dans la Bibliothèque bleue, l'histoire se situe aux confins de la légende. Les personnages réels se mêlent aux héros des contes dans une historiographie qui tient davantage d'un mythe national des origines que d'une véritable chronique. Ainsi Charlemagne apparaît-il à la fois en compagnie de ses douze pairs et de héros dont les noms se perdent dans la nuit des temps. Robert le Diable, Huon de Bordeaux, ont-ils une réalité, comme le laissent croire les anciennes chroniques? On peut répondre que, pour les lecteurs de la Bibliothèque bleue, le problème ne se posait pas ainsi. Les romans de chevalerie étaient lus comme des livres d'histoire relatant un lointain passé et les personnages historiques étaient toujours nimbés de romanesque. Les anachronismes et la licence romanesque qui choquent Tressan et Nisard[3] ne gênent pas les lecteurs du dix-huitième siècle. De toute manière, la frontière entre fiction et réalité historique ne commence à s'esquisser qu'au cours du dix-huitième siècle dans les milieux lettrés. Et dans son adaptation 'littéraire' des *Aventures de Fortunatus*, parue en 1770, Jean Castilhon fait encore allusion au 'Pretejan'.[4] Or, cette légende remonte aux célèbres *Voyages de Mandeville*, rédigés vers le milieu du quatorzième siècle, qui décrivent un Orient fabuleux s'étendant au nord du Thibet jusqu'au royaume chrétien du Prêtre-Jean, riche d'innombrables trésors.[5]

ii. Vies de criminels

D'autres grandes figures rejoignent ce panthéon d'hommes illustres. Ce sont les grands criminels, brigands généreux si l'on en croit la légende. Personnages-symboles pour les lecteurs de la Bibliothèque bleue au même titre que Robin des Bois et, plus tard, certains héros de westerns, comme Jesse James, ces bandits au grand cœur fascinent par le fait qu'ils assument et proclament une

3. 'L'abus de l'histoire fausse, ou, plus exactement, de la fausseté dans l'histoire est encore aujourd'hui pratiqué par les "historiens" du colportage, avec une imprudence dont on est confondu' (Nisard, 'Essai sur le colportage de librairie', p.15).

4. *Histoire de Fortunatus* (Paris: Costard, 1770), p.138.

5. Voir, en particulier, Ginzburg, *Le Fromage et les vers*, p.80: '[Ces voyages ont été] écrits en français, probablement à Liège au milieu du XIVe siècle, et attribués à l'imaginaire Sir John Mandeville [... C'est une] compilation fondée soit sur des textes géographiques, soit sur des encyclopédies médiévales comme celle de Vincent de Beauvais.'

marginalité sociale – ce sont des hommes libres, au-delà des lois, par définition –
tout en étant épris de justice et d'idéal.

Voler les riches pour mieux redistribuer l'argent est une revendication
fortement ancrée dans la culture populaire. Aujourd'hui encore on chante les
complaintes des 'cangaceiros' dans le Nord-Est du Brésil.[6] Ces malfaiteurs
souvent issus du monde paysan raniment le souvenir des jacqueries et l'esprit
de révolte, malgré le caractère exemplaire de leur fin toujours tragique. Michel
Foucault souligne l'ambiguïté de ces textes:

Héros noir ou criminel réconcilié, défenseur du vrai droit ou force impossible à
soumettre, le criminel des feuilles volantes, des nouvelles à la main, des almanachs, des
bibliothèques bleues, porte avec lui, sous la morale apparente de l'exemple à ne pas
suivre, toute une mémoire de luttes et d'affrontements.[7]

C'est à cette tradition qu'appartiennent les héros de faits divers de la
Bibliothèque bleue: Nivet, Guilleri et, surtout, Cartouche et Mandrin, dont il
existe même un 'Dialogue aux enfers', plusieurs fois réédité jusqu'au dix-
neuvième siècle.[8] Mandrin, dont la spécialité était de voler l'argent du fisc, leva
une véritable troupe et s'empara de Beaune et d'Autun.[9] Il se livra aussi à des
activités de contrebande, s'opposa aux fermes du tabac et des douanes et suscita
toute une série d'ouvrages hostiles à la monarchie ou, plus exactement, au
système des impôts, comme ce *Testament politique de Louis Mandrin*, qui paraît
un an après la mort de Mandrin (ce n'est pas un livret bleu) et procède, en fait,
à une critique du système des fermes sous Louis XV.[10] Par-là il rejoint une
tradition beaucoup plus large de révoltes paysanes contre l'impôt et contre les
partisans.[11] La popularité de ces ouvrages parmi les lecteurs de la Bibliothèque
bleue révèle également une manière de vivre la protestation sociale, de façon
réglée et par procuration, à travers des individus.

Il est possible aussi que la description des violences commises par ces
personnages et celle de leur supplice expliquent la popularité de ces ouvrages
fréquemment réédités. C'est ce que semble suggérer un titre comme l'*Histoire
de Louis Mandrin, depuis sa naissance jusqu'à sa mort; avec un détail de ses cruautés,
de ses brigandages et de ses supplices.*[12] Ce titre rapproche les livrets bleus des
occasionnels et des canards à sensation, dont les lecteurs populaires furent si

6. 'Bandit d'honneur' auquel on prête des actes d'héroïsme et de générosité.
7. M. Foucault, *Surveiller et punir* (Paris 1975), p.7.
8. *Dialogue entre Cartouche et Mandrin, où l'on voit Proserpine se promener en cabriolet dans les enfers* (Troyes 1755; corpus, no. 462).
9. Mandrin est né dans le Dauphiné en 1725. Il fut exécuté en 1755.
10. Goudar, chevalier, *Testament politique de Louis Mandrin, généralissime des troupes de contreban-diers, écrit par lui-même dans sa prison* (Genève 1756).
11. On appelait 'partisans', ou 'maltôtiers', les agents du fisc.
12. Ouvrage publié à Troyes, chez la veuve Garnier, sans date.

friands au dix-neuvième siècle. Enfin, le trait caractéristique de ces vies est que toutes finissent mal et qu'on en plaint les héros. Ceux-ci n'ont pu déjouer leur destin qu'un court moment, comme l'annonce l'*Histoire de la vie, grandes voleries et subtilités de Guilleri et de ses compagnons, et de leur fin lamentable et malheureuse*.[13]

Or, la rubrique 'Histoire' de la Bibliothèque bleue est, à partir de 1720, constituée pour moitié de ce type de textes, alors qu'on n'en rencontre aucun au dix-septième siècle. Ils représentent même la totalité des 'livres d'histoire' dans les années 1740-1760. Doit-on voir là le signe d'une époque troublée dont les grands criminels seraient les symboles? Le fait que l'attentat de Damiens ait eu lieu en 1757, pendant cette période, est, en tout cas, une coïncidence étrange. Un pamphlet royaliste de 1791 fait, d'ailleurs, un rapprochement entre les grands brigands et les nouveaux régicides: 'Vous Messieurs les Cartouches, les Mandrins, les Desrues n'étiez que de petits garçons près de nous.'[14] Pourtant, la figure du régicide, comme l'a montré de manière convaincante un livre consacré à Damiens,[15] signifie tout autre chose. Pour les lecteurs de la Bibliothèque bleue au dix-huitième siècle, le personnage suscite l'effroi, sans aucun doute. 'La personne sacrée du roi était l'interdit par excellence'[16] et conservait tout son prestige dans les couches populaires. Le roi est, vers 1750 encore, considéré comme l'interlocuteur privilégié et, lorsque des exactions sont commises, le peuple en accuse les agents du pouvoir, non la personne du roi.

Cet intérêt pour une certaine actualité, celle des faits divers dans leur dimension épique, semble donc un phénomène propre au dix-huitième siècle, mais ne s'explique pas uniquement par le fait que Cartouche et Mandrin sont des hommes de cette époque. Tel n'était pas le cas des frères Guilleri, par exemple, qui vécurent au début du dix-septième siècle et dont les exploits sont relatés dans des éditions du dix-huitième siècle. Les vies des grands criminels ont donné lieu à plusieurs sortes d'ouvrages: des récits en prose, des gravures, des pièces de théâtre et des complaintes, qui parfois accompagnaient le récit mais pouvaient être aussi bien colportées et vendues dans les rues: 'Il y a encore les complaintes sur les pendus et les roués, que le peuple écoute la larme à l'œil, et qu'il achète avec empressement.'[17] Ce phénomène concerne également les grandes figures historiques et celles de l'hagiographie. *Robert le Diable*,

13. Ouvrage paru chez J. A. Garnier (Troyes [c.1760]).
14. *Les trois régicides Jacques Clément, Ravaillac et Damiens au Club des Jacobins* (1791), cité par J. C. Bonnet, *Attentat de Damiens*, p.304.
15. *Attentat de Damiens*, Centre d'études du 18e siècle, Université de Lyon II, sous la direction de Pierre Rétat (Lyon 1979).
16. Rétat, p.192.
17. Mercier, *Tableau de Paris*, vi.463 (cité par Vissière, 'La culture populaire à la veille de la Révolution', p.128).

Richard sans peur et le *Juif errant* ont fait l'objet de mélodrames au dix-neuvième siècle; beaucoup de Vies de saints ont d'abord été jouées ... Tout se passe comme si la littérature populaire avait besoin de recourir à diverses instances textuelles – théâtre, poésie et prose – pour mieux célébrer ses héros; et ces entrecroisements de discours perpétuant la même histoire deviennent, à leur tour, créateurs de mythologies. Le personnage du brigand qui hantera la littérature du dix-neuvième siècle, des *Mystères de Paris* aux mélodrames de Pixérécourt, les Vautrin et les Vidocq semblent avoir puisé là leurs modèles.

iii. Satires politiques

Ces textes, qui, dans la Bibliothèque bleue, occupent encore une place peu importante, sont devenus progressivement, en dehors des occasionnels, les seuls témoins de l'histoire. On ne leur demande pas de refléter l'actualité immédiate mais d'en assurer la pérennité. Aussi pourrait-on dire à l'extrême qu'un occasionnel réédité pendant au moins un demi-siècle est susceptible d'entrer dans la Bibliothèque bleue. C'est ce qui se passe pour les satires politiques parues dans la littérature de colportage.

Ces satires, publiées pendant la Fronde, comme la *Conférence agréable de deux paysans de St Ouen et de Montmorency sur les affaires du temps* ou la satire du système fiscal intitulée *Catéchisme des maltôtiers*, perdent, paradoxalement, leur ancrage historique quand elles entrent dans la Bibliothèque bleue. Issues de situations historiques précises, prenant à parti, nommément, des hommes politiques comme Colbert, Lambert ou Fouquet, elles sont publiées dans la Bibliothèque bleue, souvent avec retard, et perdent peu à peu, au hasard des rééditions, leur caractère polémique. Que valent, en effet, les mazarinades publiées au dix-huitième siècle chez la veuve Oudot, quelle fonction leur attribuer?[18] F. Deloffre constate, à propos de la *Conférence agréable de deux paysans* que les éditions de colportage ont atténué la violence du texte primitif et que des correcteurs en ont effacé soigneusement la dimension politique.[19] Le public de la Bibliothèque bleue n'est certainement pas un public politisé, au sens où on l'entend aujourd'hui, et l'information lui fait cruellement défaut. Les échos des luttes politiques ne lui parviennent qu'affaiblis et déformés. Cela est d'autant plus vrai au dix-huitième siècle, époque où le public devient plus provincial que parisien, plus rural que citadin. Les grands événements historiques pour ces lecteurs-là, ce sont les naissances royales et, en temps de

18. *Conférence agréable* (Troyes 1728; corpus, no. 345).
19. *Conférence agréable*, éd. F. Deloffre (Paris 1961), p.32.

guerre, les victoires, dont on chante les Te Deum à la messe.[20] Les nouvelles atteignent peu les villages situés loin des villes qui vivent au rythme des occasionnels et non de l'information régulière donnée par les périodiques ou les gazettes. On peut également penser que les querelles religieuses et politiques dont les pamphlets se faisaient l'écho étaient un phénomène typiquement urbain et limité à des cercles bien informés. Ainsi s'explique sans doute la résurgence au dix-huitième siècle, et même au dix-neuvième, des mazarinades dans les textes de colportage.

iv. Géographie

Passons à la géographie, dernier volet de la rubrique 'Histoire', puisque l'usage était, au dix-huitième siècle, de regrouper ces deux notions. Ici encore la Bibliothèque bleue se dissocie nettement du reste de la production imprimée. Le fonds géographique est d'abord presque entièrement constitué d'ouvrages de la Renaissance: il s'agit d'itinéraires de voyage et de pèlerinage, dont le plus célèbre au seizième siècle était la *Grande guide des chemins pour aller et venir par tout le royaume de France* de Charles Etienne. Ce texte est à rapprocher de l'importante littérature de pèlerinage diffusée également par les éditeurs de la Bibliothèque bleue et dont il ne reste aujourd'hui que des fragments. Ils s'adressaient à la fois aux pèlerins, moines mendiants, mystiques et itinérants de toute sorte qui, jusqu'à la Révolution, sillonnaient les routes de France, à commencer par les colporteurs eux-mêmes. A ce public s'adressent aussi les *Chansons des pèlerins de St Jacques*, à la fin du dix-septième siècle, ou le *Cadran des doits* [sic] *pour les voyageurs et pour les curieux*, qui enseigne la méthode pour lire l'heure en se servant de la main comme cadran solaire![21] Constatons, en passant, que les itinéraires maritimes, nombreux au seizième siècle, sont totalement absents de la Bibliothèque bleue. Il faut remarquer, d'autre part, que ces textes, à l'exception des recueils de chansons de pèlerins, qui bénéficient de la vogue des chansons au début du dix-huitième siècle, disparaissent du corpus dès les années 1700. Il est difficile d'en donner les raisons. Les indications de ces guides anciens de deux siècles paraissaient peut-être périmées mais le fait est qu'aucun autre ouvrage ne prit la relève. Cela est d'autant plus frappant que la Bibliothèque bleue se situe ainsi à contre-courant de la vogue nouvelle, à la fin du dix-septième siècle, des relations de voyage et de l'ouverture

20. Voir Michèle Fogel, *Les Cérémonies de l'information dans la France du XVIe au XVIIIe siècle* (Paris 1989), p.133-40.
21. Ouvrage publié à Orléans, chez Claude et Jacques Borde; cité dans Bollème, *Bible bleue*, p.410.

vers des espaces longtemps ignorés. Dans la Bibliothèque bleue, rien de tel. L'anthropologie est ici sur un terrain peu propice. Un ouvrage seulement reflète ces transformations culturelles: les *Voyages de La Boullaye*, publié chez Nicolas Oudot à Troyes. C'est une relation de voyage fort sérieuse dont la première édition date de 1653 (ce n'est pas encore un texte de colportage) et conduit le lecteur en '*Italie, Grèce, Natolie, Syrie, Palestine, Karamenie, Kaldée, Assyrie, Grand Mogol*' ...[22] Mais on ne voit pas très bien pourquoi ce texte a été choisi plutôt qu'un autre et, dans la Bibliothèque bleue, où il a été peu réédité, il fait figure d'ouvrage isolé.

Les voyages dont parle la Bibliothèque bleue sont, le plus souvent, des voyages imaginaires au pays d'Utopie, où l'histoire et la géographie rejoignent le mythe. Comme le rappelle Jamerey-Duval, ce sont les romans de chevalerie qui enseignent aux lecteurs la géographie d'un monde plus souvent fictif que réel où les frontières entre pays gardent leur caractère médiéval:

Je me vis en état de raconter les merveilleuses proüesses de Richard sans peur, de Robert le Diable, de Valentin et Orson et des Quatre fils Aimon. C'est à ces insipides productions que je suis redevable de la forte passion que j'ay toujours eu pour la Géographie. La description des royaumes et des isles que mes invincibles paladins rencontroient sur leur route, et dont ils faisoient la conquête comme en passant, m'aprit que l'Europe et le monde entier n'étoient pas une même chose.[23]

Pour conclure ce chapitre, on peut donc dire que l'histoire et la géographie sont faiblement représentées par rapport à l'ensemble du corpus. Elles nouent plus de liens avec la légende, le 'légendaire historique' dont parle Robert Mandrou, qu'avec le présent. Si l'actualité existe, c'est de façon biaisée, ambiguë: elle s'insinue dans les récits de vies de grands criminels ou dans des satires politiques dont la virulence s'est émoussée. Enfin, l'histoire en tant que telle apparaît seulement sous la forme d'une nomenclature dressant les noms des rois, papes et empereurs depuis les origines du monde chrétien: elle s'inspire de l'idée d'un mythe fondateur, d'une genèse des peuples modelée sur le compost de l'almanach.

L'analyse évolutive nuance, cependant, cette vision un peu figée. S'il existe pendant deux siècles une stabilité relative du corpus 'Histoire' sur le plan quantitatif, comme le montre le tableau 4, les pôles d'intérêt se déplacent: des ouvrages de géographie comme les itinéraires de voyage disparaissent au dix-huitième siècle et, en général, ce secteur est en régression; le fait divers à travers les méfaits des grands criminels prend, au contraire, de plus en plus

---

22. *Les Voyages et observations du sieur de La Boullaye*, [...] *où sont décrites les Religions, Gouvernemens et situations des Estats et Royaumes d'Italie, Grèce, Natolie* [...] (Paris: Gervais Clousier, au Palais, sur les degrez de la saincte Chappelle, 1653).

23. Jamerey-Duval, *Mémoires*, p.192.

d'importance, tout en représentant encore une faible part du corpus. Il préfigure le succès énorme au dix-neuvième siècle de la littérature à sensation destinée au public populaire.

6. Sciences et arts

C'EST sans doute dans ce domaine que les résultats statistiques sont les plus surprenants. Alors qu'au cours du dix-huitième siècle, l'évolution des permissions publiques montre une augmentation régulière des ouvrages consacrés aux sciences et arts, au détriment du secteur religieux,[1] la part que leur accorde la Bibliothèque bleue reste étrangement stable. A partir des années 1640, le nombre de livres 'scientifiques' se stabilise et représente environ 10% à 15% de l'ensemble du corpus, comme on peut le constater sur le tableau 1. La pointe de la période 1660-1680 est une exception. Elle correspond à l'arrivée massive des livres d'astrologie imprimés à Troyes. Comment expliquer d'aussi faibles pourcentages? Est-ce la preuve que les Lumières n'ont pas pénétré les vastes zones d'obscurantisme que constituaient les campagnes? Ce stéréotype était, en tout cas, à la mode dans les écrits du temps et Jamerey-Duval lui-même juge avec sévérité les habitants de son village, qu'il accuse d'être ignorants et superstitieux. Crédulité et irrationalité ont en effet trouvé refuge parmi ces lecteurs des *Calendriers des bergers*, où la science des astres est plus proche de l'astrologie que de l'astronomie, et c'est peut-être la spécificité de la culture populaire que de se situer en marge des conclusions scientifiques fournies par le monde des Lumières. Doit-on y voir la marque d'une certaine vitalité, une façon d'exister, de s'affirmer dans l'opposition à un savoir dominant, comme le pense Michel de Certeau?[2] Ce serait cependant oublier à quel point le dix-huitième siècle lettré est encore imprégné d'irrationnel: l'enthousiasme passionné que suscitèrent les expériences de magnétisme de Mesmer dans les milieux de l'aristocratie parisienne en est une preuve parmi d'autres. Il est sûr, en tout cas, que les questions scientifiques semblent laisser assez indifférents les lecteurs de la Bibliothèque bleue, et il en est de même pour l'ensemble du public provincial, si l'on en croit l'enquête menée à partir des chiffres de tirage à la veille de la Révolution.

1. Les diagrammes établis par Furet à partir des registres de permissions publiques donnent, pour la section 'Sciences et arts': 1723-1727, 20%; 1750-1754, 25%; 1784-1788, 35% environ.
2. 'Certes, la littérature populaire des almanachs nous fournit un indice, tout fragile qu'il soit: elle substitue aux "menteries" ecclésiastiques la sûreté des techniques ménagères; à la crainte du jugement après la mort, les recettes thérapeutiques tirées d'une expérience ancestrale et les méthodes du "bien vivre" ou du "savoir-vivre". Est-ce la vulgarisation de l'esprit des Lumières par des auteurs "éducateurs", ou l'attestation de pratiques populaires qui se trouvent un langage dans les marges de la tradition religieuse? Les deux, probablement' (Michel de Certeau, 'La formalité des pratiques: du système religieux à l'éthique des Lumières (XVIIe-XVIIIe siècles)', dans L'*Ecriture de l'histoire*, Paris 1975, p.211).

i. Prophéties et magie

Une analyse plus fine du contenu de la rubrique 'Sciences et arts' permet de mieux la définir et de dégager, cependant, une évolution sectorielle. La part de l'astrologie, importante dans la seconde moitié du dix-septième siècle, tend, au dix-huitième siècle, à se réduire. Mais il faut remarquer que les almanachs, grands dispensateurs de prédictions tirées des astres, ont été écartés du corpus et qu'ils constituent jusqu'au dix-neuvième siècle un des principaux aspects du discours para-scientifique dans la Bibliothèque bleue. Les ouvrages qui ont été retenus ici sont, en fait, d'abord, des pronostications, dont les plus célèbres sont les prophéties de Nostradamus et celles de T. Joseph Moult. Leur intérêt est d'être 'perpétuelles' et de permettre ainsi à l'acheteur une sérieuse économie! D'autres prédictions formulées dans la seconde moitié du dix-septième siècle par des astrologues au rayonnement moins universel, comme Pierre Delarivey à Troyes ou Jean Petit, 'Parisien, Professeur ès Sciences Astrologiques et Mathématiques', ont l'avantage de couvrir plusieurs dizaines d'années. Or, ces livrets, à la différence des horoscopes des magazines d'aujourd'hui, se préoccupaient moins de l'avenir des individus que de celui des Etats: famines, guerres et révolutions étaient, pour ainsi dire, programmées dans l'almanach.[3] Depuis le moyen âge, une distinction était établie entre l'astrologie 'judiciaire' (concernant la conduite des hommes) et l'astrologie 'naturelle', ou 'physique', concernant les prévisions météorologiques. Cette distinction est encore présente dans l'arbre des connaissances tel qu'il figure dans le 'Discours préliminaire' de l'Encyclopédie de d'Alembert ('Sciences de la nature, Physique particulière').

En fait, les prédictions de la Bibliothèque bleue impliquent tout aussi bien une conception magique de l'existence. Ce qui est proposé est une manière de vivre fondée sur un rythme ancestral: les travaux des champs ou la saison des amours obéissent à un temps cyclique qui est déjà celui des *Travaux et les jours* d'Hésiode. C'est que l'histoire de chacun s'inscrit dans un vaste ensemble où maladies, famines, crises politiques ou fléaux météorologiques sont placés sur le même plan. On peut constater, d'autre part, que, dans la Bibliothèque bleue, le courant occulte est presque entièrement représenté par les sciences astrales. Les *Jugements astronomiques des songes*, et le *Miroir d'astrologie naturelle* connaissent des rééditions pendant tout le dix-septième siècle et le dix-huitième siècle. Quant au pourcentage important de l'astrologie entre 1650 et 1700, tel qu'il

---

3. C'est pourquoi, dès Henri II, ce genre de livre fait l'objet d'une surveillance particulière: selon l'ordonance d'Orléans de 1550, il est défendu 'à tous imprimeurs et libraires, à peine de prison et d'amende arbitraire, d'imprimer ou exposer en vente aucuns almanachs et pronostications que premièrement ils n'ayent esté visitez par l'archevêque ou évêque, ou ceux qu'il commettra' (cité par L. Morin, *Histoire corporative*, p.246).

apparaît dans le tableau 1, il correspond à ce que Pierre Saintyves appelle le 'déluge des almanachs' troyens.[4] Effectivement, la ville de Troyes semble s'être taillé une belle réputation dans ce domaine et le voyageur La Boullaye, traversant Troyes en 1650, la qualifie de 'Patrie et demeure assez fameuse des Astrologues françois'.[5] On a pu relever, par ailleurs, que la multiplication soudaine des ouvrages d'astrologie coïncide souvent avec des périodes troublées sur le plan politique: jamais il ne s'est plus imprimé de prophéties que pendant la Révolution française. Pour les années 1650-1700, le phénomène paraît à la fois lié à l'histoire de l'édition troyenne – c'est à ce moment que la Bibliothèque bleue des Oudot triomphe, enfin, de la concurrence des almanachs étrangers (ceux de Liège, en particulier) – et au fait que les couches populaires des villes et des campagnes traversent une des périodes les plus sombres de leur histoire. Les *Mémoires* de Jamerey-Duval témoignent de la détresse économique des paysans français sous Louis XIV.

En revanche, il semble bien que les sciences occultes élargissent leur domaine d'investigation au dix-huitième siècle. Si l'avenir continue d'inquiéter, si l'on tente toujours de mieux le connaître et de mieux cerner la personnalité de chacun par l'étude du zodiac, on cherche également à maîtriser la matière. Les premiers recueils de recettes alchimiques parus dans la Bibliothèque bleue remontent à la fin du dix-septième siècle. Sous le titre de *Découverte des secrets les plus curieux*, l'ouvrage réunit, sous forme de compilation, des textes tirés du 'petit Albert' ainsi que des 'philosophes Hébreux, Grecs, Arabes, Caldéens, Latins et autres modernes. Enrichi de plusieurs rares secrets de Cornelius Agrippa, Merac, Tresmegiste, d'Arnosa, de Villeneuve, de Cardan, d'Alexis Piémontois'.[6] On voit apparaître aussi, vers la même époque, des ouvrages de magie, comme la *Magie naturelle*. Pourtant, au dix-huitième siècle l'occultisme et la magie exercent encore peu de fascination et des recueils comme la *Magie naturelle* et les *Secrets du petit Albert* ressemblent davantage à des manuels de jeux de société qu'à des grimoires terrifiants. Mais il est curieux de noter que ces textes très anciens – le *Secret des secrets* existe sous forme manuscrite dès le treizième siècle – n'entrent dans la Bibliothèque bleue qu'à cette époque. L'alchimie n'est bien entendu pas une pratique populaire et les ouvrages kabbalistiques s'adressent originellement à un cercle limité d'initiés. Or, au dix-huitième siècle, et au dix-neuvième surtout, ils vont être l'objet de nombreuses vulgarisations.

Cette émergence de l'occultisme coïncide avec une progression des ouvrages

4. P. Saintyves, *L'Astrologie populaire* (Paris 1937), p.342.
5. *Voyages de La Boullaye*, p.2.
6. Ouvrage publié à Troyes (sans date) par P. Garnier.

savants à prétention scientifique et, plus généralement, avec un intérêt accru dans les milieux lettrés pour la pensée rationnelle. On a ici apparemment deux phénomènes qui s'opposent et sont difficiles à expliquer simultanément, sinon en faisant intervenir une hypothétique renversement des valeurs 'intellectuelles' dans la littérature de masse. En réalité, la demande accrue des lecteurs de la Bibliothèque bleue pour les ouvrages de magie témoigne d'une démarche extrêmement proche de la démarche scientifique. La littérature 'para–', ou 'pseudo–', scientifique, telle qu'on la nomme aujourd'hui, a pour fonction essentielle de pallier un manque d'information chez les lecteurs et de les aider à dominer l'univers grâce à des principes occultes qui se substituent aux lois scientifiques, dont la connaissance est réservée à l'intelligentsia. Ces *nouveaux* ouvrages de magie populaire se démarquent, en tout cas, de la science ancienne de l'almanach fondée sur l'astrologie. Le *Secret des secrets*, qui contient certains 'secrets de métiers' comme la manière de 'fabriquer' du vin vieux ou d'utiliser les teintures, se rapproche sans doute davantage d'un ouvrage technique que d'un ouvrage de magie.

On peut faire, enfin, une dernière remarque. A une époque où la sorcellerie est encore très vivace à la ville et à la campagne – l'époque des bûchers culmine entre 1580 et 1660 et les derniers procès de sorcellerie datent seulement du début du dix-huitième siècle – on ne trouve nulle trace de sorcellerie dans la Bibliothèque bleue. Le diable, s'il est présent dans la littérature hagiographique sous l'apparence du tentateur, ou dans quelques romans de chevalerie comme *Robert le Diable* et *Richard sans peur*, n'inspire aucun ouvrage de magie noire. Cela peut facilement s'expliquer par le fait qu'il s'agit d'un sujet tabou et que la Bibliothèque bleue ne fait, à aucun moment, figure de littérature clandestine. Pour les mêmes raisons, le sexe et la contestation politique en sont à peu près absents. Mais on peut voir là plus qu'une omission. Les pratiques superstitieuses sont évoquées dans la Bibliothèque bleue mais ce sont celles qui ne choquent pas l'ordre établi. A l'apparition timide ou facétieuse des ouvrages d'occultisme s'oppose, de tout son poids, la littérature religieuse, à grands renforts d'oraisons et de cantiques.

ii. Arts

Les manuels pratiques proprement dits – manuels de cuisine, recettes d'apothicaires ou arts vétérinaires – sont, eux aussi, imprégnés de superstition. C'est que la distinction entre savoir rationnel et connaissance empirique, voire magique, du monde n'est pas opératoire dans cette littérature. Sans aller jusqu'à considérer ces livres comme le reflet des croyances populaires – après tout, comment savoir à quel point ils reproduisaient le système de pensée des lecteurs? – on peut dire que la Bibliothèque bleue nous met en présence d'une mentalité étrangère à la nôtre, dans ce domaine tout au moins.

Remarquons d'abord que les livres de métiers n'occupent pas plus de place que les ouvrages d'astrologie et que leur nombre tend à diminuer au cours du dix-huitième siècle, ainsi que l'indique le tableau 1. Que trouve-t-on pendant toute la période d'ancien régime? A partir de 1640 paraissent quelques ouvrages de médecine et un *Maréchal expert* enseignant l'art de soigner les chevaux. En 1661 s'y ajoutent des livres de cuisine, le *Cuisinier françois* de La Varenne[7] et le *Patissier françois*. A la fin du siècle est publié le *Confiturier* et, au début du dix-huitième siècle, le *Jardinier françois*. Or, à partir des années 1740 et jusqu'à la Révolution française, on ne trouve aucun nouveau titre. On a, au contraire, le sentiment, à regarder l'évolution de cette partie du corpus, que le secteur technique de la Bibliothèque bleue s'est constitué tout au long du dix-septième siècle et qu'il se fige et régresse à partir du dix-huitième siècle. C'est un fait qu'il est difficile d'expliquer de façon spécifique et qui, semble-t-il, procède de l'évolution d'ensemble du secteur 'Sciences et arts' dans la littérature de colportage.

Les principaux domaines abordés sont la cuisine et la médecine. L'écriture de ces deux sortes d'ouvrages est, d'ailleurs, extrêmement proche: recettes d'apothicaire et recettes de cuisine figurent dans chaque ouvrage sous forme de listes et relèvent implicitement du même art.[8] D'autre part, les ouvrages de médecine se consacrent en partie à la prescription de régimes qui s'apparentent à la diététique. Se protéger de la mort et manger, voilà deux besoins essentiels que la Bibliothèque bleue tâche de satisfaire. On comprend bien pourquoi se constitue, au cours des siècles, tout un arsenal défensif contre les maladies, maladies des bêtes et des hommes, auquel on continue d'avoir recours jusqu'au dix-neuvième siècle. Le livre représente alors le seul instrument d'une médecine de masse: des règles d'hygiène même rudimentaires, des remèdes utilisant encore, pour une grande part, la médecine des plantes, offrent aux plus démunis le moyen de résoudre des situations d'urgence. Disons que les 'médecins aux pieds nus' sous l'ancien régime, ce sont les petits livres bleus. On imagine aisément cette France du dix-huitième siècle et ces médecins dont le savoir reste terriblement tributaire d'erreurs et de traditions. Si certaines sciences ont progressé au dix-huitième siècle, comme la physique ou l'astronomie, la médecine, elle, en est encore au temps de Molière. De toute façon, les soins

7. La première édition date de 1651. Ce n'est pas encore un texte de colportage.
8. Jack Goody (*La Raison graphique*, Paris 1978, p.231) fait l'analyse de l'évolution lexicale du terme anglais 'receipt' et remarque que, jusqu'au début du dix-huitième siècle, recettes médicales et culinaires se confondent.

médicaux en milieu rural sont bien souvent inexistants. Voici ce qu'on peut lire en 1789 dans le cahier de doléance de Cloyes, bourg d'Ile de France:

Depuis des siècles, il existe le fléau le plus affligeant pour l'humanité sur lequel on ne fait pas la moindre attention. C'est une multitude considérable de médecins et de chirurgiens qui habitent les villes et les campagnes, dont l'impéritie de la majeure partie est plus destructive que l'artillerie des plus nombreuses armées.[9]

La mortalité infantile régresse au cours du dix-huitième siècle, ainsi que la peste et les grandes disettes, mais il s'agit d'un équilibre précaire.[10] Jamerey-Duval, et Restif de La Bretonne dans la *Vie de mon père*, évoquent le terrible hiver de 1709, au cours duquel les grains avaient gelé et les paysans été réduits à manger le pain de chanvre. Si l'on en croit les nombreuses rééditions d'ouvrages de médecine et la parution, au beau milieu du dix-neuvième siècle, d'un livre comme le *Médecin des pauvres, ou recueil de prières pour le soulagement aux maux d'estomac, charbon, pustule, fièvres, plaies*,[11] on a le sentiment qu'existait, de la part des lecteurs de la Bibliothèque bleue, une demande désespérée d'information.

Or, la plupart de ces manuels ne sont pas à la hauteur de ce qu'ils promettent. En général, ils s'appuient sur des conseils de simple bon sens et reflètent, comme beaucoup d'autres livrets bleus, des théories très anciennes. L'*Ecole de Salerne* de Louis Martin, par exemple, qui paraît en 1657 chez Nicolas Oudot de Troyes et sera régulièrement réédité au cours du dix-huitième siècle, est un long poème en vers burlesques dont l'auteur, docteur en médecine à Montpellier, tourne en dérision les pratiques médicales modernes et se réclame de l'ancienne 'Ecole de Salerne', qui avait eu son heure de gloire au douzième siècle. Disciple d'Hippocrate et de Galien, l'auteur affirme que la meilleure médecine repose sur une bonne conduite de vie. De tels préceptes inspirés de la médecine hippocratique et galénique prévaudront jusqu'au milieu du dix-huitième siècle:

> Trois médecins non d'Arabie,
> Ny de Grece, ny d'Italie,
> Te pourront ayder au besoin,
> Sans les aller chercher fort loin.
> Ils sont meilleurs que l'on ne pense,
> Et ne font aucune despense.
> Le premier c'est la gayeté;
> C'est la fine fleur de santé,
> C'est de nostre vie la sosse [*sic*]

9. Cité par R. Vaultier, 'La médecine en Beauce en 1789', *Hippocrate* 7 (1939), p.437-39.
10. Voir F. Braudel, *Les Structures du quotidien* (Paris 1979), p.55-67.
11. Voir A. Morin, *Catalogue descriptif*, no.753.

6. *Sciences et arts*

> Sans qui vaut mieux estre en la fosse:
> Le second, repos modéré
> [...]
> Le troisiesme, c'est courte table [...][12]

Rabelais disait déjà cela sur le même ton mi-plaisant, mi-sérieux.

En fait, la médecine présentée dans la Bibliothèque bleue, y compris dans un ouvrage ambigu comme l'*Ecole de Salerne*, est une médecine traditionnelle se référant à des théories venues de l'Antiquité. En cela elle ne se différencie pas tellement, au dix-septième siècle, de la littérature médicale appartenant à la diffusion savante mais, dans la seconde moitié du dix-huitième siècle, un décalage significatif s'instaure, dans la mesure où la Bibliothèque bleue continue de faire paraître, sans modification, ces traités vieux d'un siècle. Les ouvrages dont il s'agit ont tous la particularité de s'adresser aux non-initiés: le *Médecin charitable, enseignant la manière de faire et préparer en sa maison avec facilité et peu de frais les remèdes propres à toutes maladies* paraît en 1625 et passe, vingt ans plus tard, dans la Bibliothèque bleue. L'ouvrage a pour auteur Philibert Guibert, célèbre médecin parisien. La charité chrétienne inspire, conformément à l'esprit du temps, ces ouvrages de vulgarisation destinés à donner aux plus pauvres l'accès à un savoir médical élémentaire: l'*Opérateur des pauvres*, le *Médecin désintéressé*, l'*Apotiquaire charitable* en sont les titres suggestifs.[13]

Parfois médecine populaire et science astrologique se confondent, caractéristique héritée de la tradition médiévale au même titre que les chapeaux pointus des médecins-mages. Ainsi, une gravure du *Calendrier des bergers* datant du quinzième siècle représente la figure anatomique d'un homme écorché dont chaque partie du corps est reliée à son signe zodiacal. Cette gravure est reproduite dans de nombreux almanachs du dix-septième et du dix-huitième siècles et on la retrouve à l'intérieur de certains livrets bleus qui n'ont rien à voir avec la médecine. A nouveau, le recours à l'astrologie sert à déjouer la mort. Pratiques rationnelles et magiques sont associées pour atteindre une plus grande efficacité. En cela, de tels ouvrages reflètent un thème majeur de la Bibliothèque bleue, du moins au dix-septième siècle, l'évocation de la mort. A travers les Danses macabres, les arts de mourir comme le *Pensez-y bien* et les contes moraux qui, tel l'*Histoire du Bonhomme Misère*, donnent à la mort un rôle de premier plan, une fresque macabre et grimaçante se déroule. Figure obsédante dans la Bibliothèque bleue du dix-septième siècle, la Mort semble

---

12. Louis Martin, *L'Eschole de Salerne en vers burlesques* (Paris: Jean Henault, 1650; B.N.), p.8-9.

13. Ce genre de vulgarisation existe dès la Renaissance: la veuve Jean Trepperel, imprimeur parisien à large diffusion, publie en 1512 un ouvrage intitulé *S'ensuyt le tresor des pauvres et des malades* (B.N., Réserve).

cependant lâcher prise peu à peu. Ainsi que le remarque Michel Vovelle dans son étude sur les 'attitudes collectives devant la mort aux XVIIe et XVIIIe siècles', la mort, du moins dans la première moitié du dix-huitième siècle, semble 'exorcisée par le mouvement des Lumières'.[14] Cette évolution est confirmée, dans la Bibliothèque bleue, par la régression, au dix-huitième siècle, des arts de mourir et la disparition des danses macabres. On peut noter également que la *Vie de saint Roch*, saint qui était invoqué en cas de peste, connaît très peu de rééditions au dix-huitième siècle, alors qu'au dix-septième siècle l'ouvrage était largement diffusé: signe des temps, signe que la terrible maladie a reculé – la dernière grande épidémie de peste est celle de Marseille en 1720[15] – et que les problèmes de survie, s'ils se posent toujours au dix-huitième siècle pour les lecteurs populaires, ont suscité de nouvelles attitudes.

Quant aux autres manuels pratiques et, en particulier, aux livres de cuisine, ils s'écartent de la triste réalité. Si les livres de médecine cherchent à conjurer la mort et les souffrances, les livres de cuisine, presque par compensation, semblent offrir les trésors de l'abondance, la délicatesse des mets les plus raffinés à ceux qui, selon Fernand Braudel, avaient encore à l'aube du dix-huitième siècle une alimentation des plus sommaires et connaissaient à peine la viande. La France connut onze grandes famines au dix-septième siècle et seize au dix-huitième siècle.[16] Même si l'on considère que la clientèle de la Bibliothèque bleue ne se recrutait pas parmi les plus misérables, on peut se demander qui achetait ce *Cuisinier françois, enseignant la manière de bien apprester et assaisonner toutes sortes de viandes, grasses et maigres, légumes et patisseries en perfection [...] augmenté d'un traité des confitures seiches, liquides et autres délicatesses de bouche*, dont le titre est déjà tout un programme. On peut émettre ici trois hypothèses: ou bien ce manuel décrivant une cuisine aristocratique fonctionnait davantage comme un texte de fiction que comme un manuel pratique et exerçait la même puissance de fascination que les descriptions des pays de féerie où le lait coule à flot et la nourriture s'entasse en montagnes d'abondance; on trouve de tels passages dans l'*Histoire de Huon de Bordeaux*, lorsque le nain Obéron offre par un coup de baguette magique un sompteux festin à Huon et à ses compagnons affamés, ou dans la *Navigation du compagnon à la bouteille*:

Bringuenarille naviga tant qu'il trouva une montaigne de beurre frais, et auprès d'icelle un fleuve de lait portant bateau [... il] arriva en un pais plat qui n'est point labouré, mais fort fertille, la ou croissent les pastez chauds, et d'une nuée tombent les allouettes toutes rosties, et comme l'on y couvre les maisons de tartelettes chaudes [...][17]

14. Michel Vovelle, *Mourir autrefois* (Paris 1974), p.207.
15. Voir Braudel, *Structures du quotidien*, p.67.
16. Braudel, p.55.
17. *La Navigation du compagnon à la bouteille* (Troyes s.d.; corpus, no.104), p.46. Cet ouvrage a

6. *Sciences et arts*

Ou bien faut-il considérer le *Cuisinier françois* comme un livre de métier, de la même manière que le *Patissier françois*, 'très utile à toutes sortes de personnes'. Somme toute, c'est souvent dans les cuisines que sont lus les petits romans de la Bibliothèque bleue, comme le montrent les allusions de L. S. Mercier ou de Castilhon.[18] Enfin, on peut avancer une dernière explication: si les lecteurs de la Bibliothèque bleue n'ont pas les mêmes moyens de se nourrir que les classes privilégiées, ils appartiennent, cependant, à des couches sociales qui, parfois, connaissent un certain bien-être matériel. Jamerey-Duval raconte que son aïeul est amateur de bon vin et possède une belle cave; c'est aussi chez le curé du village qu'il aperçoit du pain de froment pour la première fois de sa vie. Mais le meilleur témoignage concernant ces notables de village est celui de Restif de La Bretonne, fils d'un paysan prospère de Bourgogne:

Je vais vous dire un mot de notre nourriture, c'est-à-dire de la manière de vivre du paysan aisé. Pour ceux qui ne le sont pas, du pain d'orge ou de seigle, une soupe à l'huile de noix ou même de chenevis, une mauvaise boisson, c'est-à-dire de l'eau passée sur du marc ou de l'eau pure [...] Mais chez notre maître nous avions, avant de partir pour la charrue, une soupe au bouillon de porc salé, cuit avec des choux, ou des pois ronds, jointe à un morceau de salé, et une assiettée de pois ou de choux, ou bien une soupe au beurre et à l'oignon, suivie d'une omelette ou d'œufs durs, ou d'herbages, ou de fromage blanc assez bon.[19]

Aujourd'hui encore, c'est ainsi qu'on nourrit les ouvriers du vignoble au petit matin, avant la cueillette. Le texte de Restif décrit dans la première moitié du dix-huitième siècle un monde paysan plus opulent que la Champagne pauvre de Jamerey-Duval mais tous deux attestent l'existence d'une élite paysanne. De ces lecteurs-là, la haute cuisine n'est pas ignorée. Elle reste au fond des mémoires ou se transmet grâce aux livrets bleus et peut servir dans les grandes occasions.

Cependant, d'une manière générale, livres de médecine et de cuisine ne sont pas des livres de métiers. Ils enseignent plutôt des recettes de vie à la portée de chacun et ne nécessitent pas de connaissances particulières. C'est un savoir plus empirique que théorique qui est dispensé mais dont l'origine est savante: les livres de médecine de Guibert ou du chirurgien Vaussard au dix-septième siècle sont œuvres de spécialistes. Par contre, au dix-huitième siècle et, surtout, au dix-neuvième, la caution scientifique des ouvrages de médecine est beaucoup plus hésitante. Certains au dix-neuvième siècle, comme le *Médecin des pauvres*, sombrent dans la superstition.

Les seuls manuels techniques qui vont prendre la relève, à l'extrême fin du

été attribué par certains à Rabelais, mais ce point de vue est discuté.

18. Voir ci-dessus, p.21.

19. Restif de La Bretonne, *Vie de mon père*, p.171.

63

dix-huitième siècle, sont les ouvrages de technique agraire. Est-ce sous l'influence des physiocrates? Dans ces textes, le discours gagne en rigueur. A la science de l'almanach qui s'adresse aux cultivateurs succèdent, après la Révolution, des *Instructions sur la conservation et les usages des pommes de terre*, l'*Instruction sur la culture de la carotte …*, brochures quasi officielles qui remplacent les anciens livrets de la Bibliothèque bleue et soulignent une mutation à la fois intellectuelle et économique: l'ordre ancien du monde, régi par le compost et fondé sur des techniques agraires traditionnelles, est bouleversé. Des attitudes nouvelles apparaissent, qui se veulent rationnelles et sont adaptées à un système économique qui sous la Révolution devient plus centralisé: l'*Instruction sur les semailles d'automne adressée aux citoyens cultivateurs* paraît en 1793.[20]

iii. Livres d'école

L'évolution des livres d'école confirme ce phénomène. C'est bien un savoir différent qui se met en place, rompant avec les lentes acquisitions du passé. Cependant, si l'on examine la progression des livres d'école en pourcentage, du dix-septième au dix-huitième siècle, on remarque une incohérence apparente. Dans le tableau 1, les livres d'école, qui font leur apparition vers 1650, augmentent légèrement en nombre au cours du dix-huitième siècle et subissent un déclin brutal après 1750. Il est difficile d'analyser ce déclin, en totale contradiction avec l'afflux, après la Révolution, des manuels scolaires les plus divers. Le résultat statistique s'expliquerait-il par le nombre d'exemplaires perdus, abécédaires et abrégés d'arithmétique étant parmi les plus fragiles des brochures de la Bibliothèque bleue? L'étude de l'évolution des titres est plus éclairante: on voit surgir dans la littérature de colportage de la fin du dix-septième siècle des manuels d'arithmétique, comme celui du sieur de Barême, l'*Abrégé ou pratique d'une nouvelle arithmétique très intelligente pour apprendre à compter calculer en très peu de temps, d'une facilité toute particulière*. Un peu plus tard les sciences exactes autres que mathématiques commencent à être représentées et les manuels mettent de plus en plus l'accent sur l'orientation éducative: par exemple, la veuve Gobelet publie à Troyes, en 1777, le *Livre des sciences pour apprendre à la jeunesse tout ce qu'il lui faut*. D'ailleurs, d'une façon générale, le public enfantin commence à être pris en considération par les éditeurs de colportage vers les années 1730. A partir de ce moment, divers ouvrages qui ne sont pas forcément des livres d'école signalent qu'ils s'adressent à ces lecteurs: *Histoires abrégées de l'Ancien Testament* [...] *imprimées en faveur de la jeunesse chrétienne*; le *Miroir d'astrologie naturelle, ou le passe-temps de la jeunesse*;

20. Les ouvrages sont cités dans Bollème, *La Bible bleue*, p.436.

le *Nouveau traité d'ortographe, contenant les mots qui ont une même pronostication* [*sic*] *et diverse signification, très-nécessaire à la jeunesse pour apprendre à écrire correctement* ... On peut reconnaître là le signe que l'attitude devant l'enfance a changé. Ce phénomène de grande ampleur, que Philippe Ariès date du dix-septième siècle, atteint la littérature de colportage avec un certain retard:

Le grand événement fut donc, au début des temps modernes, la réapparition du souci éducatif. Celui-ci anima un certain nombre d'hommes d'église, de loi, d'étude, encore rares au XVe siècle, de plus en plus nombreux et influents au XVIe et au XVIIe siècle où ils se confondirent avec les partisans de la réforme religieuse [...] On admet désormais que l'enfant n'est pas mûr pour la vie, qu'il faut le soumettre à un régime spécial, à une quarantaine, *avant* de le laisser rejoindre les adultes. Ce souci nouveau de l'éducation va s'installer peu à peu au cœur de la société et la transformer de fond en comble.[21]

L'évolution des titres est liée également à la transformation de l'institution scolaire, transformation effectuée par des ordres religieux à vocation éducative. L'essor des petites écoles s'accompagne, en effet, à partir de 1680, de la diffusion massive de livres d'école, dont l'impression est assurée en particulier par les éditeurs de la Bibliothèque bleue. La littérature scolaire, par la grosse quantité de livres qu'elle représentait et le débit assuré que lui procuraient les écoles du diocèse, était une importante source de revenus pour les imprimeurs locaux et les éditeurs de colportage, spécialisés jusqu'au dix-neuvième siècle dans ce genre d'ouvrages. Enfin, les nouveaux destinataires que sont les enfants ou les adolescents invitent à penser que la Bibliothèque bleue prend de plus en plus le caractère d'une littérature enfantine, du moins à partir du milieu du dix-huitième siècle, alors qu'elle s'adressait originellement à un public d'adultes.

Nous reviendrons plus loin sur ce besoin d'une pédagogie nouvelle que la Bibliothèque bleue va progressivement assumer (avant d'être concurrencée, puis remplacée, au dix-neuvième siècle, par une littérature scolaire contrôlée par le pouvoir). Pour l'instant, ce qui se met en place est encore timide. Beaucoup d'ouvrages sont encore imprégnés de principes moraux et religieux et s'occupent d'éduquer plus que d'instruire. C'est pourquoi, dans la classification adoptée, ces manuels figurent sous la rubrique 'Religion'. Les autres manuels, abécédaires ou abrégés d'arithmétique, dont la production dépend également de l'Eglise, puisqu'ils sont souvent utilisés dans les écoles du diocèse, reprennent pour une part une tradition ancienne: les abécédaires remontent au début de la Renaissance. Quant aux ouvrages nouveaux, davantage orientés vers les 'sciences exactes', ils peuvent parfois faire illusion: l'*Histoire générale des plantes et des herbes*, qui paraît en 1728 chez la veuve Jacques Oudot, au siècle de Linné, est tout simplement un abrégé d'un ouvrage de botanique publié en 1549. On

21. Philippe Ariès, *L'Enfant et la vie familiale sous l'ancien régime* (Paris 1975), p.312-13.

voit donc que les éditeurs troyens puisent parfois leurs 'nouveautés' dans le fonds le plus ancien des livres imprimés et que le souci de rigueur scientifique, peut-être plus marqué, dans la Bibliothèque bleue, au siècle des Lumières, peut se traduire par la réimpression de vieux textes savants tombés dans l'oubli. Ainsi les éditeurs de la Bibliothèque bleue font-ils le lien, involontairement, entre l'encyclopédisme de la Renaissance et celui du dix-huitième siècle. Il y a donc loin du discours scientifique tel qu'il apparaît dans la Bibliothèque bleue à celui des philosophes. Nourries d'astrologie et de méthodes empiriques d'appréhension du monde, les sciences et arts restent un secteur sous-représenté. Ce sont les manuels pratiques et non les sciences abstraites qui dominent. Enfin, la distance est étroite entre une littérature mettant le savoir à la portée des non initiés et une littérature d'enseignement destinée aux enfants. Tournés vers des institutions scolaires elles-mêmes fortement encadrées par l'Eglise, les éditeurs de colportage n'ont donc ni les moyens ni le désir de faire accéder les lecteurs à la science de leur temps. Pourtant, une évolution se dessine, une nouvelle forme du savoir s'ébauche peu à peu qui prendra toute son ampleur au dix-neuvième siècle et qui s'écarte, par sa plus grande rigueur théorique, des processus de pensée traditionnels.

7. Religion

L'INFLUENCE de l'Eglise se fait sentir dans le domaine des manuels pratiques et des livres d'enseignement. Il y a là une sorte de contradiction si l'on considère, comme Bayle et Fontenelle, que les sciences sont un terrain de lutte contre les superstitions et si l'on voit en l'Eglise une force conservatrice allant à l'encontre du progrès des sciences et de l'esprit critique. Mais on a vu que science et superstition, rigueur théorique et irrationalité ne sont pas véritablement antithétiques dans la Bibliothèque bleue. Il a bien fallu ranger les livres de magie et d'astrologie à l'intérieur de la rubrique 'Sciences et arts' et tout laisse croire que de tels ouvrages entretenaient, aux yeux des lecteurs populaires, des liens non d'opposition mais de complémentarité avec le secteur technique, ou 'savant'. Certains esprits attribuent, cependant, à l'Eglise la volonté de maintenir les classes populaires dans l'obscurantisme de leurs croyances. Jamerey-Duval dénonce, en homme des Lumières, les ouvrages de dévotion, pleins de prodiges, d'apparitions et de démons, propres à alimenter la crédulité populaire et tous 'munis de l'approbation des docteurs':

C'étoit un de ces bouquins qui forment ce que l'on nomme en France la bibliothèque bleue et qui avoit pour titre la *Vie de Jésus-Christ avec celle de Judas Iscarioth*, imprimée à Troyes en Champagne, chez la veuve de Jacques Oudot. Ceux qui, comme moi, sçauront que ce pernicieux roman étoit répandu dans la plupart des provinces de France, que les habitants de la campagne le sçavoient par cœur et le mettoient entre les mains de leurs enfants pour apprendre à lire, demanderont peut être quelle idée le haut clergé de ce royaume avait du christianisme et si, dans ce temps là, il avait cessé d'être payé pour empêcher le peuple de confondre les vérités sacrées de l'évangile avec des fictions également triviales et profanes.[1]

Les ouvrages religieux constituent avec les belles-lettres la catégorie la plus considérable des ouvrages. Pourtant, beaucoup d'ouvrages religieux, surtout ceux qui s'apparentent à de minces brochures, comme les petits catéchismes et les livres de pèlerinage, ont disparu et l'on peut penser que la part du secteur religieux dans la littérature de colportage était plus considérable encore. H. J. Martin indique qu'un libraire parisien du seizième siècle, Guillaume Godard, possédait déjà en stock 275.000 livres de liturgie et, à propos des ouvrages vendus par les Oudot et les Garnier au dix-huitième siècle, il constate que, si la plupart des titres ont pu être retrouvés, beaucoup d'éditions ont été perdues, surtout 'dans le secteur religieux, Nouveaux Testaments et Psautiers [...], il en

1. Jamerey-Duval, *Mémoires*, p.195.

va de même que pour les abécédaires et les syllabaires'.[2] Vraisemblablement, de nombreuses plaquettes liées à un culte local ou régional ont même complètement disparu, titres compris. Si l'on examine d'abord le tableau 4, on voit que le secteur religieux, relativement important au début du dix-septième siècle, puisqu'il occupe 25,6% du corpus, décroît rapidement dans les années 1620-1660, pour prendre à nouveau de l'importance à la fin du dix-septième siècle et gagner de plus en plus de terrain au cours du dix-huitième siècle. La brusque poussée des années 1660 s'explique par la propagande active que mène l'église post-tridentine en direction des masses populaires; quant au résultat suprenant des années 1700-1720, il correspond au fait que se trouvent rassemblées là plus d'une centaine d'éditions provenant du catalogue de la veuve Nicolas Oudot de Paris. Or, ce catalogue ne contient à peu près pas d'ouvrages religieux, ce qui fait baisser considérablement le résultat d'ensemble.[3]

Le secteur religieux a été une composante importante du corpus dès les débuts de la Bibliothèque bleue. Ses premiers imprimeurs, Jean I Oudot et son devancier Etienne de La Huproye, ont d'abord puisé dans la littérature hagiographique: la *Légende et vie chrestienne du glorieux [...] sainct Avy*, la *Vie de sainct Edme* et la *Vie et légende de monsieur sainct Roch* sont parmi les premiers titres de la collection. Comme le dit Corrard de Breban, 'Estienne de la Huproye le Jeune fut, avec Jean Oudot Ier, le créateur de ces petits livrets contenant *des vies de saints* destinées au colportage, et qui furent pour ainsi dire le noyau de la Bibliothèque populaire.'[4] Ils imprimaient également des psautiers et des livres d'heures, qui ne nous sont pas parvenus. S'agissait-il déjà, comme le pense Corrard de Breban, d'une littérature populaire? Il est difficile de le dire.

La production semble diminuer ensuite, au profit des belles-lettres, entre 1620 et 1660 mais, après 1660, le nombre d'ouvrages religieux augmente régulièrement. L'action de la Contre-Réforme apparaît très clairement et ne cessera de s'exercer jusqu'à la Révolution française, à cause de la force d'inertie inhérente à la littérature de colportage, qui, avant d'enregistrer les modifications culturelles, réédite pendant longtemps des textes déjà vieillis. Cette constatation est d'autant plus importante qu'elle contredit plusieurs études aboutissant à des conclusions fort différentes. L'enquête de François Furet souligne au dix-huitième siècle le recul progressif de la religion au profit du secteur 'Sciences et arts': 'Pourquoi [...] des ouvrages de religion, même en très petit nombre? La littérature liturgique a disparu, celle de dévotion est très rare. C'est la théologie qui domine, généralement aux prises avec les "erreurs dominantes"

2. Martin, 'Culture écrite et culture orale', p.248.
3. La veuve Nicolas Oudot vendait pourtant aussi des ouvrages religieux: voir corpus, nos.176, 177.
4. Corrard de Breban, *Recherches sur l'imprimerie à Troyes*, p.85.

de l'époque et avec les philosophes.'[5] Jean Ehrard et Jacques Roger arrivent à des conclusions semblables dans leur étude sur le *Journal des savants* et les *Mémoires de Trévoux*.[6] Cette confrontation apporte une nouvelle preuve du fossé qui sépare le secteur lettré de celui de la diffusion populaire. D'autres sources documentaires attestent, en effet, la permanence et même la progression du secteur religieux dans le domaine de la diffusion de masse. Les catalogues de libraires en sont une première preuve: le catalogue Girardon indique en 1686 26% d'ouvrages religieux; dans le catalogue de la veuve Oudot, ils atteignent 39,3%; et l'inventaire de la veuve Garnier en 1780 montre qu'ils occupent 42,7% du stock de librairie. On sait, par ailleurs, que Jean-François Behourt à Rouen possède en 1759 douze mille catéchismes.[7] On assiste donc non à une déchristianisation mais, bien plutôt, à un déferlement de littérature dévote au cours du dix-huitième siècle. A nouveau, les résultats de l'enquête menée sur l'édition provinciale concordent, en grande partie, avec ceux de la Bibliothèque bleue. Si l'on se fonde sur le nombre de tirages, les textes religieux occupent plus de 50% du corpus:

Les classiques de la France de 1778 à 1789 sont par excellence des ouvrages religieux qui datent du début du siècle [...] Le milieu provincial apparaît donc comme caractérisé par une sorte de permanence de la curiosité religieuse alors que l'examen des seuls titres d'ouvrages, indépendamment de leur tirage, faisait nettement apparaître un recul du livre religieux au profit de la grande aventure des sciences et des arts.[8]

Constatons, cependant, que, dans la Bibliothèque bleue, les ouvrages religieux sont souvent antérieurs aux débuts du dix-huitième siècle.

i. Ecriture sainte

Si l'on examine maintenant la progression interne du secteur religieux, on remarque d'abord la faible place occupée par l'écriture sainte. La lecture de l'Ancien et du Nouveau Testament est plus une pratique protestante que catholique et les ouvrages religieux de la Bibliothèque bleue, dont le formidable essor est directement lié à la Contre-Réforme, n'encouragent pas la lecture des textes sacrés. Jamerey-Duval évoque dans ses *Mémoires* l'effroi qu'il ressentit lorsqu'un hermite lui proposa la lecture de la Bible: 'Je la refermay avec cette agitation que la frayeur inspire à l'aspect des objets sinistres. On m'avoit fait accroire que la Bible et le grimoire ne differoient aucunement, que l'on y

---

5. Furet, 'La librairie du royaume de France', p.23.
6. J. Ehrard et J. Roger, 'Deux périodiques français du XVIIIe siècle', dans *Livre et société dans la France du XVIIIe siècle*, i.33-59.
7. Chartier *et al.*, *Education en France*, p.8.
8. Brancolini et Bouyssy, 'La vie provinciale du livre', p.11.

trouvoit des termes que l'on ne pouvoit proférer sans évoquer le Démon.'[9] Restif de La Bretonne décrit plus tard un épisode tout différent: la femme, les enfants et les serviteurs font cercle autour du père de famille qui, le soir, à la veillée, lit quelques passages de l'écriture. Mais il ajoute que cette pratique n'était pas courante et certains historiens ont pu relever dans cet exemple une marque de l'influence janséniste.

ii. Enseignement religieux

Dans les dernières années du dix-septième siècle paraît toute une série de catéchismes destinés aux enfants et précédés d'alphabets: l'*Alphabet ou instruction chrétienne*, l'*Alphabet françois, avec l'ordinaire de la messe et autres prières en françois*.[10] Jean et Jacques Oudot avaient, quelques années avant, publié un catéchisme 'par le commandement de Monseigneur l'Evêque de Troyes' (corpus, no.119). On est bien en présence ici d'une volonté d'adapter l'enseignement religieux à la jeunesse, de créer pour elle des livres qui n'existaient pas encore et, surtout, d'associer étroitement l'entreprise pédagogique à l'action du clergé. Plus tard, le *Chemin du ciel, ou la voie que doivent tenir les enfants pour arriver au ciel* est également un texte qui s'adresse à de jeunes lecteurs. N'oublions pas que, comme cela a déjà été évoqué, les imprimeurs de colportage sont aussi des fournisseurs de livres scolaires et de bibliothèques enfantines. Cette place particulière qu'ils occupent sur le marché du livre explique pourquoi, dans ce domaine, le décalage historico-culturel ne s'est pas fait sentir. En effet, c'est quelques années après la création de la Congrégation des frères des écoles chrétiennes par Jean-Baptiste de La Salle en 1694 et des mandements d'évêques mettant l'accent sur l'instruction et la catéchèse que les premiers catéchismes pour enfants paraissent sous couverture bleue.

D'autre part, les Civilités, qui, depuis la Renaissance, étaient le manuel de base de l'enseignement élémentaire, sont remaniées à cette époque. Codes de savoir-vivre qui inculquent en même temps le B-A BA de l'écriture, elles ont pour modèle la *Civilité puérile* d'Erasme, parue en 1530, et sont diffusées en grand nombre depuis le seizième siècle dans des versions qui diffèrent selon le lieu d'impression. Or, au début du dix-huitième siècle Jean-Baptiste de La Salle, fondateur de la Congrégation des frères des écoles chrétiennes, publie une Civilité bien différente, les *Règles de la bienséance et de la civilité chrétienne*, qui se répandra sous forme abrégée dans les écoles de la Congrégation.[11] Grâce

9. Jamerey-Duval, *Mémoires*, p.205.
10. Voir corpus, nos.209, 210.
11. Corpus, no.301. Voir Erasme, *La Civilité puérile*, préface d'Alcide Bonneau, introduction de Philippe Ariès (Paris 1977), p.vii-xvi.

à ces écoles va se mettre en place un enseignement primaire efficace et cohérent dont l'organisation est entièrement confiée à l'Eglise depuis la Révocation de l'Edit de Nantes. L'ouvrage de J. B. de La Salle remplace peu à peu les anciennes Civilités, orientées vers des règles de vie plus profanes que religieuses. Ce texte met au contraire l'accent sur une éducation inspirée par la foi chrétienne et passe en revue, par exemple, avec une minutie qui frise le ridicule, la façon dont un enfant doit se comporter avec un prêtre, à l'Eglise, pendant la communion ... On peut voir dans cette évolution le fait que l'Eglise domine peu à peu l'ensemble du système éducatif.

Mais la *Civilité* de J. B. de La Salle, ou plutôt sa version abrégée qui circule au dix-huitième siècle sous couverture bleue, conserve des Civilités traditionnelles les pages d'écriture et les codes de comportement. En effet, les Civilités succédaient dans le cursus scolaire aux abécédaires, qui enseignaient à lire. C'est dans les Civilités que les enfants apprenaient ensuite à écrire, en prenant pour modèles ces caractères typographiques aux formes compliquées qu'on nommait, justement, 'caractères de civilité' et qui avaient l'apparence des calligraphies contournées des copistes. A voir ces lettres, on se rend compte que l'apprentissage de l'écriture sous l'ancien régime ne devait pas être chose facile et l'on comprend pourquoi tant d'individus ne dépassaient pas le stade de la lecture. D'autre part les Civilités définissent des codes sociaux à l'usage de ceux qui les ignorent, c'est-à-dire des adultes et, surtout, des enfants, à partir du dix-huitième siècle. Comme le rappelle Philippe Ariès, 'La vie en communauté dépendait de ce code coutumier du comportement.'[12] Il est sûr que la vie sociale sous l'ancien régime était soumise à des règles strictes dans les milieux populaires, comme parmi les élites. La manière d'ordonner l'espace, de circonscrire les libertés individuelles et de considérer comme tabous certaines pratiques est inculquée dès la petite enfance. On apprend ainsi à connaître 'la manière de se comporter auprès du feu' pour ne pas indisposer autrui[13] et, en général, à occuper avec décence la place impartie par le corps social:

Que J. B. de La Salle, pieux éducateur, fondateur d'un institut enseignant, chargé de responsabilités et de tracas, se soit donné la peine de rédiger un traité où, comme dans les précédentes civilités, il est question de bonnes manières, de l'habit, de la coiffure, de la conduite à table, etc., ..., prouve l'importance qu'on accordait à des sujets devenus aujourd'hui mineurs. Sans doute avait-on affaire à une population rustique et brutale et la discipline des bonnes manières y était plus nécessaire que dans nos sociétés plus soumises à toutes sortes d'autorités publiques et de contrôles policiers [...]. On avait aussi le sentiment qu'il n'existait pas de petites choses dans la vie en société, tant le fait même de la communication sociale était en soi essentiel.[14]

12. Ariès, introduction à Erasme, *Civilité puérile*, p.xi.
13. *La Civilité puérile et honneste pour l'instruction des enfants* (Paris: Berton, 1775; B.N.).
14. Ariès, *L'Enfant et la vie familiale*, p.281.

On pense alors à d'autres attitudes quasi rituelles qui s'inscrivent dans une gestuelle ou des discours-types que la Bibliothèque bleue reproduit ailleurs dans ses manuels de conversation: ainsi, dans le *Jardin de l'honneste amour*, l'on indique soigneusement la démarche à suivre pour demander une jeune fille en mariage.

Les Civilités ont été introduites dans la littérature de colportage au milieu du dix-septième siècle.[15] Au dix-huitième siècle la nouvelle version de J. B. de La Salle ainsi que l'*Alphabet ou instruction chrétienne* sont utilisés dans les écoles des frères de la doctrine chrétienne. Celles-ci ont pour mission d'accueillir en priorité les enfants pauvres mais elles se créent surtout dans les villes, défavorisant donc les enfants de milieu rural, et elles recrutent peu à peu, au dix-huitième siècle, des enfants de la bourgeoisie, à cause de la qualité de leur enseignement. Or, il y a dans les discours prononcés au dix-huitième siècle, soit par des ecclésiastiques, soit par des 'philosophes', la mise sur le même plan, consciente ou non, de l'obscurantisme des hommes du peuple et de l'ignorance des enfants. La Bibliothèque bleue se fonde, précisément, sur cette ambiguïté, qu'il s'agisse des livres scolaires ou du reste de la production. On a vu que l'enfant est devenu un individu à part entière et qu'il intéresse éditeurs et éducateurs. En liaison avec cette évolution, le peuple apparaît, lui aussi, comme un grand enfant, dès la fin du dix-septième siècle. Il s'agit d'une 'nouvelle attitude vis-à-vis de l'enfant, mais peut-être aussi vis-à-vis du peuple. On sort de la conception médiévale où le peuple est plutôt une sorte d'animal menaçant qu'un grand enfant.'[16] C'est aussi l'attitude de l'Eglise, pour qui le peuple est 'un grand enfant qu'il faut absolument éduquer et contrôler, parce qu'il risque de toute façon d'intervenir dans le conflit'.[17] Ainsi se crée peu à peu 'l'amalgame entre littérature enfantine et littérature populaire' (p.647).

iii. Ouvrages de dévotion

Les ouvrages de dévotion commencent à paraître dans la Bibliothèque bleue à partir des années 1660. A l'ancien fonds médiéval que représentent les Miroirs du pécheur et le *Doctrinal de sapience* s'ajoutent des textes qui inculquent de nouveaux rituels. Il en est ainsi de la dévotion du Rosaire et, plus largement, de tous les ouvrages consacrés au culte marial, thème important de la littérature religieuse destinée aux couches populaires: le *Rosaire perpétuel de la Sacrée vierge*

15. On en trouve trace dans le catalogue Girardon, qui date de 1686.
16. Jacques Le Goff et Marc Soriano, 'Débats et combats: les Contes de Perrault', *Annales* 3 (1970), p.648.
17. Le Goff et Soriano, 'Débats et combats', p.649.

Marie, Mère de Dieu paraît en 1655, suivi, au dix-huitième siècle, des *Œuvres de piété envers Jésus-Christ et sa Sainte Mère* et d'une *Dévotion pratique pour servir et honorer la très Sainte Vierge*.[18] La dévotion au Rosaire, qui tire son nom de la guirlande de roses dont on couronnait la Vierge, est le sujet de nombreux livrets bleus du dix-huitième et du dix-neuvième siècles. On lit dans l'un d'eux que:

Cette dévotion [...] a pour objet d'honorer la très-sacrée vierge, et afin d'obtenir de Dieu par son intercession la grâce particulière que l'on demande. Ce qu'il y a à admirer dans cette Dévotion, c'est qu'elle a le pouvoir tout à fait extraordinaire pour fléchir la bonté de Dieu en faveur de ceux qui la pratiquent. Dans ce livre l'on voit une multitude de miracles et faveurs extraordinaires que plusieurs ont obtenues en la pratiquant. Enfin, il est très certain, par mille exemples que l'on en a, que par cette Dévotion bien pratiquée l'on verrait des mariages fortunés de paix et de concorde, des aveugles recouvrer leur vue, des procès gagnés miraculeusement, des femmes devenues fécondes, des vocations miraculeuses et extraordinaires, enfin des faveurs les plus signalées du ciel.[19]

Un autre thème de la littérature populaire dévote est le culte voué au Sacré-Cœur de Jésus, mais il reste sous-représenté par rapport au culte marial.

L'influence jésuite est ici manifeste. Elle est liée à l'action de la Contre-Réforme et à son effort d'évangélisation des masses populaires. Le culte marial est, par exemple, une tentative pour détourner certains rituels calendaires de leur symbolique païenne, en même temps qu'une arme de propagande contre le protestantisme. La grande fête païenne de printemps est, en effet, interdite au cours du dix-septième siècle et le mois de mai consacré un peu plus tard à la Vierge.[20] Le culte marial est 'répandu en Lorraine et en Bretagne (39% et 23,9% des livres de dévotion mariale) où les missionnaires de Montfort et les frères des Ecoles chrétiennes sillonnent le pays'.[21] Quant à la localisation du culte du Sacré-Cœur, elle correspond aux zones géographiques de diffusion de la littérature de colportage: 'Le culte du Sacré-Cœur [...] qui peut représenter le sommet de la sensiblerie dévote, se manifeste presque uniquement au nord de la Loire (23%) où les Jésuites ont depuis longtemps répandu cette pratique.'[22] Ces cultes ont suscité diverses confréries et associations dévotes dont la Bibliothèque bleue s'est parfois fait l'écho, comme cette *Sainte Confrérie ou Confédération d'amour de Notre-Dame auxiliatrice*.[23] Cette association, dit Charles Nisard, comptait dès 1738 plus d'un million trois cent mille fidèles, dont les membres de la famille royale. On peut évoquer ici la multiplication, dans la seconde moitié du dix-septième siècle, de compagnies plus ou moins secrètes, dont la

18. Ouvrage publié chez J. A. Garnier, à Troyes (cité dans Bollème, *La Bible bleue*, p.424).
19. *La Dévotion des quinze Samedis du Saint Rosaire* (Caen s.d.), p.1-2.
20. Voir Muchembled, *Culture populaire*, p.260.
21. Brancolini et Bouyssy, 'La vie provinciale du livre', p.29.
22. Brancolini et Bouyssy, p.29.
23. Ouvrage publié à Caen, chez Chalopin (sans date).

plus puissante fut la Compagnie du saint sacrement et qui, à la manière de sectes mystiques, tentaient de promouvoir une sorte de radicalisme chrétien et exerçaient un pouvoir politique occulte.

Or, les années 1650-1700 témoignent en même temps d'une réorganisation méthodique de la vie religieuse: effort pour donner une meilleure formation théologique aux prêtres, création de diverses fondations scolaires, envoi de missionnaires, lazaristes, oratoriens et jésuites dans les paroisses pour catéchiser 'ces sauvages de l'intérieur' que sont les paysans français.[24] Les missions, 'exercices temporaires dirigés par des communautés de prêtres ou de religieux venus de la ville [...], visaient à suppléer l'action d'un clergé local défaillant par un moment riche d'intensité spirituelle où conférences et prédications, catéchismes et processions se succédaient'.[25] C'est, en effet, à partir de la seconde moitié du dix-septième siècle que l'Eglise post-tridentine, d'abord préoccupée de convertir les élites socio-culturelles, se tourne vers les masses, aidée en cela par la Compagnie de Jésus, principalement. On cherche donc à instruire mais aussi à moraliser le peuple, surtout celui des campagnes. Le peuple fait peur et l'intervention de l'Eglise, encourageant la renaissance de la foi, offre un excellent exutoire à son énergie. Il s'agit d'une véritable propagande, probablement efficace, et menée à grande échelle avec des méthodes déjà modernes de diffusion: dans les nombreuses régions où le patois est encore répandu, on encourage les curés à prêcher en patois; on a recours, d'autre part, aux 'mass media' tels qu'ils existaient sous l'ancien régime, c'est-à-dire aux placards (exposant, par exemple, aux portes des églises, les mandements épiscopaux) et aux livres à grande diffusion. Au dix-huitième siècle, le clergé a essayé d'adapter les ouvrages de dévotion au public le plus humble; voici ce que dit un mandement de 1756:

Les pauvres, à qui particulièrement Jésus-Christ veut que l'Evangile soit annoncé, ne sont guère en état de se procurer des livres d'un certain prix. Plusieurs même ne savent pas lire. D'ailleurs, outre les enfants, pour qui nous devons avoir une affection et une attention particulières, il y a beaucoup de grandes personnes qui, par leur peu d'ouverture, ou par une négligence condamnable, ne sont pas encore susceptibles d'une nourriture forte et solide.[26]

La littérature de dévotion a donc jusqu'à la Révolution, pour fonction de contrôler et de régulariser les pratiques populaires. C'est par elle et par elle seule que s'exprime l'orthodoxie ecclésiastique. L'effort en faveur de la

---

24. Chartier *et al.*, *Education en France*, p.6.
25. Chartier *et al.*, p.7.
26. Mandement de 1756 placé en tête du *Catéchisme de Soissons* (cité par J. R. Armogathe, 'Les catéchismes et l'enseignement populaire en France au XVIIIe siècle', dans *Images du peuple au XVIIIe siècle*, Paris 1973, p.105).

scolarisation et de l'évangélisation des plus pauvres (l'une n'allant pas sans l'autre) masque la volonté de réduire, de proscrire des pratiques populaires proches de la magie et du folklore.

Comme le rappelle Michel de Certeau, on cherche à purifier le culte. Les missionnaires, solidement formés sur le plan doctrinal et issus des congrégations urbaines, vont de village en village à la fois observer et tenter de réprimer un syncrétisme religieux qui au dix-huitième siècle encore mêle au catholicisme des éléments surnaturels et merveilleux hérités de l'Antiquité et du moyen âge. On tâche, par exemple, d'éliminer les 'indécences' à l'intérieur de l'église:

et d'abord les traditions populaires anciennes qui peuplaient l'église de saints thérapeutes, d'images familières et professionnelles, de festivités bruyantes. Une 'répression iconographique' exclut la nudité, les animaux, les représentations non conformes à la 'vérité historique', enfin tout ce qui serait matière à 'dérision', c'est-à-dire ce qui ne serait pas conforme au 'goût' de cette intelligentsia vers laquelle ces clercs ont les yeux levés.[27]

Les ouvrages de dévotion qui apparaissent dans la Bibliothèque bleue à la fin du dix-septième siècle ont justement pour objet d'enseigner à leurs lecteurs des pratiques religieuses disciplinées et uniformisées: ceux-ci apprennent à se confesser, grâce à l'*Exercice de dévotion, contenant les prières du matin et du soir, l'entretien durant la messe, et les prières pour la confession et la sainte communion*[28] et aux missels publiés dès 1620 et réédités fréquemment jusqu'à la fin du dix-huitième siècle sous le titre *Les Expositions des Evangiles, contenant les cinquante-deux dimanches de l'année*. Les ouvrages s'opposent par leur esprit au plus ancien des manuels de dévotion parus en colportage, le *Doctrinal de sapience, dans lequel est compris et enseigné tous les devoirs des véritables chrétiens pour parvenir à la béatitude éternelle*.[29] Comme l'indique le titre même, le *Doctrinal* se place sur le terrain de l'éthique religieuse et non d'une norme pratique de comportement. De même, le *Calendrier des bergers* inculque à ses lecteurs la peur de l'enfer par une iconographie sacrée et l'*Enfant sage à trois ans* indique les rudiments d'un catéchisme manichéen où vice et vertu, enfer et paradis s'opposent. Cette morale religieuse fondée sur des textes très anciens (l'*Enfant sage à trois ans* existe sous forme manuscrite dès le treizième siècle) continue de s'exprimer par le biais des rééditions. Mais, parallèlement, des ouvrages de dévotion d'un nouveau style vont mettre l'accent sur la codification du rituel liturgique, suivant en cela les principes de la Contre-Réforme. La plupart sont l'œuvre de 'pères missionnaires' et de jésuites, comme la *Pratique de l'amour de Dieu [...] revu par*

27. Certeau, 'La formalité des pratiques: du système religieux à l'éthique des Lumières (XVIIe-XVIIIe siècles)', dans *L'Ecriture de l'histoire*, p.209-10.

28. Ouvrage publié à Troyes en 1738: voir corpus, no.671.

29. Ouvrage publié à Troyes avec approbation de 1622: voir corpus, no.38.

le R. P. Hubi de la Compagnie de Jésus[30] ou l'*Accusation correcte du vrai pénitent, par le R. P. Chaurend, missionnaire jésuite*, parue en 1724. La période des années 1680 à 1720 environ correspond, en effet, pour les jésuites, à un moment de triomphe politique. Louis XIV, sous l'influence de ses confesseurs, les pères jésuites La Chaise puis Le Tellier, met en œuvre une politique religieuse réprimant brutalement tous les écarts à la stricte orthodoxie. Sans aller jusqu'à considérer la Bibliothèque bleue comme l'instrument de la politique royale – il n'a jamais existé un tel consensus chez les éditeurs de colportage – on peut tout de même dire que les ouvrages de dévotion diffusés par elle s'inscrivent parfaitement dans le courant religieux qui, avec l'appui du pouvoir, domine les années 1680-1720. Ces livres continueront à être réédités sous la Régence et sous Louis XV.

iv. Vies de saints

Dans les Vies de saints et la littérature de pèlerinage, les choses se présentent différemment. Les thèmes sont, comme on l'a vu, parmi les premiers à avoir été adoptés par les éditeurs de littérature populaire. La plupart des Vies de saints s'inspirent de la *Légende dorée* de Jacques de Voragine. Mais il est vrai que le célèbre texte, issu d'un manuscrit du treizième siècle, donna lieu à de multiples adaptations et que les textes de la Bibliothèque bleue proviennent plutôt, selon Nisard, d'un recueil composé par deux jésuites, les pères Rosweide et Bolland, au début du dix-septième siècle.[31] En effet, les jésuites se révèlent de redoutables propagandistes une fois de plus, en entreprenant dès le début du dix-septième siècle de renouveler la littérature hagiographique de manière à répandre davantage le culte des saints et, surtout à le rendre plus adapté à l'action de la Contre-Réforme:

A partir de 1635, certains Pères de la Compagnie de Jésus semblent se spécialiser dans [...] les livres destinés à donner des conseils spirituels et surtout moraux à ceux qui vivent dans un état déterminé – Voire à ceux qui exercent une même profession [...] Le Père Cachet fait paraître à Verdun une vie de saint Isidore, patron des laboureurs.[32]

Pourtant, les Vies de saints semblent plus proches des aspirations populaires que la littérature de dévotion. Même si certaines portent la trace de l'influence jésuite, elles touchent à un domaine trop marqué par la légende et les pratiques

---

30. Ouvrage publié en 1672: voir corpus, no.144; en 1692 paraît l'*Enormité du péché mortel, traduit de l'italien en français par un père missionnaire*: voir corpus, no.171.
31. Nisard, *Histoire des livres populaires*, ii.125.
32. Martin, *Livre, pouvoirs et société*, i. p.144.

ancestrales pour être facilement normalisées.[33] On peut à partir de certaines coutumes locales retrouver le culte d'anciennes divinités pré-chrétiennes; de toute manière, invoquer les saints pour obtenir une bonne récolte, vénérer les reliques et leur conférer un pouvoir guérisseur, et plus généralement associer chaque acte de la vie, chaque décision, à la consultation de cet intermédiaire qu'est le saint entre la terre des hommes et le monde surnaturel sont des pratiques religieuses qui confinent à la magie. C'est pourquoi l'Eglise, et les jésuites en particulier, ont eu une attitude ambiguë à ce sujet: d'un côté, on laissait se répandre une importante littérature hagiographique 'revue et corrigée'; de l'autre, on cherchait à limiter autant que possible les processions et les pèlerinages que tel saint local suscitait. Cette dernière attitude s'est singulièrement renforcée au siècle des Lumières, lorsque les théologiens ont tenté de débarrasser la doctrine et le culte des superstitions obscurantistes. Mais le problème n'était pas résolu pour autant et l'on voit encore aujourd'hui que, pour un prêtre, 'la démarcation entre les registres de la nature et de la surnature n'est pas évidente'.[34] Rappelons que dans chaque diocèse il existe encore aujourd'hui un prêtre exorciste!

Or, la littérature hagiographique, même remaniée, conduit le plus souvent à une pratique culturelle favorisant fantasmes et superstition. En étudiant de plus près les Vies de saints publiées dans la Bibliothèque bleue, on constate que les saints sont, soit des saints guérisseurs, comme saint Roch ou saint Antoine, et leur nombre est assez important pour qu'il s'agisse presque d'un secteur 'paramédical' de la Bibliothèque bleue: 'chaque saint était spécialisé dans la guérison d'une maladie ou d'un groupe de maladies, souvent en relation avec les circonstances de sa mort, ou avec les phases marquantes de sa vie';[35] soit des saints patrons protégeant une ville ou une région, comme la *Vie de saint Fiacre, confesseur, patron de Brie*; soit, enfin, des saints dont les reliques donnent lieu à un pèlerinage. On ne sera pas étonné de voir que les lieux de culte auxquels se réfèrent les Vies de saints de la Bibliothèque bleue correspondent aux zones d'impression et de diffusion de la littérature de colportage: la Champagne pour sainte Reine et sainte Savine, la Normandie pour saint Ortaire.

En revanche, les patrons de confréries professionnelles sont peu présentés et il semble bien que la littérature hagiographique populaire soit liée davantage à un culte rural qu'urbain. La plupart des Vies de saints sont, d'autre part, destinées aux pèlerins: la *Vie de saint Fiacre* comporte 'des avertissements aux

33. Les jésuites sont loin d'être les seuls à réécrire les Vies de saints. Parmi celles que publie la Bibliothèque bleue, certaines sont l'œuvre de curés souhaitant retracer l'histoire du saint patron de leur paroisse. D'autres sont écrites par des lettrés, comme l'abbé d'Aubignac.

34. Voir Jeanne Favret-Saada, *Les Mots, la mort, les sorts* (Paris 1977), p.17.

35. Muchembled, *Culture populaire et culture des élites*, p.129.

pèlerins'; la *Vie de sainte Reine* est écrite 'en faveur des dévots pèlerins qui visitent son sanctuaire' ...[36] On sait, d'ailleurs, que ces petits livrets, ne dépassant pas une dizaine de pages, se vendaient à la porte des églises ou sur les lieux mêmes du pèlerinage. La *Vie de sainte Marguerite*, sainte qui protégeait les femmes en couches, se vend, par exemple, chez 'Léonard', libraire parisien, mais 'se vend aussi à l'entrée de la grand'porte de l'Abbaye de St Germain des Prez'. On peut évoquer à ce propos les petits commerces d'objets pieux et les camelots de toutes sortes qui surgissaient en foule dès qu'un 'miracle' avait eu lieu. Ainsi s'installent vers 1727 près de la tombe de François de Pâris, diacre janséniste qui suscita une grande dévotion populaire, 'des camelots vendant de fausses reliques, d'autres des estampes, des hymnes ou des cantiques, des pamphlets jansénistes, puis, plus tard, des exemplaires d'une biographie pieuse du diacre'.[37] Dans ce cas, il s'agit d'une littérature clandestine d'inspiration janséniste, alors que les ouvrages de la Bibliothèque bleue sont, eux, conformes au dogme officiel, mais le type de diffusion est le même que celui qui est décrit ici. L'organisation interne des textes de Vies de saints montre, d'ailleurs, qu'ils sont destinées à être lus et chantés au rythme des processions et des marches des pèlerins. Presque tous comportent d'abord une évocation de la vie du saint et des miracles accomplis par lui, puis des cantiques et des oraisons. L'hagiographie populaire a une double fonction: faire connaître l'histoire du saint et donner les formules rituelles pour communiquer avec lui.

On remarquera, d'autre part, que plusieurs pèlerinages correspondent à un culte marial, dont on a déjà souligné l'importance. On trouve de nombreux textes de la Bibliothèque bleue consacrés à Notre-Dame de Liesse, lieu de pèlerinage picard dès le seizième siècle;[38] d'autres consacrés au pèlerinage de la Délivrance, près de Caen, ou de Notre-Dame auxiliatrice. Enfin, deux ouvrages peuvent être rangés parmi les Vies de saints, bien qu'ils se rattachent plus directement au Nouveau Testament: la *Vie des trois Maries* et la *Vie, mort et passion de notre sauveur Jésus-Christ*. Ce dernier ouvrage est une adaptation en prose des anciens Mystères de la Passion et témoigne, comme beaucoup d'autres Vies de saints qui sont encore au seizième siècle des pièces de théâtre, du passage d'une littérature sacrée destinée à être jouée à une littérature hagiographique romanesque:

Tous ces cantiques et vies de saints, qui sont souvent en dialogue, sont vraisemblablement des réminiscences populaires, sinon des imitations directes [...] des fameux Mystères

36. Voir corpus, nos.523, 829

37. B. R. Kreiser, *Miracles, convulsions, and ecclesiastical politics in early eighteenth-century Paris* (Princeton 1978), p.155.

38. A. Morin, citant une source notariale, signale que Pierre Garnier possède en 1737 4600 exemplaires de l'*Histoire et miracles de Notre-Dame de Liesse*: voir *Catalogue descriptif*, p.255.

de la Passion. Le titre d'histoire même qu'ils ont presque tous, prouve encore mieux cette filiation, les Mystères étant appelés Histoires dans le vieux théâtre.[39]

Les Vies de saints occupent une place importante parmi les ouvrages religieux de la Bibliothèque bleue et correspondent jusqu'à la Révolution à un pourcentage assez stable, variant entre 5% et 10% du corpus général. Si saint Alexis et saint Edme gardent leur popularité pendant deux siècles, ainsi que saint Hubert, patron des chasseurs et guérisseurs de la rage, d'autres saints perdent leur prestige ou disparaissent: c'est le cas de la *Vie de saint Roch*, qui, comme on l'a vu, est de moins en moins rééditée au fur et à mesure que régresse la maladie pour laquelle on l'invoquait. Il serait intéressant de suivre de près l'évolution des titres – ce travail n'a pu être qu'esquissé ici – et d'analyser de quelle manière la littérature hagiographique s'adapte aux transformations idéologiques et sociales.

v. Cantiques

Les Vies de saints comportaient souvent des cantiques mais ceux-ci étaient parfois vendus séparément et formaient alors des brochures de quelques pages ou se limitaient à une feuille pliée en deux. Celles-ci font penser à ces chansons profanes que débitaient les chanteurs des rues jusqu'au milieu du vingtième siècle et qui avaient le même aspect. Il est probable que la vente de ces textes était accompagnée d'une publicité orale, l'écrit n'existant que pour rappeler un air déjà connu. Louis-Sébastien Mercier évoque, par exemple, les chanteurs ambulants qui couraient les rues de Paris et chantaient, soit des airs profanes, soit des chants religieux: 'Les uns lamentent de saints cantiques, les autres débitent des chansons gaillardes; souvent ils ne sont qu'à quarante pas l'un de l'autre [...]. La chanson joyeuse fait déserter l'auditoire du marchand de scapulaire.'[40] Ce passage du *Tableau de Paris* évoque l'image d'un auditoire qui fait cercle autour du chanteur et c'est bien ainsi que doit être envisagée également la lecture des chansons et des cantiques de la Bibliothèque bleue. Les plaquettes de cantiques ou les gros recueils de cantiques spirituels qui paraissent dans la Bibliothèque bleue à la fin du dix-septième siècle sont destinés à être chantés collectivement. La plupart contiennent des dialogues et des chants à plusieurs voix qui permettent, au même titre que les airs profanes, de passer agréablement le temps des veillées. Nombreux sont, d'ailleurs, ceux qui sont calqués sur des airs à la mode n'ayant rien de religieux: il en est ainsi

39. Nisard, *Histoire des livres populaires*, ii.265.
40. Mercier, *Tableau de Paris* (Amsterdam 1783), vi.40-41.

pour le cantique 'sur le chant: quand la bergère va aux champs', ou cet autre, 'sur le chant Bedindin bedindon'.[41]

Certains cantiques sont cependant destinés à la liturgie, comme les *Nouveaux cantiques spirituels sur les principaux mystères de notre religion*, où l'on trouve un cantique sur la communion, un cantique sur le très-saint sacrement de l'autel et des cantiques où se glisse toute une idéologie moralisante et conservatrice inculquant la résignation; ainsi, dans les cantiques intitulés 'bonheur des domestiques', on peut lire:

> une ame silencieuse
> Sera toujours vertueuse [...]
> Notre condition est
> La plus heureuse du monde
> quoique la nature en gronde.[42]

Ce genre de recueil a l'allure d'un ouvrage de commande et il porte la marque d'une propagande religieuse et politique qu'on a vue à l'œuvre dans les ouvrages de dévotion déjà évoqués.

D'autres recueils sont dédiés à divers saints, comme cet ouvrage du début du dix-neuvième siècle les *Cantiques spirituels de sainte Geneviève, saint Hubert, saint Alexis, l'Enfant prodigue*,[43] ou s'adressent aux pèlerins. Les *Chansons des pèlerins de St Jacques* paraissent dans le catalogue Girardon à la fin du dix-septième siècle, époque à laquelle le grand pèlerinage attirait encore beaucoup de monde. Un siècle plus tard, un contemporain évoque aussi:

Les hommes aux épaules recouvertes d'un large mantelet parsemé de coquilles et d'images peintes de diverses couleurs, qui, le bourdon à la main, se promenaient en chantant des cantiques. Je me souviens moi-même d'en avoir vu dans mon enfance.[44]

Mais si l'on en croit le témoignage, les pèlerins de Saint Jacques sont en voie de disparaître à la veille de la Révolution. Ces personnages tout droit sortis de l'univers médiéval ne sont d'ailleurs peut-être pas de véritables pèlerins, car il existait depuis le moyen âge les célèbres 'coquillards', escrocs qui se déguisaient en pèlerins de Saint Jacques pour se faire donner l'aumône. La Bibliothèque bleue signale elle-même leur existence: 'Les coquillards sont les pèlerins de Saint Jacques, la plus grande part sont véritables et en viennent: mais il y en a aussi qui truchent sur le coquillard et qui n'y furent jamais.'[45]

Voilà donc des cantiques qui plongent le lecteur d'aujourd'hui dans une

---

41. *La Grande Bible des noëls* (Troyes 1705, 1728): voir corpus, no.249, 682.
42. *Nouveaux cantiques spirituels sur les principaux Mystères de notre religion* (Troyes: Pierre Garnier, s.d.; Bibliothèque de l'Arsenal, p.14.
43. Ouvrage publié à Troyes, chez la veuve André et fils.
44. Gouriet, *Charlatans célèbres*, i.32.
45. *Le Jargon ou langage de l'argot reformé* (Troyes s.d.; corpus, no.705), p.27.

réalité toute médiévale. Et c'est bien la fonction de la Bibliothèque bleue que de faire revivre d'antiques traditions et de s'inscrire dans une continuité culturelle rappelant que le monde du dix-huitième siècle est tissé de permanences et qu'il est encore largement tourné vers le passé, celui du moyen âge et de la Renaissance. S'il se publie des romans de chevalerie et des fragments de la *Légende dorée* jusqù'à la Révolution française et même au-delà, on ne peut s'étonner de voir en même temps subsister les grands pèlerinages médiévaux ou se jouer encore dans les villes les Mystères de la Passion. C'est justement cette dimension de l'histoire que fait surgir la Bibliothèque bleue.

Mais si la Bibliothèque bleue cristallise les permanences culturelles, elle témoigne aussi d'une évolution, par le biais des rééditions ou des suppressions de titres. Ainsi la littérature de pèlerinage, à travers les Vies de saints et les cantiques, reste florissante jusqu'à la fin du dix-huitième siècle mais les *Chansons des pèlerins de St Jacques* ne sont rééditées que jusqu'en 1750 et les itinéraires des grands pèlerinages, comme on l'a vu dans le chapitre 5 consacré à l'histoire, disparaissent du corpus au début du dix-huitième siècle. On voit donc dans cette évolution l'amorce d'un déclin: si les pèlerinages d'intérêt local continuent d'attirer les foules, les grands pèlerinages, comme celui de Saint Jacques de Compostelle, perdent de leur popularité dans la deuxième moitié du dix-huitième siècle.

Incontestablement, les recueils de cantiques qui connurent le plus grand succès furent les Bibles des noëls. Véritables best-sellers de la Bibliothèque bleue, réédités des centaines de fois sous une forme parfois différente, ces ouvrages garderont des lecteurs jusqu'au milieu du dix-neuvième siècle. Ce sont ces livres qui sont à l'origine du pourcentage important de cantiques dès 1660 (voir tableau 2), car ils sont en bien plus grand nombre que tous les autres recueils de cantiques parus dans la Bibliothèque bleue. Leur pourcentage atteint 16% du corpus général entre 1750 et 1800, c'est-à-dire un chiffre deux fois plus élevé que la totalité de la rubrique 'Sciences et arts' pendant la même période. En 1679 paraît chez Nicolas Oudot la *Grande Bible des noëls tant vieils que nouveaux*, qui sera à l'origine de diverses rééditions ou d'imitations. C'est un gros livre de 192 pages, chiffre considérable pour un ouvrage de la Bibliothèque bleue; il contient quatre-vingts 'Noëls'. Les cantiques qui se chantaient au moment de la fête de Noël reprennent une ancienne tradition écrite, puisqu'on trouve des Noëls imprimés dès les premières années du seizième siècle et que l'ouvrage publié par Nicolas Oudot s'inspire d'une Bible des noëls de 1575.[46] Il semble, cependant, que le succès des Bibles de noëls dans la littérature de

---

46. *La Grande Bible des noëls tant vieils que nouveaux composés par plusieurs auteurs* (Bonfons, 1575; Bibliothèque de l'Arsenal).

colportage ne soit pas antérieur aux années 1660-1680 et que dès lors les rééditions se succèdent jusqu'au milieu du dix-neuvième siècle. La bibliothèque de Troyes et la Bibliothèque nationale possèdent, en tout cas, un grand nombre de ces ouvrages pour la période 1750-1800, ce qui explique les pourcentages importants du tableau 2. Ces livrets ont-ils été préservés mieux que d'autres grâce aux collectionneurs ou sont-ils le reflet de l'énorme consommation qui en était faite avant la Révolution française? L'usage semble bien en avoir été répandu dans toutes les classes de la société. Le catalogue de Morin signale ainsi une *Grande Bible renouvellée, ou noëls nouveaux,* éditée par Jean-Antoine Garnier et reliée aux armes de Marie-Antoinette, tandis qu'à la même époque Restif de La Bretonne se souvient des cantiques chantés par son père à l'occasion de Noël devant toute la masionnée.

Pourquoi ce succès des Bibles de noëls pendant tout le dix-huitième siècle? Il témoigne d'abord de la ferveur religieuse encore vive avant la Révolution. Il s'explique aussi par la vogue des chansons au dix-huitième siècle, cantiques mais aussi ariettes et vaudevilles, dont la Bibliothèque bleue se fait également l'écho. D'autre part, les Bibles de noëls sont, par excellence, un relais culturel entre l'écrit et l'oral – comme les chansons – et offrent à ceux qui ne savent pas lire le moyen d'accéder à la culture écrite dans ses manifestations rituelles et collectives. Enfin, ces chants, même s'ils célèbrent la naissance du Christ, ne sont pas figés par le cérémonial liturgique, comme peuvent l'être les ouvrages de dévotion. Ils évoquent davantage l'atmosphère d'une fête et d'une collectivité complice; à la lecture, ces textes frappent, d'ailleurs, par leur diversité et la richesse de dialogues et de métaphores, tirés souvent des réalités les plus familières. Certains sont adaptés, moyennant quelques variantes, à l'actualité locale: dans tels noëls, ce sont, par exemple, les habitants de Troyes et des faubourgs qui viennent visiter la Nativité;[47] dans tels autres un pâtissier et un aubergiste de la ville sont mis en scène comme dans ces tableaux religieux de la Renaissance où le peintre se servait de son entourage le plus familier pour représenter les personnages sacrés de l'Ecriture. En réalité, les noëls, étant des recueils de cantiques écrits par divers auteurs, dont la plupart sont restés anonymes, montrent une assez grande hétérogénéité de ton. S'il en existe de solennels, écrits sans doute par des ecclésiastiques, d'autres sont moins

47. Dans la *Grande Bible de noëls tant anciens que nouveaux* [Pierre Garnier], on trouve 'Un noël qui débute ainsi: "Les bourgeois de Troyes, ne soyez en souci". C'est une adaptation locale de "Les bourgeois de Chartres et de Montlehery" dans laquelle l'éditeur a remplacé les noms des lieux originaux par des noms spécifiquement troyens. "Saint Clément" devient ainsi "Notre-Dame-en-l'Isle", prieuré auquel il fait beaucoup d'honneur en y situant la Nativité; puis apparaissent les habitants des paroisses de la ville et de la banlieue: Saint-Martin, Prieze [...] et en particulier "ceux de Jaillard" qui, comme ceux de Bretigny, apportent du poisson, très certainement pêché dans les "huches" du "ru de Jaillard"' (A. Morin, *Catalogue descriptif*, p.147).

orthodoxes et d'inspiration plus populaire: on y voit des bergers s'interroger avec naïveté sur la conception de la Vierge, et des paysans apporter en offrande des paniers de fruits ou du fromage blanc à la place de la myrrhe et de l'encens des rois-mages.

Les noëls, plus encore que les Vies de saints, ouvrent donc la Bibliothèque bleue à des notions religieuses qui ne sont pas uniquement inspirées par l'esprit de la Contre-Réforme. Si celui-ci marque fortement les ouvrages scolaires, catéchismes et missels qui sont commandés par les diocèses dans la seconde moitié du dix-septième siècle, il ne parvient cependant pas à réorienter l'ensemble des ouvrages religieux de la Bibliothèque bleue. Les *Figures de la Bible*, les Vies de saints (celles, du moins, qui n'ont pas fait l'objet d'un remaniement normatif) et les recueils de noëls sont des ouvrages qui donnent du christianisme une vision assez fantaisiste et proche du folklore pour déplaire aux censeurs.[48] Des textes qui, pour nous aujourd'hui, sont dépourvus de toute volonté subversive et expriment même une foi authentique paraissaient autres aux contemporains. Le Christ, la Vierge et les saints devenaient trop proches et leur intrusion dans la vie quotidienne, telle qu'elle était dépeinte dans les noëls, tenait de l'irrespect. Une religion à dimension humaine dont les grands mystères sont évoqués par les dialogues colorés d'un paysan et d'une paysanne, échappe aux critères des théologiens et semble peut-être dangereuse. Elle dérange, en tout cas. Pourtant, ces noëls dont l'écriture semble refléter le langage et les modes de vie paysans – chose assez exceptionnelle dans cette littérature d'origine savante – ne sont peut-être que des exercices de style, imitant les pastorales du dix-septième siècle.[49]

vi. Facéties à thème religieux

Il est vrai que la religion n'est pas uniquement objet de respect dans la Bibliothèque bleue et, s'il est un domaine qui a pu déplaire, c'est celui des facéties à thème religieux. Il s'agit de la résurgence au dix-huitième siècle d'un genre qui vient du moyen âge: les sermons burlesques et les rites carnavalesques sont à l'origine de ces textes qui tournent en dérision non pas la religion mais l'aspect formel, formaliste, de son culte. Pourquoi cette tradition, dont aucun livret bleu ne s'inspire au dix-septième siècle, resurgit-elle au dix-huitième

48. Voir 'Liste des livres envoyez de Rouen au mois de février 1709' (texte analysé ci-dessus, p.32).
49. Il semble même que ce phénomène soit plus ancien. N. Z. Davis, dans *Les Cultures du peuple* (Paris 1979), souligne 'la mode, au milieu du [seizième] siècle, de publier de prétendues "chansons rustiques" dans de grands recueils de chants sans mélodie; il n'est pas prouvé qu'elles soient destinées à un public de villageois ni que ceux-ci les achètent' (p.321).

siècle? Selon Michel Vovelle, ce thème teinté d'humour macabre pourrait correspondre à une évolution de l'attitude envers la mort au dix-huitième siècle:

Là où la littérature de colportage fait accéder aux représentations collectives des milieux populaires se découvre parfois la dérision gauloise du cérémonial baroque, qu'il s'agisse de *l'oraison funèbre et testament de Jean Giles Bricotteau* [...] ou du burlesque *éloge funèbre de Michel Morin, bedeau de l'église du lieu et village de Beauséjour en Picardie* ... Ce sont là, on le remarque, pièces du dix-huitième siècle. Traduiraient-elles une mentalité différente et déjà modifiée par la marche du siècle?[50]

Ces textes sont peu nombreux par rapport à la quantité considérable d'ouvrages de dévotion mais il est intéressant d'observer l'émergence d'une tradition médiévale dans un contexte historique et culturel fort différent. L'*Eloge funèbre de Michel Morin* est, selon Nisard, l'œuvre de Grosley ainsi que l'*Oraison funèbre de Jean-Gilles Bricotteau*.[51] Dans la même veine paraissent, à la fin du dix-huitième siècle ou au début du dix-neuvième siècle, le *Sermon prononcé par le révérend père Esprit de Tinchebray*[52] et l'*Entrée de M. l'abbé Chanu en paradis*.[53] Dans ce dernier ouvrage, on lit à propos des missions (p.2):

Un curé de campagne qui n'aimait pas les missions, et dans le voisinage duquel on en devait faire, aurait bien voulu empêcher ses Paroissiens d'y aller. Parmi les différents moyens qu'il imagina pour cela, il s'en tint à celui-ci. Le Dimanche précédent l'ouverture de cette Mission, il l'annonça en chaire. 'Afin d'éviter la confusion, dit-il, on a arrêté que les confessions se feraient dans cet ordre. Le dimanche, on entendra les orgueilleux; le lundi, les avares; le mardi, les impudiques; le mercredi, les envieux; le jeudi, les gourmands; le vendredi, ceux qui sont adonnés à la colère; et le samedi, les paresseux, vous aurez soin de vous y conformer, autrement on ne vous entendrait pas'. Aucun n'osa y aller.

Un vent de contestation soufflerait-il sur la Bibliothèque bleue? Ce serait beaucoup dire. Ces ouvrages appartiennent, en effet, à une période de profonde mutation religieuse et les missions sont en déclin dès 1740.[54]

L'emprise jésuite est réelle mais elle n'est pas omniprésente: un certain nombre d'ouvrages lui échappe, on l'a vu, et les éditeurs de colportage eux-mêmes ne sont pas au-dessus de tout soupçon. Grosley est connu pour ses convictions jansénistes et Troyes est considérée comme un repaire janséniste: la veuve Michelin possède, selon le commissaire de police d'Hémery, 'l'imprimerie la plus dangereuse du royaume'.[55] Or, elle imprime également les livrets de la Bibliothèque bleue – éléments qui ne prouvent pas grand-chose, il est

50. Vovelle, *Mourir autrefois*, p.158.
51. Voir ci-dessus, p.28, et n.12.
52. Edition de Deckherr à Montbéliard (sans date).
53. Edition de Chalopin à Caen (sans date).
54. Voir Louis Trénard, 'Le catholicisme au XVIIIe siècle', *L'Information historique* (1964), p.56.
55. *Attentat de Damiens*, p.178.

vrai, puisque la veuve Michelin, comme la plupart des imprimeurs, publie des livres de tous bords pour pouvoir survivre. Mais ces exemples nuancent l'image simpliste selon laquelle les éditeurs de la Bibliothèque bleue seraient dévoués au pouvoir. L'examen général du secteur religieux prouve tout de même que le conformisme triomphe. Même si la Bibliothèque bleue n'est que partiellement l'instrument d'une propagande religieuse orchestrée principalement par les jésuites, elle ne reflète ni les interrogations jansénistes ni la doctrine protestante. La propagande protestante utilisait, en fait, depuis le seizième siècle, ses propres réseaux d'impression et de diffusion. Des catéchismes protestants ont par exemple été largement diffusés. Mais après la Révocation de l'èdit de Nantes, cette propagande est totalement écrasée. La Bibliothèque bleue n'est pas davantage le porte-parole des jansénistes, alors que cette doctrine s'était répandue dans les classes populaires pendant la première moitié du dix-huitième siècle et avait suscité toute une littérature clandestine.

Ni janséniste ni proche de la Réforme, la Bibliothèque bleue est le reflet du catholicisme officiel. Elle est un bon instrument de propagande pour l'Eglise, qui entreprend de réorganiser à la base les structures éducatives et liturgiques. Par sa diffusion massive, elle contribue à uniformiser et à centraliser la doctrine et le culte. Elle aide, enfin, à populariser le culte marial et le culte des saints.

Pourtant survit la voix de l'irrationnel et du merveilleux par le biais des Vies de saints et des cantiques. Le merveilleux chrétien ou la farce carnavalesque continuent d'inspirer un secteur de la Bibliothèque bleue que la Contre-Réforme n'a pu entamer. C'est que la foi religieuse imprègne la littérature de colportage: l'énorme quantité des Bibles des noëls, le pourcentage important des ouvrages à thème religieux montrent que le phénomène de déchristianisation qui, selon Michel Vovelle, commence à se faire sentir vers 1750[56] n'a pas encore atteint le public provincial et populaire de la Bibliothèque bleue ou, du moins qu'il n'a pas influencé ses choix de lecture. Considérer que l'afflux d'ouvrages religieux dans la Bibliothèque bleue est uniquement l'indice d'une propagande politique, c'est oublier que le critère de rentabilité importe particulièrement aux éditeurs de colportage. Si ces ouvrages se vendaient, c'est qu'ils rencontraient aussi une profonde religiosité populaire.

56. Voir M. Vovelle, 'Etude quantitative de la déchristianisation', *Dix-huitième siècle* 5 (1973), p.163-72.

8. Belles-lettres

LE secteur 'Belles-lettres' est certainement le plus diversifié de la Bibliothèque bleue. On a pu considérer la Bibliothèque bleue comme une 'littérature en miettes'[1] et il est vrai que l'impression d'ensemble déconcerte. Il n'y a pas d'unité thématique, pas même parfois de continuité culturelle, mais plutôt la constitution, par strates historiques successives, d'un choix de textes apparemment dû au hasard. La 'grande' littérature des dix-septième et dix-huitième siècles aborde pourtant, elle aussi, des domaines variés: comme la Bibliothèque bleue, elle fait une part aux romans et au théâtre, aux facéties et à l'art oratoire, mais le propre de la Bibliothèque bleue est d'englober dans chacun de ces genres le neuf et l'ancien, la tradition et la novation. D'autre part, la séparation en genres, sujette, bien sûr, à caution, souligne, cependant, la prépondérance des genres dits mineurs ou du moins méprisés au dix-huitième siècle. La part accordée à la poésie, genre 'noble', est minime, alors que le roman occupe la première place. Que dire alors des chansons, facéties et pièces burlesques, qui atteignent entre 1740 et 1760 21,8% de l'ensemble? On remarquera, enfin, que les auteurs dont les livres ont paru dans la Bibliothèque bleue sont, à quelques exceptions près, eux aussi, des minores, selon le jugement des contemporains ... et le nôtre. Ce fait donne à la recherche l'intérêt d'une redécouverte permettant d'exhumer des auteurs complètement tombés dans l'oubli et, surtout, de rétablir des liens, filiations et échanges culturels entre la littérature savante et la culture populaire – jeu complexe qu'il est nécessaire d'analyser avec précaution.

L'évolution générale des Belles-lettres, telle qu'elle apparaît dans les tableaux 3 et 4, montre qu'elles constituent le secteur de loin le plus important du corpus, mais que celui-ci diminue progressivement au cours du dix-huitième siècle, au profit de la religion. Les ouvrages littéraires atteignent, cependant, encore 45% du corpus à la veille de la Révolution (contre 54,8% entre 1700 et 1750). En est-il de même pour le reste de la production imprimée, qu'il s'agisse des ouvrages inscrits sur les registres de permissions ou de la production provinciale au dix-huitième siècle? Cela ne semble pas être le cas. Les permissions publiques, selon les tableaux de François Furet, indiquent tout au long du dix-huitième siècle un pourcentage d'ouvrages littéraires variant légèrement autour de 30%, la poésie diminuant au profit des romans. Si un recul – très

1. Muchembled, *Culture populaire et culture des élites*, p.348.

relatif – apparaît vers 1780, il se fait, non en faveur des ouvrages religieux mais en faveur du secteur 'Sciences et arts'. En ce qui concerne la consommation provinciale globale à la veille de la Révolution, les Belles-lettres ne représentent plus que 19,4% de l'ensemble des tirages.[2] On peut donc en conclure que les ouvrages littéraires diminuent en nombre dans l'édition provinciale et dans l'édition populaire au cours du dix-huitième siècle, alors que les pourcentages se maintiennent dans le secteur lettré. Ce phénomène s'explique sans doute par l'arrivée massive des ouvrages religieux dans la seconde moitié du dix-septième siècle, qui a laissé des traces plus durables dans la littérature de colportage que dans la littérature savante, à l'évolution plus rapide. Selon le graphique établi par H. J. Martin à partir des fonds d'ouvrages du dix-septième siècle, les Belles-lettres dépassent légèrement les publications religieuses entre 1641 et 1645 avec un peu plus de 30% des ouvrages mais, dans les dernières années du dix-septième siècle, l'écart s'est fortement creusé en faveur de la religion, qui atteint presque 50% des ouvrages, contre 23% pour les belles-lettres.[3]

En fait, l'évolution dans ce domaine reste complexe. Selon les documents étudiés – registres de privilèges, fonds de la Bibliothèque nationale, permissions tacites ... – le tableau diffère. On peut cependant avancer deux hypothèses: 1. au dix-huitième siècle la place occupée par les ouvrages littéraires dans la Bibliothèque bleue régresse par rapport au siècle précédent, en particulier à cause de la diminution des romans de chevalerie; 2. le 'score' du secteur 'Belles-lettres' reste, cependant, très élevé (entre 30% et 50% du corpus) et sur ce point la Bibliothèque bleue se rapproche davantage de la production savante que de l'édition provinciale. Finalement, religion et Belles-lettres restent les deux principaux centres d'intérêt des lecteurs de la Bibliothèque bleue.

Avant de passer en revue les différents genres abordés, on peut d'ailleurs s'interroger sur cette place de choix accordée à la littérature. La fonction première de la Bibliothèque bleue n'était, en effet, ni d'éduquer ni de soumettre le public à une propagande politico-religieuse mais bien de divertir et de donner à rêver. Les choix opérés par les éditeurs conduisent à de telles interprétations. Comment expliquer autrement la vogue du burlesque, des romans picaresques, des chansons profanes ou des facéties en tout genre? Il semble bien que les Belles-lettres, adaptées à la littérature de colportage, soient sous le signe du jeu: jeu sur le langage, jeux de scène et dramaturgie, dérision et facéties. Reste, cependant, une autre dimension de lecture, plus solennelle: la possibilité d'élaborer de nouvelles mythologies.

2. Voir Brancolini et Bouyssy, 'La vie provinciale du livre', p.11.
3. Martin, *Livre, pouvoirs et société*, ii.1065 graphique.

i. Manuels d'éloquence

Le seul secteur qui progresse du dix-septième au dix-huitième siècle, du moins jusque vers 1750, est celui des ouvrages enseignant une technique du discours. A la différence de textes comme ceux de Vaugelas ou du père Bouhours, et de la plupart des textes de philologie, ces livres bleus n'utilisent pas un 'métalangage', un discours sur les pratiques linguistiques de l'époque. Leur but est de passer en revue diverses situations d'écriture et de parole et d'en tirer des modèles-types utilisables par leurs lecteurs. Ces manuels proposent, en fait, des séries de recettes qui les rapprochent bien plus des ouvrages pratiques comme ceux dont il a été question dans le chapitre 'Sciences et arts' que de la production purement littéraire. La littérature de colportage élabore ainsi une sorte de 'prêt-à-penser' qui s'exprime à travers deux sortes de textes, essentiellement: ceux qui enseignent le discours écrit – c'est le rôle des Secrétaires – ceux qui enseignent le discours oral, comme le *Cabinet de l'éloquence françoise*. Ces deux modes d'expression restent, d'ailleurs, très liés, conformément à une tradition qui associe à l'écrit l'art du geste et de la plaidoirie.

Les livrets bleus qui enseignent le discours tirent leur modèle des *Fleurs de bien dire*, texte paru pour la première fois en 1598 et qui n'était pas destiné du tout à un public populaire: François Desrues est 'l'auteur des *Fleurs de bien dire* [...] et des *Marguerites françoises* (1605) plusieurs fois rééditées, qui fixèrent la rhétorique de Cour sous Henri IV'.[4] Les *Fleurs de bien dire* paraissent chez Nicolas Oudot en 1658 et seront rééditées dans la Bibliothèque bleue jusqu'à la Révolution. Elles s'inspirent encore de la rhétorique médiévale en recourant à des lieux communs de la littérature du moyen âge: on retrouve dans les *Fleurs de bien dire* les 'topoi' décrits par P. Zumthor, qui concernent

la notation des phénomènes naturels (paysages, saisons), des sentiments humains (amitié, amour, conscience de la fuite du temps), des âges de la vie, des jugements esthétiques et moraux (louange, blâme, consolation), d'attitudes caractéristiques d'individus ou de groupes: en somme, toutes les conditions ou circonstances de l'existence.[5]

Au milieu du dix-septième siècle, d'autres textes apparaissent, s'inscrivant dans la tradition des 'genres de cour, poésie galante, roman, lettre doucereuse, conversation élégante et piquante'.[6] Le dix-septième siècle est, selon la formule de Marc Fumaroli, 'le siècle d'or de la rhétorique'. En 1641 est publié le *Secrétaire à la mode* de Puget de La Serre et en 1645 paraissent à Lyon les *Compliments de la langue françoise*, utiles à 'ceux qui sont à la Cour des grands,

---

4. Marc Fumaroli, *L'Age de l'éloquence: rhétorique et 'res literaria' de la Renaissance au seuil de l'époque classique* (Genève 1980), p.267, n.82.
5. Paul Zumthor, *Essai de poétique médiévale* (Paris 1972), p.83.
6. Fumaroli, *Age de l'éloquence*, p.521.

8. *Belles lettres*

et qui font profession de hanter les compagnies'. Ces ouvrages connaîtront un vif succès pendant toute la seconde moitié du dix-septième siècle. Ils s'adressent à de jeunes aristocrates, dont les préoccupations mondaines semblent bien éloignées de celles des lecteurs de la Bibliothèque bleue. Pourtant, moyennant de larges coupures et des suppressions de lettres ou de compliments, comme cet 'offre de service au Roy et à la Reyne' qui se trouve au début des *Compliments de la langue françoise*, ces deux textes entrent dans la Bibliothèque bleue au début du dix-huitième siècle, au moment où ils commençaient à tomber dans l'oubli. Vont alors proliférer dans la Bibliothèque bleue une série de Secrétaires divers, *Secrétaire à la mode*, *Secrétaire de la cour*, *Secrétaire des dames*, dont le succès ira grandissant (la baisse enregistrée dans le tableau 3 après 1750 ne me semble en effet pas pertinente). Nisard parle de ces innombrables Secrétaires du dix-neuvième siècle 'qui ont pour but de fournir à l'enfance des modèles de compliments, à la jeunesse des formules de lettres d'amour, à ceux qui ont une fortune à régir ou une place à solliciter, des protocoles'. Il ajoute qu'ils sont 'fort nombreux et ont toujours un succès énorme'.[7] Reconnaissons, cependant, que les Secrétaires du dix-neuvième siècle subissent une évolution brutale. Ce sont de plus en plus des ouvrages utilitaires qui n'ont plus rien à voir avec les manuels épistolaires du dix-huitième siècle, fondés sur une esthétique de la parole et sur le plaisir du texte.

L'intérêt pour ces ouvrages se développe surtout à partir des années 1680. On peut le mettre en relation avec les progrès de l'alphabétisation, qui commencent à porter leurs fruits. En effet, s'il est envisageable de vendre à des lecteurs semi-analphabètes des romans ou des tragédies sacrées qui seront entendus et joués lors de lectures collectives (et l'ancien fonds de la Bibliothèque bleue se constitue d'abord de cette manière), les ouvrages relevant de l'art d'écrire sont plus difficilement utilisables. On peut donc supposer que les Secrétaires, bien plus encore que les abécédaires, dont le nombre grandit au dix-huitième siècle, sont le signe d'une acculturation. Il est certain qu'un discours idéologique se transmettait aussi par leur intermédiaire. Après tout, le public de la Bibliothèque bleue apprenait à dialoguer comme les milieux de l'aristocratie le faisaient cinquante ans plus tôt. Etrange phénomène sociologique qui pousse les Français à calquer leur langage sur les dialogues d'Alcandre, de Clarinde ou de Cloriman. L'adieu d'une dame à Alcandre, 'Monsieur, je vous promets que vostre départ si soudain me donne de la fascherie, et que mes yeux pleureront sans intermission, si ce n'est que l'espérance que j'ay de vous revoir bien tost, me donne de l'allégence,'[8] montre que ce type de langage n'a pu jouer dans la Bibliothèque

7. Nisard, *Histoire des livres populaires*, ii.355.
8. *Les Complimens de la langue Françoise* (Troyes 1735; corpus, no. 455), p.22.

89

bleue d'autre rôle que celui de discours dominant. Il est d'ailleurs vraisemblable que les lecteurs se sont recrutés davantage dans la petite bourgeoisie urbaine, éprise de distinction sociale, que dans la France paysanne. Monsieur Jourdain était amateur, lui aussi, de beau langage. Mais il faut avouer qu'on ne sait rien de précis sur les lecteurs et, surtout, on ne peut rien dire de la manière dont ces textes étaient reçus.

Peut-être riait-on de leur emphase au lieu de les prendre pour modèles? C'est, en tout cas, la conclusion que dut tirer un érudit du dix-neuvième siècle, Prosper Blanchemain, qui classa le *Cabinet de l'éloquence françoise* dans un recueil facétieux.[9] Il semble tout de même possible de conclure avec prudence que les efforts pour 'domestiquer' la langue, régler l'orthographe et les usages, qui ont été entrepris à partir de 1650 environ par Vaugelas, Bouhours, de Callières et d'autres influencent, cinquante ans plus tard, l'ensemble de la production imprimée et, dépassant le cadre étroit du public de cour, atteignent l'édition à large diffusion. Il est dommage que l'enquête menée par Julien Brancolini et Marie-Thérèse Bouyssy ne donne aucune indication sur ce point.

D'autre part, au dix-huitième siècle, les ouvrages de bien dire et de bien écrire empruntent encore beaucoup de leurs thèmes à la littérature précieuse du dix-septième siècle et s'adressent à des adultes. Le *Cabinet de l'éloquence françoise* est 'dédié aux amoureux' comme les *Fleurs de bien dire*. Il paraît chez Nicolas Oudot, en 1659, ainsi que, la même année, le *Jardin d'amour, où il est bien enseigné la méthode et addresse pour trouver et bien entretenir une maistresse, nouvellement dressé pour l'utilité de la jeunesse de l'un et l'autre sexe*. Ici la morale est présente comme dans toute codification du langage. Le *Jardin d'amour* et, plus tard, le *Catéchisme à l'usage des grandes filles pour être mariées* glissent dans les dialogues un moralisme de bon aloi: un jeune homme doit courtiser une fille d'égale condition, il doit la choisir vertueuse et bonne ménagère ... Enfin, les formules d'invitation et de demande en mariage, d'acceptation et de refus de la part de l'intéressée sont soumises à un discours ritualisé. Cette codification du discours est intimement liée à une gestuelle également ritualisée, comme folkloristes et ethnologues l'ont montré à propos des pratiques traditionnelles de la société française. La manière de faire la cour à une jeune fille suit, par exemple, un cérémonial gestuel que les ouvrages de la Bibliothèque bleue traduisent par des mots. Mais la démarche est la même: ne pas s'écarter d'une norme que la collectivité autorise. Ainsi, en Anjou et en Picardie, voici comment un garçon exprimait ses sentiments à l'élue, à l'occasion d'une veillée: 'Le jeune homme défait le nœud du tablier de la jeune fille. Si le garçon plaît à la jeune

9. Voir Prosper Blanchemain, *Huit facéties imprimées à Troyes au commencement du XVIIIe siècle* (Paris 1873).

fille, elle en laisse pendre les cordons. Si sa requête ne lui convient pas, elle se hâte de les renouer.'[10] Ce caractère extrêmement codifié et structuré des modes relationnels dans la France d'ancien régime prenait évidemment des formes différentes selon les milieux sociaux, mais c'est un trait commun à toutes les classes de la société qui explique, d'ailleurs, pourquoi des recueils épistolaires écrits pour l'aristocratie sont lus ensuite, pendant deux siècles, dans les classes populaires.

ii. Facéties

Cette catégorie est celle dont les critères ont été les plus difficiles à définir. D'abord, le caractère parodique ou facétieux d'une œuvre n'est pas toujours aisé à déceler avec le recul du temps: les allusions comiques ou les plaisanteries peuvent nous échapper. D'autre part, certains textes relevaient de plusieurs rubriques: où classer, par exemple, les Misères des métiers, qui, par leurs liens avec l'actualité sociale, se rapprochent des ouvrages d'histoire; ou les tabarinades, qui sont une forme de théâtre facétieux? D'autres livres, satires contre les hommes et, surtout, contre les femmes, auraient pu être classés parmi les contes moraux. En général, le critère qui a prévalu a été la présence dans le discours écrit d'une distanciation ludique. Dans ce cas l'ouvrage était classé parmi les facéties ou dans la rubrique 'burlesque et poissard', qui, comme nous le verrons, possède son style propre. Quant aux rares tabarinades publiées dans la Bibliothèque bleue, elles forment une catégorie à part dans le tableau 3 mais sont considérées comme des pièces de théâtre.

Le genre facétieux est une constante de la littérature populaire; le nombre d'ouvrages facétieux est nettement plus important dans la Bibiliothèque bleue que dans le circuit lettré. Dans les registres de permissions publiques du dix-huitième siècle, ils sont à peu près réduits à rien et, dans les registres de permissions tacites, ils ne sont guère plus avantagés. Or, les pourcentages d'ouvrages facétieux dans la Bibliothèque bleue atteignent, malgré leurs varia-tions, une moyenne de 9% du corpus. Si l'on étudie le genre facétieux dans ses rapports avec le contexte historique, on s'aperçoit que les périodes de prospérité économique ne sont pas forcément celles où l'on réclame le plus de pièces comiques. Ainsi, entre 1680 et 1720, période sombre sur le plan économique, on n'a jamais tant demandé à rire. En revanche, il semble bien que la progression au dix-huitième siècle de la littérature religieuse coïncide après 1750 avec le déclin des facéties. Sans doute la propagande moralisatrice

10. Nicole Belmont, 'Rituels de courtoisie dans la société française traditionnelle', *Ethnologie française* 8 (1978), p.280.

de l'Eglise et les attitudes pudibondes de cette fin de siècle en sont-elles responsables. Mais le phénomène n'est que momentané, car les recueils grivois fleurissent de plus belle au dix-neuvième siècle, au grand scandale des censeurs. Nisard s'indigne du goût du peuple pour les 'plaisanteries grossières' et il ajoute: 'Aussi est-ce en spéculant sur ce goût du peuple, qu'on a écrit pour le colportage tant de livrets où tout ce qui est le fondement de nos devoirs et l'objet sacré de nos respects, la religion, l'autorité, la famille sont immolés au désir de faire rire.'[11]

Le jugement de Nisard fait bien de l'honneur aux ouvrages facétieux en les accusant de saper les valeurs morales, fondement de la société. A moins que notre sens moral à nous, lecteurs d'aujourd'hui, se soit singulièrement émoussé, il est difficile d'accuser les facéties de la Bibliothèque bleue de tant de subversions. Mises à part les Misères des métiers, les plaisanteries, qui d'ailleurs reprennent souvent des compilations anciennes, sont fréquemment du niveau de l'almanach Vermot. Si l'on procède à une coupe chronologique qui correspond à la période brillante des années 1700-1750, on a une bonne approche des éléments constitutifs du genre: des textes qui empruntent à des recueils facétieux de la Renaissance, comme les *Facétieuses rencontres de Verboquet, pour réjouir les mélancoliques*, ou au moyen âge, comme la *Grande confrérie des saouls d'ouvrer et enragés de rien faire*; et des textes du début du dix-huitième siècle dont la vogue récente explique le pourcentage important: Misères des métiers et *Testament du savetier*. Ces ouvrages puisent leur comique dans des courants culturels différents dont le rapprochement et la fusion sont un des traits originaux de la Bibliothèque bleue. Le comique grotesque du moyen âge et de la Renaissance procède à l'inversion des principes esthétiques et moraux et fait triompher le bas du corps, les excréments, la nourriture et le sexe. Ainsi, les plaisanteries scatologiques sont un des principaux thèmes des facéties et sont le sujet de la *Description de six espèces de pets, ou six raisons pour se conserver la santé, prêchées le Mardi gras par le père Barnabas, péteur en chef au village des vesses, province des Etrons,*[12] œuvre de lettré dont il existe une première édition vers 1540.[13] A cette tradition se rattachent également *Gargantua* et *Till l'Espiègle*, romans que diffuse la Bibliothèque bleue.

Un autre aspect du comique médiéval est la satire. Dans la Bibliothèque bleue, celle-ci s'exerce surtout contre les femmes et renforce une misogynie latente qui s'exprime aussi bien dans de nombreux textes 'sérieux'. Sans développer ce sujet, on peut citer le *Catéchisme à l'usage des grandes filles pour*

---

11. Nisard, 'Essai sur le colportage de librairie', p.27.
12. Voir corpus, no.660.
13. *Le Plaisant devis du pet* (Paris: Nicolas Buffet, 1540).

être mariées et, surtout, la *Patience de Griselidis*,[14] textes qui n'ont rien de facétieux mais qui procèdent du même mépris qu'un livret bleu satirique comme la *Malice des femmes*[15] ou la *Méchanceté des filles*, ouvrage nettement plus tardif. En fait, la misogynie des textes bleus est fondée, comme c'est souvent le cas dans la collection, sur la rencontre de plusieurs courants culturels: à la tradition médiévale s'ajoute l'attitude répressive de l'Eglise aux dix-septième et dix-huitième siècles. Les procès de sorcellerie, qui concernent des femmes à 80%, et la répression sexuelle entamée dès le milieu du dix-septième siècle dans les prêches et les manuels de civilité ne font que réactiver d'anciens ressentiments. *L'Enfant sage à trois ans*, d'origine médiévale, ne présente-t-il pas déjà le dialogue suivant:

D. Qu'est-ce l'homme?
R. C'est l'image de Notre Seigneur Jésus Christ.
D. Qu'est-ce que la femme?
R. C'est l'image de la mort.[16]

La satire contre les femmes a, d'ailleurs, plutôt qu'une rôle comique, un rôle didactique et moralisateur. C'est le cas de la *Malice des femmes* et de la *Méchanceté des filles*.

Plus proches de la farce sont les ouvrages entrés tardivement dans la Bibliothèque bleue. La 'série' des savetiers, l'*Arrivée du brave Toulousain et le devoir des braves compagnons de la petite manicle*, la *Fameuse harangue faite en l'assemblée générale de messieurs, mes seigneurs les savetiers*, et le *Testament sérieux et burlesque d'un maître savetier*, paraît à Troyes dans la première motié du dix-huitième siècle. Selon Nisard, l'auteur en serait Grosley lui-même, qui a d'ailleurs approuvé certains de ces ouvrages et a été déjà signalé ici comme un 'spécialiste' du genre facétieux. Les ouvrages, assez curieusement, communiquent des renseignements sur le compagnonnage et racontent une initiation. Un des livrets décrit, en particulier, la manière dont se déroule la réception du futur maître savetier, rite dont le secret ne devait pas en principe être révélé. Or, cette initiation, détaillée et véridique, est traitée sur le mode bouffon et rejoint le testament burlesque ou le 'magnifique superlicoquentieux festin', écrits dans la même veine. Cette présentation comique d'un milieu professionnel est d'autant

14. Cette nouvelle de Boccace, qui est devenue un des grands succès de la Bibliothèque bleue, commence comme un conte de fées. Un marquis épouse une bergère, à la condition impérative qu'elle lui obéira en tout. La vie de Griselidis sera alors une longue suite d'épreuves plus douloureuses les unes que les autres, qu'elle subira avec la plus parfaite résignation.
15. La première édition de cet ouvrage est de 1540 environ, selon Brunet, *Manuel du libraire*, reprint (Paris 1965), ii.1708.
16. *L'Enfant sage à trois ans, contenant les Demandes que lui fit l'Empereur Adrien & les Réponses de l'Enfant* (Troyes: Nicolas Oudot), p.13.

plus frappante qu'on la retrouve dans les Misères des métiers et qu'elle semble un phénomène propre au dix-huitième siècle.

Les Misères des métiers commencent à paraître dans la Bibliothèque bleue pendant les années 1700-1720 et sont à la mode surtout pendant la première moitié du dix-huitième siècle. Elles concernent uniquement les professions urbaines, boulangers, apprentis-imprimeurs, garçons chirurgiens et domestiques, et reflètent les réalités sociales: les difficultés de l'apprentissage, la quasi impossibilité au dix-huitième siècle d'accéder à la maîtrise si l'on n'est pas soi-même fils ou gendre de maître. Mais la particularité de ces minces brochures ressemblant à des placets réside dans le fait qu'écrites en vers burlesques, elles donnent à l'injustice sociale une coloration bouffonne. Est-ce pour mieux déjouer la censure et ainsi mieux plaider leur cause? Leur statut est, certes, ambigu. On doit les considérer comme des jeux de clercs qui s'apitoient sur leur sort tout en le tournant en dérision et supposer que les lecteurs se recrutaient dans ces mêmes professions. Signalons, d'ailleurs, qu'une étude du public à partir des textes de colportage, quel que soit le caractère contestable d'une telle démarche, montrerait un net clivage entre des textes destinés à un public urbain et d'autres destinés à un public rural. Le *Calendrier des bergers* ou, plus tard, la *Nouvelle science des gens de la campagne* ne s'adressent pas aux mêmes lecteurs que les tabarinades ou les Misères des métiers. Mais la liberté des lecteurs existe et rien n'autorise à penser que les textes étaient lus par ceux auxquels ils étaient destinés.

On peut se demander d'autre part, pour quelles raisons les métiers deviennent au dix-huitième siècle un thème de la Bibliothèque bleue. Il n'en est en effet jamais question jusqu'à la fin du dix-septième siècle ni dans les romans, où les personnages vivent dans une oisiveté princière, ni dans le reste de la production. Seuls les travaux des champs étaient alors évoqués. Les métiers de la ville étaient pratiquement exclus de cette littérature. Les *Cris de Paris*, dont la première édition, selon le *Manuel du libraire*, est de 1545 (il en existe des versions manuscrites dès le treizième siècle), constituent une exception. Encore sont-ils recensés pour leur aspect pittoresque et ne portent-ils pas trace de la moindre revendication. Les Misères des métiers évoquent, au contraire, avec réalisme, les difficultés professionnelles et peuvent dénoter un changement d'attitude. Des plaintes venant des divers corps de métier existaient dès le dix-septième siècle sous forme de pamphlets ou de libelles mais ce qui est intéressant est qu'au dix-huitième siècle elles paraissent sous couverture bleue, autorisées et légalisées en quelque sorte par leur adoption dans la littérature de colportage.

Malgré cette concession à l'histoire, l'héritage médiéval inspire encore au milieu du dix-huitième siècle divers sermons, éloges funèbres et testaments burlesques qui sont, non pas des rééditions de textes du moyen âge et de la

Renaissance, mais bel et bien des 'nouveautés'. On a déjà évoqué l'*Eloge funèbre de Michel Morin* et l'on peut ajouter un *Art de péter* dont la première édition, qui n'appartient d'ailleurs pas à la Bibliothèque bleue mais à la production lettrée, est de 1751.[17] De même, le festin du savetier rappelle les 'grandes bouffes' rabelaisiennes et son testament vient en droite ligne des testaments fantaisistes médiévaux, contrats de mariage et inventaires énumérant interminablement les objets les plus loufoques et les plus hétéroclites; Molière puise dans la même veine comique lorsqu'il fait procéder Harpagon à son inventaire: 'Ecoutez le mémoire: premièrement, un lit de quatre pieds à bandes de points de Hongrie ... plus un pavillon à queue, d'une bonne serge d'Aumales ... plus une tenture de tapisserie'.[18]

iii. Burlesque et poissard

La littérature burlesque et poissarde est proche des facéties. Elle aussi recourt au procédé de l'inversion carnavalesque, parce qu'elle fait du bas du corps un thème privilégié et qu'elle donne au style 'bas' ses lettres de noblesse. Le fait est que le burlesque et, plus tard, les 'poissarderies' sont d'abord des recherches d'écriture, une subversion de la langue. Issus de la poésie baroque de la Renaissance et, plus anciennement encore, de la poésie macaronique,[19] les textes burlesques du dix-septième siècle sont le plus souvent versifiés.[20] En fait, ce genre s'apparente à un divertissement de lettré et témoigne, chez ses meilleurs auteurs, d'une virtuosité du discours proche de la préciosité. Les calembours et les coq à l'âne rappellent les grands rhétoriqueurs de la fin du quinzième siècle[21] et, plus généralement, les exercices d'escholiers tournant en dérision un savoir dont eux-mêmes se réclament. Cette démarche au caractère contradictoire et paradoxal est intéressante car elle traduit une attitude particulière du monde intellectuel face à la culture – attitude commune aux hommes du moyen âge, de la Renaissance et du dix-septième siècle, si l'on en croit la vogue de la poésie burlesque. Dans celle-ci le vocabulaire choisi est celui que rejette la grande littérature, 'depuis les mots familiers sans plus, jusqu'aux expressions vraiment vulgaires ou grossières, ou parfois argotiques'.[22] En fait, un des sujets

17. Classé au numéro 17889 dans le *Manuel du libraire* de Brunet; première édition en anglais et en latin (1751).
18. *L'Avare*, II.i.
19. Poésie burlesque en latin de cuisine. L'*Opus Merlini Coccaii macaronicum*, qui est le premier texte du genre, paraît en 1520 et a pour auteur le moine Teofilo Folengo.
20. La forme employée est le plus souvent l'octosyllabe à rime plate, appelé 'vers burlesque'.
21. Voir Paul Zumthor, *Langue, texte, énigme* (Paris 1975), p.36-54.
22. Francis Bar, *Le Genre burlesque en France au XVIIe siècle* (Paris 1960), p.xxxiii.

de prédilection est de parodier le langage populaire, celui des harangères de la Halle ou celui des paysans, et de s'intéresser aux réalités les plus quotidiennes et les plus triviales. Jeux savants et mondains, ils témoignent de l'engouement de l'aristocratie pour la langue verte de la canaille:

Tout au long du dix-septième siècle, on s'est ainsi diverti dans les cercles mondains, à pasticher l'ancienne langue et l'ancienne littérature, les patois paysans, etc., soit de vive voix, soit par écrit. Il n'y a entre le badinage de société et la bouffonnerie des burlesques qu'une différence de degré.[23]

Ce qui est étrange est que ces exercices de style qui n'ont rien de populaire sont publiés sans délai chez les éditeurs de la Bibliothèque bleue; plusieurs ouvrages de Scarron, grand maître du genre, sont publiés chez Nicolas Oudot à Troyes: le *Recueil des œuvres burlesques de Mr Scarron* paraît en 1654, ainsi que, la même année, deux de ses comédies, le *Jodelet, ou le maître valet* et les *Trois Dorotées*. En 1657 Nicolas Oudot publie l'*Eschole de Salerne en vers burlesques* de Louis Martin, dont les premières éditions étaient d'ailleurs suivies d'un poème en vers macaroniques. On assiste donc à un déferlement d'ouvrages burlesques dans la Bibliothèque bleue entre 1650 et 1660. Or, la grande mode du burlesque se situe précisément pendant cette période, comme le montre le graphique établi par H. J. Martin pour la poésie burlesque au dix-septième siècle.[24] L'absence de décalage historique, habituel dans la Bibliothèque bleue, peut prouver deux choses: les modes littéraires sont plus vite adoptées dans la Bibliothèque bleue au dix-septième siècle qu'au dix-huitième siècle parce que le clivage entre la littérature savante et la littérature pour le peuple n'apparaît pas encore nettement, le public de Nicolas Oudot étant encore vers 1660 constitué sans doute, pour une bonne part, de petits notables semi-lettrés (il n'est pas sûr, d'ailleurs, que la maison Oudot était à l'époque spécialisée dans la littérature de colportage comme elle le fut à la fin du dix-septième siècle). De plus, le genre burlesque, parce qu'il est divertissant et qu'il glorifie – même de façon bouffonne – le style populaire, obtient un succès immédiat dans la littérature à large diffusion.

On a peine à croire que les classes populaires s'amusent elles-mêmes de se voir tournées en dérision et, pourtant, comment comprendre le succès non démenti du genre burlesque, puis du genre poissard, dans la Bibliothèque bleue jusqu'au dix-neuvième siècle? L'explication la plus probable tient au recrutement social de ses lecteurs. Ceux-ci n'étaient ni les vendeuses de harengs ni les paysans mal dégrossis que raille, par exemple, la *Pasquille nouvelle sur les*

23. Bar, *Genre burlesque*, p.231.
24. Martin, *Livre, pouvoirs et société*, ii.1075, planche 14.

amours de Lucas et Claudine, où l'on peut lire les galanteries suivantes:

Claudine

qui est donc ce sot animal,
qui vient ici comme un brutal,
chanter ces litanies sauvages?
V'la encore un plaisant visage.

Lucas

C'est pourtant moi, ma Claudine,
Tout biau, ne me fais point la mine,
Car, vois-tu, je suis amoureux,
Regarde-moi entre deux yeux,
Tu verras à mon visage
que l'amour m'a mis tout en nage.[25]

Appartenant à l'aristocratie populaire urbaine ou paysanne, ils pouvaient à leur tour en faire des boucs-émissaires, des parias de la culture. Selon Marc Soriano, le burlesque servait également à exprimer une opposition politique (voir 'Burlesque et langage populaire', *Annales* (1969), p.949-75). De nombreux auteurs de pamphlets pendant la Fronde utilisèrent le style burlesque, autant peut-être pour son style provocateur que parce qu'il était à la mode et les assurait d'être lus. Cette fonction du burlesque n'est cependant pas manifeste dans les textes de la Bibliothèque bleue.

Le très grand succès du genre burlesque et des œuvres de Scarron – Daniel Mornet rappelle que le *Roman comique* de Scarron connaîtra vingt et une éditions de 1661 à 1700[26] – est la preuve qu'en pleine période classique coexistaient des œuvres de facture baroque et des textes respectant les règles de l'esthétique classique. Dans le théâtre de Molière, il y a alliance entre ces deux thèmes. Comme les auteurs burlesques, Molière s'inspire de la littérature espagnole du seizième et du dix-septième siècles et se réfère parfois à la culture populaire. Le dialogue entre Parrot et Charlotte dans *Dom Juan* est extrêmement proche de la *Pasquille nouvelle sur les amours de Lucas et Claudine* et Madame Pernelle, dans *Tartuffe*, déclare: 'Voilà les contes bleus qu'il vous faut pour vous plaire', faisant peut-être déjà allusion aux livrets de la Bibliothèque bleue.[27]

De toute façon, ce n'est pas l'esthétique classique qui a prévalu dans la Bibliothèque bleue mais un courant baroque qui s'intègre dans une continuité

25. *Pasquille nouvelle sur les amours de Lucas et Claudine*, A Lelis, chez P. G. Goderfe, rue de Néménya (Caen: Chalopin, s.d.), p.5.
26. Daniel Mornet, *Histoire de la littérature française classique, 1660-1700* (Paris 1950), p.197.
27. *Tartuffe*, I.i.141. Il semblerait, cependant, que cette expression s'applique davantage aux contes oraux ou contes de bonne femme qu'à la Bibliothèque bleue. Ainsi, Furetière signale à l'article 'Conte', les expressions 'conte violet, conte jaune, conte bleu' ... (voir ci-dessus, p.9).

culturelle issue du moyen âge. Pour les mêmes raisons, le style poissard, qui reprend les procédés burlesques, est asez vite adopté par les éditeurs de la Bibliothèque bleue. La mode poissarde concerne surtout la période 1740-1760, comme on le voit dans le tableau 3, où elle correspond à 9,2% du corpus. Voici la définition que donne Furetière de ce mot en 1690: 'Terme injurieux que se disent les Harengères les unes aux autres pour se reprocher leur vilénie et malpropreté'. Un siècle et demi plus tard, le *Dictionnaire de l'Académie française* (1823) indique: 'poissard: il n'est usité qu'en parlant. De certains ouvrages modernes dans lesquels on imite le langage et les mœurs du bas peuple.' L'étude des dictionnaires révèle ici que le genre poissard est devenu suffisamment à la mode au dix-huitième siècle pour être enregistré dans le lexique. A l'origine de cette mode, on rencontre à nouveau des lettrés et aussi de grands seigneurs. Il était de bon ton dans les réunions joyeuses de la fin du dix-septième siècle de 'parler peuple'. L'Académie de Pinchesne, neveu de Voiture, est 'fondée' en 1656.[28] Elle parodie les académies savantes, admet Scarron dans son cercle et encourage la réalisation de poèmes burlesques où l'argot et le sexe occupent une large place. Club de bons vivants, elle 'avait réalisé l'alliance intime de la cuisine et des Belles-Lettres', comme les académies macaroniques toujours vivantes dans l'Italie du dix-huitième siècle, ainsi qu'en témoigne Casanova:

[Un moine] me dit que j'arrivais fort à propos pour assister au pique-nique que les académiciens macaroniques faisaient le lendemain après une séance de l'académie où chaque membre récitait un morceau de sa façon. Il m'engagea à être de la partie et à honorer l'assemblée en lui faisant part d'une de mes productions. J'acceptai et, ayant lu dix stances que j'avais faites pour l'occasion, je fus reçu membre par acclamation. Je figurai encore mieux à table qu'à la séance, car je mangeai tant de macaroni qu'on me jugea digne d'être déclaré prince.[29]

Or, on retrouve en France les mêmes académies mi-plaisantes, mi-sérieuses. Elles doublent et plagient les académies savantes, donnant à la vie intellectuelle des Lumières un éclairage différent: plus de piquant et de fantaisie. La thèse de Daniel Roche sur les académies savantes provinciales montre le rôle indéniable qu'elles ont eu dans la propagation de l'esprit philosophique.[30] Mais l'érudition et l'encyclopédisme étaient aussi matière à plaisanterie dans un siècle où les privilégiés aimaient par-dessus tout les amusements de société. Les textes du dix-huitième siècle qui paraissent dans la Bibliothèque bleue rappellent à un

---

28. Voir Paul d'Estrée, 'Une académie bachique au XVIIe siècle', *Revue d'histoire littéraire de la France* 2 (1895), p.491-522.

29. Casanova, *Mémoires* (Paris 1958), i.155.

30. Daniel Roche, 'Encyclopédistes et académiciens', dans *Livre et société*, i.73-92, et 'Le Siècle des Lumières en province: académies et académiciens provinciaux, 1680-1789', Paris, EHESS, 1978.

autre aspect de l'existence ces aristocrates qui sont à la fois hommes d'étude et hommes de plaisir.

Les académies où s'élaborent les facéties du colportage sont, avant tout, celle de Troyes, où d'authentiques érudits se réunissent autour de Grosley, et une académie pour rire appelée l'Académie de ces dames et de ces messieurs, fondée par Caylus vers 1739. Cette académie 'se composait d'une vingtaine de sociétaires des deux sexes, tant nobles que roturiers, qui lisaient pompeusement chaque dimanche les élucubrations badines de la semaine. Maurepas, le ministre, et la fameuse comtesse de Verrüe, la *dame de volupté*, y étaient les plus assidus.'[31] Or, Caylus est, par ailleurs, membre de l'Académie des inscriptions et belles-lettres et publie des ouvrages fort savants sur les antiquités égyptiennes. On peut voir dans son attitude plus qu'un délassement de lettré. Il y a dans cet aristocrate de grande famille qui écrit et publie des ouvrages érotiques et des textes poissards une sorte de dénigrement de lui-même. Sa démarche intellectuelle fait penser à cette fascination mêlée d'effroi que le peuple inspire à la haute noblesse et qui coïncide dans l'histoire avec l'étrange sentiment de décadence de la seconde moitié du dix-huitième siècle: les nobles creusant littéralement leur tombe en encourageant les idéaux démocratiques des philosophes ou en adhérant à la franc-maçonnerie. Caylus, qui, selon ses biographes, adorait se promener dans Paris habillé en ouvrier-graveur, et passer pour tel, participe de cette attitude. Le fait est que la langue poissarde aboutit, malgré son effet comique, à une réhabilitation politique du peuple.

Mais il est probable que, pour la joyeuse société réunie autour de Caylus, l'important ait surtout été de se divertir. La verve populaire et le style imagé de l'argot pimentent les conversations de salon et le désir de 's'encanailler' donne lieu à des représentations devant des cercles choisis qui imitent les parades des bateleurs du Pont-Neuf. La créativité de la langue populaire attire ces lettrés: ils y voient un modèle de discours qui échappe à leur code social. Pour les mêmes raisons, des dictionnaires d'argot, sous le titre *Le Jargon ou langage de l'argot réformé*, ont été réédités constamment pendant deux siècles. Selon L. S. Mercier, l'écart culturel entre le langage de l'aristocratie et celui de la 'canaille' tend, d'ailleurs, à se réduire:

Les grands et la canaille se rapprochent dans leurs mœurs [...]. Je trouve même que leurs esprits se ressemblent; les harangères, au style près, ont des mots très heureux, ainsi que nos femmes de qualité; même abondance, même tournure originale, même liberté dans l'expression et dans les images.[32]

---

31. A. Heulhard, 'La littérature poissarde au XVIIIe siècle', *Revue de France* 36 (1879), p.340.
32. Mercier, *Tableau de Paris*, II, 348 (cité par Vissière, 'La culture populaire à la veille de la Révolution', p.120-30).

II. *Analyse évolutive*

Il semble, a priori, que rien ne puisse rapprocher ces milieux aristocratiques composés d'hommes d'esprit, souvent libertins par la pensée et les mœurs, du monde de la Bibliothèque bleue. Et pourtant, dans le contexte compliqué des échanges culturels entre la culture savante et la culture populaire, on a là un phénomène des plus surprenants. Le point commun de tous ceux qui se réunissent chez Caylus ou Maurepas est qu'ils écrivent à la fois des textes érudits ou littéraires et des œuvres provocatrices, en marge de leur culture, soit par leur contenu érotique, soit par le fait qu'elles imitent la langue populaire. Les œuvres poissardes ont donc un statut à part puisqu'elles se situent à la lisière entre la culture savante et la culture populaire, même si leur fonction est de faire rire. Or, certains de ces textes vont paraître chez la veuve Oudot de Troyes par un tour de passe-passe fort intéressant. Les *Ecosseuses, ou les œufs de Pasques*, œuvre collective du comte de Caylus, de Vadé et de la comtesse de Verrüe, sont publiées chez la veuve Oudot en 1739, puis sont rééditées en 1745.[33] A la même adresse sont également publiées en 1742, puis rééditées, les *Etrennes de la Saint-Jean*, œuvre à laquelle ont participé Maurepas, Montesquieu, Moncrif, Crébillon fils, La Chaussée, Duclos, Voisenon et Sallé.[34] Les deux textes, qu'on peut considérer comme les Mémoires de cette académie plus fictive que réelle, réunie autour de Caylus, circulaient dans les salons et remportaient le plus vif succès. On peut se demander alors par quel cheminement un éditeur de livres populaires comme la veuve Oudot a pu se procurer aussi rapidement des œuvres spirituelles réservées à un cercle aristocratique d'initiés. En réalité, les éditions troyennes sont des contrefaçons, comme le prouve la présentation luxueuse des ouvrages. Il s'agit de tirages de luxe qui n'ont rien à voir avec l'aspect habituel des livres de la Bibliothèque bleue. Pourtant, en première page figure un portrait de la veuve Oudot, ainsi que l'enseigne 'Au livre bleu', indications qui ne garantissent pas, pour autant, l'authenticité des ouvrages, puisqu'elles n'existent dans aucun autre livret de cet éditeur. D'autre part, quatre vers en style burlesque sont placés en exergue, sous le portrait de 'Monsieur ou Madame Oudot':

> Voi dans les traits que tu contemples
> Un Imprimeur Loyal et sans ambition
> A tes pareils, Oudot, tu serviras d'exemple,
> Un Imprimeur doit faire impression.

Ces vers satiriques permettent d'avancer l'hypothèse que Caylus et ses amis se sont occupés eux-mêmes d'éditer leurs œuvres et de leur donner l'air d'appartenir à la Bibliothèque bleue – logique facétieuse et vaste fumisterie que de dédier

---

33. Les éditions se trouvent à la Bibliothèque de l'Arsenal et à la Bibliothèque nationale (Réserve).
34. Editions de 1742, 1751 et 1757 (B.N.).

à cette collection des œuvres parodiant le peuple. Naturellement, personne n'était dupe dans le monde intellectuel et la plaisanterie dut plaire, si l'on en croit le nombre des rééditions, toujours attribuées à la veuve Oudot.[35]

Ces œuvres n'ont jamais été intégrées à la Bibliothèque bleue, pour laquelle elles n'avaient d'ailleurs pas été écrites. Par contre, un texte qui en est très proche et se présente comme la suite de ces ouvrages, les *Etrennes à messieurs les ribauteurs: les suppléments aux Ecosseuses, ou Margot la mal peignée*, paraît en 1749 sans indication de lieu et sera repris plus tard dans la Bibliothèque bleue et dans la littérature de colportage au dix-neuvième siècle.[36] L'auteur en est Vadé, ami de Caylus et de Collé. A partir de 1740, il est considéré comme le meilleur représentant de la littérature poissarde et il écrit plusieurs dialogues poissards et des vaudevilles pour les spectacles du faubourg du Temple. On l'a décrit comme un parasite 'habitué à jouer lui-même dans des salons les scènes dont il avait été si souvent témoin à la place Maubert, plaisant de profession dont les gens riches payaient les facéties par de bons dîners'.[37] Pourtant, c'est aussi un auteur à succès. La *Pipe cassée, poème épi-tragi-poissardi-héroï-comique* paraît chez la veuve Oudot vers 1750 et intéresse tout autant le public lettré que le public de la Bibliothèque bleue, ainsi que le laisse supposer cet article du *Mercure galant* d'avril 1751: 'L'auteur de cette plaisanterie a écrit plusieurs ouvrages dans le langage et dans le style poissard, qui ont réussi. Celui-ci ne diminuera pas sa réputation, et plaira à ceux qui aiment à voir les mœurs du peuple peintes avec des couleurs assorties à ces mœurs.'[38] Tous ces textes mettent en scène des personnages pittoresques, réjouissants par leur verve faubourienne, et campent un décor familier et même sordide: étals de marchands, guinguettes populaires ... Beaucoup étaient écrits en dialogues et destinés à être joués, soit devant un cercle d'amis, comme les parades de Moncrif, soit pour le public du boulevard du Temple. Voici un exemple de ces dialogues poissards, tiré des 'Spiritueux rebus de Mlle Margot la Mal Peignée, Reine de la Halle et Marchande d'oranges':

Le Farau: Bonjour, mamselle Margot.
Margot: Bonjour, monsieur l'Farau.

35. *Les Ecosseuses, ou les Œufs de Pasques, suivis de l'Histoire du porteur d'eau, ou les Amours de la ravaudeuse, seconde partie des Etrennes de la Saint-Jean* (Troyes: veuve Oudot, 1782; B.N. (Réserve)). La contrefaçon avait déjà été signalée par Louis Morin, dans 'Quelques faux en mention bibliographique', *Bulletin du bibliophile* 7 (1909), p.313-23.

36. Il existe deux éditions de ce texte sous couverture bleue: une édition imprimée à Neufchateau, chez Godefroy, en 1810 et qui se trouve à la Bibliothèque nationale (B.N. Y².824); une édition de 1801 qui est presque certainement une impression de chez Chalopin à Caen.

37. Michaud, *Biographie universelle ancienne et moderne* (Paris 1855), xlii.401. Jean-Joseph Vadé est né en 1719; nommé secrétaire du duc d'Agenois en 1743, il meurt en 1757.

38. Cité dans Heulhard, 'Littérature poissarde', p.352.

Le Farau: Combien vos oranges?
Margot: Faut-il vous l'dire au juste? Six sous pour vous. […]
Le Farau: Six yards.
Margot: Parle donc, Maré-Jeanne! As-tu des oranges à six yards à bailler à monsieur?
    Où demeurez-vous, monsieur, j'vais vous les envoyer par le cousin d'mon chien.
Le Farau: Tais-toi, beugueule.[39]

iv. Théâtre-chansons

Comme on l'a vu, le style burlesque et le style poissard touchent de près au théâtre. Les œuvres de Scarron qui ont été le plus souvent rééditées dans la Bibliothèque bleue sont des pièces de théâtre et les textes poissards sont écrits en dialogue, destinés à être joués. Dans l'avertissement de la *Pipe cassée*, la prononciation est même indiquée, pour mieux faire illusion: 'Il faut pour l'agrément du débit, avoir l'attention de parler d'un ton enroué lorsque l'on contrefait la voix des acteurs, celle des actrices doit être imitée par une inflexion poissarde, traînant à la fin de chaque phrase.'[40]

Au dix-huitième siècle prend naissance un nouveau type de théâtre, théâtre pour la foule, qui s'inspire de la Commedia dell'Arte et des bonimenteurs du Pont-Neuf. Puisant dans des canevas des pièces à sketches où l'improvisation et les jeux de scène spectaculaires jouent encore un grand rôle, il s'oriente, cependant, vers une écriture plus structurée, réservant leur place à la musique et aux chansons. Sur ce point, l'étude évolutive de la Bibliothèque bleue est intéressante. Comme l'indique le tableau 3, le nombre d'œuvres théâtrales diminue dans la collection au cours du dix-huitième siècle. Pendant la première moitié du dix-septième siècle, le théâtre représentait, au contraire, environ 6% du corpus, sans compter les tabarinades, qui sont un genre un peu à part. A cette époque étaient publiées chez Nicolas Oudot des comédies et des farces, des tragédies sacrées et profanes et quelques tragi-comédies. Ce sont ces trois genres dramatiques qu'il est intéressant de suivre pendant un siècle, en liaison avec l'évolution générale du théâtre pendant cette période.

Comédies et farces

Disons cependant, dès l'abord, que les ouvrages parus pendant les années 1600-1650, chez les Oudot ou chez des imprimeurs-libraires à grande diffusion, ont comme principal intérêt d'être des précurseurs, des repères pour les éditions

---

39. *Etrennes à messieurs les riboteurs; les suppléments aux Ecosseuses ou Margot la-mal-peignée* ([Caen: Chalopin,] 1801), p.5.
40. J. J. Vadé, *La Pipe cassée* ('Au Temple du goût': Duchesne, s.d.). Sur ce libraire, qui tenait boutique vers 1760, rue St Jacques, voir Martin, 'La librairie française', p.98.

8. Belles lettres

populaires à venir. C'est pourquoi ont été classées pendant cette période les œuvres de Tabarin et d'autres comédiens des tréteaux, qui n'ont jamais fait partie de la Bibliothèque bleue (à quelques exceptions près) mais qui s'adressent à la même clientèle que les Oudot de Troyes pendant la première moitié du dix-septième siècle. D'autre part, ce théâtre s'inscrit dans une continuité culturelle issue des bouffonneries médiévales, dont les prolongements au dix-huitième siècle sont particulièrement manifestes dans la Bibliothèque bleue.

Jusque vers 1650, la part du théâtre comique est prépondérante. On trouve quelques farces du moyen âge, comme la *Farce nouvelle du musnier et du gentilhomme; à quatre personnages*, qui disparaîtront après 1650, et, surtout, des monologues ou des dialogues prononcés par les joyeux comédiens des théâtres de foire. Ces textes, souvent appelés 'tabarinades', ont pour auteur Tabarin (de son vrai nom, Antoine Girard) mais aussi Bruscambille, Gaultier Garguille et Guillot Gorjeu. A les relire, on imagine un théâtre éblouissant et plein de verve dont les associations d'images et les allusions à l'actualité se succèdent à un rythme vertigineux; théâtre assez irrévérencieux et même polémique dont les jeux de mots, les coq à l'âne et les railleries à l'égard du pouvoir nous échappent aujourd'hui, en grande partie. Ces comédiens jouaient sur des tréteaux en plein air et leurs représentations, au dix-septième siècle, avaient lieu place Dauphine et sur le Pont-Neuf (royaume de Tabarin, alias 'Gratelard'), à la foire Saint-Germain (près de l'actuel marché Saint-Germain), qui durait du 3 février jusqu'à Pâques, et pendant la foire Saint-Laurent (sur l'emplacement de la Gare de l'Est).[41]

Au dix-huitième siècle l'époque des grands farceurs est révolue et de nouvelles formes de théâtre apparaissent. A partir de 1708 sont représentés des opéras-comiques, petites pièces mêlées de couplets chantés. Ce sont souvent des 'farces ou des comédies qui se chantent sur les vaudevilles populaires' du temps, c'est-à-dire sur les chansons à la mode.[42] Diverses pièces d'inspiration poissarde figurent dans ce répertoire et Vadé est d'ailleurs un des auteurs à succès de l'Opéra-Comique, théâtre qui s'ouvre en 1727. Cependant, quelques pièces seulement paraissent dans la Bibliothèque bleue, qui, comme on l'a vu, publie très peu d'œuvres théâtrales au dix-huitième siècle: le *Déjeuner de la Rapée, ou discours des halles et des ports* figure au catalogue de la veuve Jean Oudot. Ce texte est non de Vadé mais de Lécluze, acteur célèbre de l'Opéra-Comique qui ouvrit en 1778 à la foire Saint-Laurent un théâtre spécialisé dans le genre poissard.[43] La mode des recueils de chansons, qui commence à la fin

41. La foire Saint-Laurent commençait le 9 août et se terminait le 29 septembre.
42. Francis Carmody, 'Le répertoire de l'Opéra-Comique en vaudevilles, de 1708 à 1764', *University of California publications in modern philology* 16 (1933), p.373.
43. E. Campardon, *Les Spectacles de la foire* (Paris 1877), ii.47.

du dix-septième siècle et qui n'est pas propre à la seule littérature de colportage, encourage cette nouvelle forme de théâtre: dans le catalogue de la veuve Nicolas Oudot (*c*.1720), on trouve à la fois un *Recueil des chansons du Pont-Neuf* et un *Recueil des vaudevilles anciens et nouveaux*.

D'autre part, des textes de la Bibliothèque bleue qui existaient sous forme romancée sont également joués sur les tréteaux. Le phénomène n'est pas nouveau: à la fin du seizième siècle on représentait déjà, sur la scène de l'Hôtel de Flandre, des romans de chevalerie comme *Huon de Bordeaux*. Un arrêt de 1577 autorisait, en effet, la représentation de romans et d'histoires: furent jouées alors les *Prouesses de Huon de Bordeaux*, *Mabrian*[44] et d'autres textes que la Bibliothèque bleue adoptera plus tard sous la forme de romans en prose. Appartenant à un fonds culturel hérité du moyen âge, ils étaient connus de tous les spectateurs. Mais au dix-huitième siècle, lorsqu'on représente *Pierre de Provence* en pantomime, ou lorsque Scribe au dix-neuvième siècle, écrit les mélodrames de *Robert le Diable*[45] ou du *Juif errant*, c'est parce que la Bibliothèque bleue les avait rendus suffisamment populaires pour attirer un certain type de spectateurs, ceux, justement, qui ne fréquentaient pas les salles de théâtre où l'on jouait au dix-huitième siècle les tragédies néo-classiques.

Tragédies et tragi-comédies

Il existe pourtant aussi des tragédies dans le répertoire théâtral de la Bibliothèque bleue, mais elles sont un peu en marge du classicisme. A part quelques pièces de Corneille, *Cinna*, *Le Cid* et *Polyeucte*, on trouve deux pièces de Mairet, *La Sophonisbe* et *La Sylvie* (corpus, nos.109, 203), la tragi-comédie pastorale *La Mariane* de Tristan Lhermite (corpus, no.274) et diverses tragédies d'auteurs tombés dans l'oubli ou restés anonymes. La vogue de la pastorale et de la tragi-comédie au dix-septième siècle ne semble pas avoir inspiré les éditeurs de colportage.

En fait, les deux genres de pièces qui ont connu le plus long succès dans la Bibliothèque bleue sont les comédies, les farces et ce qui prit leur suite au dix-huitième siècle, le théâtre poissard. Le siècle du classicisme, de Corneille et de Racine, celui de la préciosité et des bergeries de l'Astrée, est étranger à l'univers de la Bibliothèque bleue. Ce qui convient davantage aux lecteurs, c'est le comique grotesque et la farce. Ce choix n'est pas l'apanage des seules classes populaires: l'intelligentsia du dix-huitième siècle ne désavoue pas le style poissard, elle s'en délecte au contraire. D'ailleurs, un siècle plus tôt, la grossiè-

44. Voir R. Lebègue, 'L'ancien répertoire de l'Hôtel de Bourgogne', *Revue d'histoire littéraire de la France* 81 (1981), p.3-10.
45. Livret d'E. Scribe et G. de Lavigne; musique de Meyerbeer (1831).

reté des mœurs sous Henri IV et sous Louis XIII était proverbiale. Les plaisanteries scatologiques et sexuelles et la crudité du langage étaient choses courantes à la cour et c'est contre cette réalité là que s'insurgèrent les précieuses. Mais la préciosité et la rigueur classique n'ont entraîné de mutations qu'en surface. La fascination pour le bas, le bas du corps mais aussi le langage bas, le trivial et le populaire – ces deux aspects coexistant souvent – engendre à la fois un type de comportement et une mode littéraire – le burlesque et le poissard. Comme le rappelle Daniel Mornet, 'Le vieux fond est par dessous et reparaît de temps à autre sous le vernis (de préciosité) qui s'écaille.'[46]

Théâtre sacré

Si 'Le théâtre se laïcise entre 1550 et 1650'[47] et que la tragédie profane devient, sous Louis XIII, le genre dramatique le plus en vogue sur les scènes parisiennes, en province on continue à jouer jusqu'à la Révolution des scènes à caractère religieux. On représentait la *Passion du Christ* ou la vie du saint 'dont la paroisse porte le nom, ou dont l'église conserve les reliques'.[48] Les notables préparaient ensemble le spectacle, en se servant, au besoin, des livrets imprimés pour mettre au point le texte, et désignaient les acteurs. Il est attesté que dans certaines régions des Alpes se jouait au dix-septième siècle et au début du dix-huitième siècle *La Vie et le martyre de sainte Barbe*, sainte qui, comme on l'a vu, protège de mort violente.[49] Mais on sait également qu'à Paris des représentations de la Nativité étaient données au moment de Noël et qu'à Pâques on jouait la *Passion du Christ*. Des figures de cire étaient utilisées pour ces spectacles qui existaient encore en 1746 et avaient lieu rue de la Bûcherie, près de l'Hôtel-Dieu.[50] Tous ces textes ont été publiés dans la Bibliothèque bleue et ont peut-être servi lors de représentations locales. Le *Discours tragique en vers héroïques sur la passion de Notre Seigneur Jésus-Christ*, de Philippe Le Gras, aumonier du roi, paraît dans la Bibliothèque bleue au début du dix-huitième siècle et connaît plusieurs rééditions jusqu'au dix-neuvième siècle. Le *Sacrifice d'Abraham* de Théodore de Bèze est imprimé chez Nicolas Oudot au milieu du dix-septième siècle ainsi que, plus tard, le *Martire de la glorieuse sainte Reine d'Alise*, tragédie, *Saint Alexis* et le *Martire de sainte Catherine* par l'abbé d'Aubignac. Les Vies de saints qui paraissent dans la Bibliothèque bleue proviennent souvent, comme on l'a dit, de Mystères transcrits en prose mais, pour certains de ces textes, la forme

46. Mornet, *Histoire de la littérature française classique 1660-1700*, p.194.
47. Lebègue, 'L'ancien répertoire', p.8.
48. Lebègue, 'L'ancien théâtre religieux', *Journal des savants* (1975), p.218.
49. Ces spectacles avaient lieu dans des villages de la vallée de Suse: voir Lebègue, 'L'ancien théâtre religieux', p.218.
50. Voir Campardon, *Spectacles de la foire*, ii.406.

théâtrale a été conservée et adaptée au goût du jour: les anciens Mystères deviennent alors des tragédies, comme la *Sainte Catherine* de l'abbé d'Aubignac. Il faut remarquer que, loin d'être un phénomène de courte durée, le théâtre sacré continue d'être publié sous couverture bleue jusqu'à la Révolution. Il représente même, entre 1760 et 1789, l'essentiel des œuvres de théâtre, accentuant le caractère religieux de la collection à la fin de l'ancien régime. Si tant de pièces à caractère religieux continuent au dix-huitième siècle à paraître dans la Bibliothèque bleue, alors que le théâtre profane est en régression dans la collection, c'est parce qu'elles répondent à la ferveur populaire et à ses représentations festives et que l'action de l'Eglise continue de se faire sentir.

v. Romans, contes et nouvelles

Avec environ 23% de l'ensemble du corpus, le secteur romanesque domine de loin le reste de la production littéraire. Ce pourcentage se maintient à peu près de 1650 à 1800 mais cette continuité ne doit pas faire illusion. Les catégories romanesques se modifient, en effet, assez profondément, au cours de cette période. Si les romans de chevalerie restent, en général, la catégorie la mieux représentée, atteignant 38% du corpus au début de la collection, on voit dans le tableau 3 que leur nombre diminue progressivement à partir de la fin du dix-septième siècle. Entre 1700 et 1750, ils ne correspondent plus qu'à 14% des éditions recensées: au début du dix-huitième siècle, ce sont les nouvelles et les historiettes qui l'emportent. Enfin, la mode des contes de fées, qui bat son plein dans le monde aristocratique entre 1685 et 1700, gagne la Bibliothèque bleue un demi-siècle plus tard.

L'évolution du secteur romanesque est intéressante. Elle met d'abord en évidence les mécanismes d'appropriation de la culture savante par les éditeurs de la Bibliothèque bleue: le décalage temporel et culturel se creuse au dix-huitième siècle pour diverses raisons. D'une part, comme on en a déjà avancé l'hypothèse, les lecteurs du dix-huitième siècle appartiennent davantage aux classes populaires et n'ont pas autant d'occasion d'entrer en contact avec la culture savante que les petits notables qui lisaient la Bibliothèque bleue un siècle plus tôt et qui possédaient un certain vernis culturel. Il devient donc possible d'écouler les invendus et les ouvrages passés de mode auprès de cette clientèle. Remarquons, cependant, que le décalage chronologique n'existe pas lorsqu'un lettré écrit lui-même pour la Bibliothèque bleue ou choisit ce mode de diffusion: c'est le cas d'une partie de la littérature poissarde et des textes de Grosley.

D'autre part, les désirs du lecteur, ou, comme l'appelle H. R. Jauss, 'l'horizon d'attente', ne sont pas des facteurs négligeables: si les contes de fées connaissent tant de succès dans la Bibliothèque bleue à la fin du dix-huitième siècle et, surtout, au dix-neuvième siècle, c'est aussi parce qu'ils entretiennent des liens avec la culture orale et le folklore, qui sont à cette époque en plein épanouissement. C'est au dix-huitième siècle qu'apparaissent les danses folkloriques, les chansons et les costumes régionaux, coutumes et rituels qui surgissent dans la France paysanne pendant la période de prospérité du milieu du siècle. De la même manière, et sans jouer à lire dans les âmes, on peut comprendre que les valeurs féodales des romans de chevalerie ne suscitent plus autant d'enthousiasme au fil du temps. Le cas des nouvelles est plus complexe. Quelques-unes sont très anciennes, comme *Griselidis* ou la légende du Juif errant, mais beaucoup ont été écrites au début du dix-huitième siècle et ont été peu à peu introduites dans la Bibliothèque bleue.

Romans de chevalerie

Parmi les romans de chevalerie ont été classés également des textes de la Renaissance, en trop petit nombre pour constituer une catégorie à part. Il s'agit de romans facétieux comme les *Chroniques du Roy Gargantua* ou les *Joyeuses adventures et faicts merveilleux de Thiel Ulespiegle*[51] et du roman picaresque de Quevedo, l'*Aventurier Buscon*, qui est publié à Troyes au milieu du dix-septième siècle. Ces textes sont des inversions parodiques de l'univers chevaleresque. Ils mêlent à la trame narrative des épisodes bouffons qui les rattachent au courant burlesque et aux facéties. Comme on sait, Rabelais s'inspira d'un livret de 1532 destiné sans doute au colportage et ayant pour titre: *Les Grandes et inestimables chroniques du grand et énorme Gargantua, contenant la généalogie, la grandeur et force de corps, aussi les merveilleux faictz d'armes qu'il fist pour le roy Artus.* Le *Gargantua* a d'ailleurs suivi dans la Bibliothèque bleue deux intinéraires parallèles: le texte antérieur au *Gargantua* de Rabelais a servi de modèle à divers livrets bleus au dix-huitième et au dix-neuvième siècles, tandis que le *Gargantua* de Rabelais inspirait d'autres éditeurs. Quant à Tiel Ulespiegle, dont la première édition est en langue allemande et date de 1519, il est dans la lignée des Scaramouche et autres charlatans aventuriers chers aux lecteurs de la Bibliothèque bleue, qui narguent le monde et profitent de la crédulité de leurs victimes. Par ses farces, ce personnage s'attaque à divers tabous (corporels, en particulier) et Nisard qualifie l'ouvrage de 'farce de bas étage'. L'*Aventurier Buscon* est peu réédité mais *Gargantua* et *Till l'Espiègle* continuent d'intéresser les lecteurs, si l'on en croit leurs rééditions au dix-neuvième siècle.

Les romans de chevalerie eux-mêmes regroupent des textes de nature assez

---

51. Corpus, nos.120, 207.

différente. On trouve quelques épopées rappelant la geste d'un héros ou d'une famille: le cycle carolingien, avec les *Conquêtes de Charlemagne* et *Huon de Bordeaux*; et la geste de Renaud de Montauban, représentée par les *Quatre fils Aymon*, *Maugis d'Aigremont* et *Ogier le Danois*. Au dix-septième siècle ces romans ne sont d'ailleurs pas publiés uniquement par des éditeurs troyens. Des imprimeurs de Lyon et de Rouen les diffusent également. A la fin du dix-septième siècle un tri s'est effectué. Ceux que la Bibliothèque bleue n'a pas 'récupérés' tombent dans l'oubli jusqu'au moment où les Lettres s'y intéresseront de nouveau un siècle plus tard et leur consacreront des publications érudites.

Le choix opéré par les éditeurs de la Bibliothèque bleue fait ressortir une préférence pour les destins individuels, au détriment de la grande fresque du lignage. Les romans de chevalerie qui subsistent sont ceux dont les héros deviennent des symboles, ceux qui sont porteurs plus que d'autres des valeurs chevaleresques, bravoure, générosité ... Voici, par exemple, le portrait flatteur que Huon de Bordeaux donne de lui-même:

Je sais muer un épervier, et je sais chasser le Cerf et le sanglier, corner la prise et conduire les chiens, je sais bien servir à table, je sais aussi jouer aux échecs. Je sais bien endosser le haubert, mettre le heaume, monter à cheval, et combattre à la lance, vous pourriez y envoyer de moins vaillants que moi, je sais aussi embrasser les Dames et faire quelque chose de plus s'il en est besoin.[52]

Le contexte historico-légendaire s'efface progressivement ou, du moins, offre des contours plus flous qui vident de leur sens les grandes épopées familiales. Il est sûr que les conditions de création de ces histoires chantées par les troubadours devant des cours seigneuriales qui voulaient entendre revivre le passé glorieux de leurs ancêtres sont totalement étrangères au monde des lecteurs de la Bibliothèque bleue. Nimbés du prestige du mythe, les chevaliers du moyen âge – Huon de Bordeaux, Roland et, surtout, Charlemagne – représentent, pourtant, pour ces lecteurs, l'histoire de la France. On demande, d'ailleurs, à l'Histoire de ressembler de plus en plus à un grand roman d'aventures et c'est dans ce sens qu'évoluent les épopées. Comme le rappelle Charles Nisard:

Les choses se survivent longtemps à elles-mêmes, et laissent une ombre dans l'imagination, après qu'elles ont disparu de l'ensemble des mœurs générales. Ainsi la chevalerie produit encore à la fin du Moyen Age un spectacle qui semble appartenir à un âge antérieur.[53]

52. *Le Premier livre du noble et vaillant duc Huon de Bordeaux, pair de France* (Troyes: Pierre Garnier, 1726), p.80.
53. Nisard, *Histoire des livres populaires*, ii.432.

8. Belles lettres

Ces rémanences socio-culturelles ne se limitent pas à cette période de l'histoire que décrit Nisard. Le monde féodal, à la fois par les mythologies qu'il déploie et la pérennité d'un système social bien réel, continue de marquer la société du dix-huitième siècle. Les lecteurs de la Bibliothèque bleue voient dans les romans de chevalerie le sens de l'histoire dans sa dimension légendaire. En même temps se forge l'image individualiste du héros, du chevalier d'aventure. Ainsi, *Robert le Diable*, *Richard sans peur*, *Jean de Paris* et *Pierre de Provence*, livrets qui étaient désignés au dix-huitième siècle comme 'les petits romans', mais aussi la *Belle Hélène de Constantinople* et *Valentin et Orson* seront réédités jusqu'au dix-neuvième siècle.[54] Ces textes font la renommée de la Bibliothèque bleue parce qu'ils existent de manière autonome, contrairement aux grandes épopées cycliques. Lorsque des écrivains se rappellent avec nostalgie les lectures de leur enfance, ce sont à ces romans qu'ils songent ou … à *Geneviève de Brabant*:

Au pas saccadé de son cheval, Golo plein d'un affreux dessein, sortait de la petite forêt triangulaire qui veloutait d'un vert sombre la pente d'une colline, et s'avançait en tressautant vers le château de la pauvre Geneviève de Brabant [...]. Ce n'était qu'un pan du château, et il avait devant lui une lande où rêvait Geneviève, qui portait une ceinture bleue. Le château et la lande étaient jaunes, et je n'avais pas attendu de les voir pour connaître leur couleur, car, avant les verres du chassis, la sonorité mordorée du nom de Brabant me l'avait montrée avec évidence. Golo s'arrêtait un instant pour écouter avec tristesse le boniment lu à haute voix par ma grand'tante, et qu'il avait l'air de comprendre parfaitement.[55]

La plupart de ces romans, ainsi que les épopées, proviennent de manuscrits en vers qui ont été mis en prose au quatorzième siècle.[56] Souvent très abrégés à l'occasion de leur mise en prose, ils sont à nouveau transformés et prennent alors une forme quasi définitive au moment de leur transcription imprimée à la fin du quinzième ou au début du seizième siècle. Les textes de la Bibliothèque bleue restent très proches des incunables, même si les réécritures à des fins de 'modernisation' s'en distinguent partiellement. Il faudra attendre les transcriptions lettrées de la fin du dix-huitième siècle, en particulier les romans de chevalerie qui, revus et corrigés par le marquis de Paulmy et Tressan, ont paru dans la *Bibliothèque universelle des romans*, pour que la trame narrative, restée relativement stable pendant trois siècles, soit bouleversée.[57] Il semble bien,

---

54. Corpus, nos.79, 74, 15, 573, 586, 576, respectivement.

55. Marcel Proust, *Du côté de chez Swann* (Paris 1964), p.9. Proust évoque ici les décors qu'il voyait défiler sur une lanterne magique pendant que sa grand-tante lui lisait l'*Histoire de Geneviève de Brabant*.

56. Voir Georges Doutrepont, *Les Mises en prose des épopées et des romans chevaleresques* (Bruxelles 1939).

57. En fait, les romans publiés dans la Bibliothèque bleue aux dix-septième et dix-huitième siècles subissent diverses modifications textuelles (lexicales, syntaxiques ou idéologiques) qui ne concernent à peu près pas la structure narrative.

d'ailleurs, que dans la Bibliothèque bleue les variations textuelles les plus importantes proviennent souvent d'initiatives lettrées. Ces réécritures destinées à une élite culturelle – les correspondants de la *Bibliothèque universelle des romans* sont, essentiellement, des aristocrates – ont été adoptées au dix-neuvième siècle par certains éditeurs de la Bibliothèque bleue: le remaniement de *Pierre de Provence* par Tressan se vend chez Pellerin à Epinal ou chez Deckherr à Montbéliard.

Si l'on examine le contenu des romans, on constate qu'ils évoquent tous l'aventure et l'épopée guerrière. Croisades, longs périples en terre ennemie, batailles rangées contre les Sarrazins, voyages incognito de héros aux prises avec les dangers les plus redoutables ponctuent ces récits au rythme accéléré. La composante sentimentale est peu présente; c'est un moyen âge batailleur et prêt à exporter ses valeurs en Terre sainte que transmet la Bibliothèque bleue. Le lyrisme courtois du moyen âge et ses raffinements rhétoriques n'ont pas leur place dans l'univers de la Bibliothèque bleue. Il est d'ailleurs remarquable qu'aucun des romans arthuriens, ni le *Lancelot* ni la *Quête du Graal*, ne figurent dans la collection. Le phénomène est d'autant plus curieux que ces textes, tout en appartenant à la littérature courtoise, ont leurs racines dans le fond oral des légendes. Mais la mythologie celtique est apparemment étrangère au centralisme géographique et culturel de la Bibliothèque bleue.

Si les récits de combats et les péripéties dominent les romans de chevalerie, si l'idéalisation de l'amour et de la femme n'ont pas plus leur place dans la Bibliothèque bleue que, par la suite, la préciosité de l'*Astrée* ou de la Carte du tendre, quelques romans laissent pourtant parler les sentiments et sont influencés par l'idéal courtois. C'est le cas de *Jean de Paris*, qui date de la fin du quinzième siècle, et, surtout, de *Pierre de Provence*, texte, lui aussi, tardif.

Nouvelles

En respectant l'ordre chronologique d'apparition des textes à la fois dans la culture savante et dans la Bibliothèque bleue, on peut évoquer aussi les nouvelles, puis les contes de fées. Ont été appelées 'nouvelles' des histoires comportant moins d'une trentaine de pages. Elles sont peu nombreuses par rapport à la grande quantité de romans de chevalerie parus sous couverture bleue mais elles font l'objet de nombreuses rééditions dans la Bibliothèque bleue. En dehors de quelques ouvrages médiévaux comme *Griselidis*, la plupart de ces nouvelles ont été écrites à la fin du dix-septième siècle et au dix-huitième. Les plus célèbres sont l'*Histoire du Bonhomme Misère* et l'*Histoire de Jean de Calais*.

L'*Histoire du Bonhomme Misère*, signée d'un hypothétique 'sieur de la Rivière', a probablement pour origine une nouvelle italienne parue dans la *Musique du diable* en 1711. Ce conte, selon Champfleury, s'est vendu à des millions d'exemplaires.[58] Il emprunte ses thèmes à la tradition orale et met en scène, non sans humour, la Mort et un pauvre vieillard, le Bonhomme Misère, personnage au nom symbolique qui est devenu un des héros de la littérature populaire. On a choisi de citer un long extrait de cette nouvelle parce qu'elle semble une des plus intéressantes de la Bibliothèque bleue et qu'elle repose sur une ambiguïté révélatrice: Misère, héros populaire et figure allégorique, triomphe de la mort mais cette victoire signifie aussi que la misère est appelée à subsister jusque dans l'éternité. Dans ce passage, qui se trouve à la fin de la nouvelle, la Mort implore Misère de lui permettre de descendre de l'arbre enchanté où il la détient prisonnière:

Mais sans balancer souffre que je descende, ou du moins que je m'envole, une Reine m'attend à cinq cents lieues d'ici pour partir. Dois-je ajouter foi, reprit *Misère*, à votre discours? et n'est-ce-point pour mieux me tromper que vous me parlez ainsi? Non,[59] je te le jure, jamais tu ne me verras qu'après l'entière désolation de toute la nature, et ce sera toi qui recevras le dernier coup de ma faux; les arrêts de la Mort sont irrévocables, entend-tu, bon homme? Oui, dit-il, je vous entends; je dois ajouter foi à vos paroles, et pour vous le prouver efficacement, je consens que vous vous retiriez quand il vous plaira, vous en avez à présent la liberté. A ces mots, la Mort ayant fendu les airs, s'enfuit à la vue de *Misère*, sans qu'on en ait entendu parler depuis. Quoique très souvent elle vienne dans le pays, même dans cette petite ville, elle passe toujours devant sa porte, sans oser s'informer de sa santé; c'est ce qui fait que *Misère*, si âgé qu'il soit, a vécu depuis ce temps là dans la même pauvreté, près de son cher poirier, et suivant les promesses de la Mort, il restera sur la terre tant que le monde sera monde.[60]

L'*Histoire de Jean de Calais* est publiée dans la Bibliothèque bleue troyenne en 1758 (corpus, no.478); son auteur, madame de Gomez, la publia en 1722 dans les *Journées amusantes, dédiées au roy*. C'est un roman d'aventures proche des 'petits' romans de chevalerie comme *Robert le Diable* ou *Jean de Paris*, auxquels il a été vite assimilé par les éditeurs. L'écriture est marquée par la préciosité de l'époque et le récit fait une large place aux épisodes galants. On peut en dire autant des autres nouvelles, aux titres significatifs: les *Aventures et histoires galantes qui s'impriment journalièrement* ou les *Promenades de la guinguette* paraissent chez la veuve Oudot, à Paris, vers 1720. Plus tard sont publiés la *Femme mal conseillée et le mari prudent, ou la guinguette de Surenne* et la *Maîtresse*

58. Voir Champfleury, *De la littérature populaire en France: recherches sur les origines et variations de la légende du Bonhomme Misère* (Paris 1861), p.5. Champfleury parle même de 'milliards' d'exemplaires vendus, ce qui est un peu exagéré.

59. La typographie originale a été respectée. Le lecteur aura compris que la Mort ici prend à nouveau la parole.

60. *Histoire nouvelle et divertissante du Bonhomme Misère* (Caen: Pierre Chalopin [fin du dix-huitième siècle]), p.22-23.

fidèle, histoire nouvelle (corpus, no.808). Il est possible que le premier de ces ouvrages, écrit en dialogues proches du style poissard, soit plutôt destiné au théâtre. Mais son thème est identique à celui des autres nouvelles. Il s'agit d'analyser les relations entre hommes et femmes et de poser des problèmes moraux tout en procédant à une peinture des mœurs. Ces textes évoquent les problèmes de l'adultère et de la fidélité; ils ont pour cadre les lieux de plaisir que fréquentait le peuple: les guinguettes, le quartier des Porcherons et le quai de la Rapée, où avaient lieu des feux d'artifice au dix-huitième siècle. Ces préoccupations sont celles d'une époque: les personnages de l'*Histoire du chevalier des Grieux et de Manon Lescaut* hantent d'autres lieux de plaisir plus raffinés – cafés, théâtres, jardins du Palais-Royal – mais ils expriment le même appétit de vivre.

Les resultats statistiques sont, eux aussi, révélateurs. A de petits signes comme la brusque apparition entre 1700 et 1720 de livrets bleus exposant les règles de jeux de société – jeu du piquet et du trictrac[61] – on devine que le monde de la littérature de colportage est bousculé et que les amusements de société et le goût du superflu s'introduisent dans une littérature encore imprégnée par la culture médiévale. Or, les bouffonneries et les facéties issues du moyen âge évoquent une autre forme de convivialité. On peut considérér, évidemment, que ces histoires galantes, légères, et spirituelles sont une sorte de parenthèse dans la Bibliothèque bleue ou, plutôt, une filière culturelle isolée du reste de la collection, mais plusieurs autres indices – les ouvrages poissards ou les contes de fées – prouvent que la Bibliothèque bleue, héritière, certes, de la tradition médiévale, est également perméable aux courants culturels de son temps.

Contes de fées

Tout autre est le rôle joué par les contes de fées. Présents surtout après 1750 dans la Bibliothèque bleue, ils connaîtront un énorme succès au dix-neuvième siècle. Sont-ils à cette époque destinés à un public enfantin? Le format allongé et les couleurs variées des couvertures de Pellerin à Epinal permettent de le penser. Mais, sauf les contes de Perrault, ils n'étaient pas écrits, à l'origine, pour des adultes et le changement de public n'a dû intervenir qu'après 1800.

On trouve parmi les contes de fées les *Contes de fées, par Mr Perrault, avec des moralités* (corpus, no.350), des contes de madame de Murat comme *Jeune et belle* (corpus, no.489) et surtout une grande quantité de contes de madame d'Aulnoy: le *Prince Lutin et Fortunée*, l'*Oiseau bleu*, la *Grenouille bienfaisante*, la *Princesse Belle-Etoile et le Prince Chéri* (corpus, nos.457, 775, 789, 816) ... les contes des *Mille et une nuits* n'inspirent pas encore les éditeurs de colportage et

---

61. Voir, par exemple, l'*Académie ou maison de jeux* (Paris s.d.; corpus, no.208) ou le *Jeu du picquet plaisant et récréatif* (Troyes 1700; corpus, no.270).

l'on ne trouve qu'une édition de la *Lampe merveilleuse, ou histoire d'Aladdin* (corpus, no.807). Il est remarquable que les contes de madame d'Aulnoy se soient répandus davantage dans la Bibliothèque bleue que les contes de Perrault, malgré le lien de ces derniers avec la tradition orale populaire. Il est vrai que plusiers contes de madame d'Aulnoy, comme l'*Oiseau bleu* ou la *Belle aux cheveux d'or*, puisent également leurs thèmes dans la culture orale mais leurs modalités d'écriture traduisent un style de cour bien plus ornementé et précieux que les ouvrages de Perrault. Pourquoi les lecteurs de la Bibliothèque bleue s'intéressaient-ils tant à ces histoires sentant la poudre d'iris et peuplées de princes? Etaient-ils fascinés par cette rhétorique mondaine dont s'inspiraient aussi les manuels épistolaires et les Cabinets d'éloquence? Voici de quelle manière madame de Murat décrit les héroïnes de ces contes:

Les anciennes Fées, vos devancières, ne passent que pour des badines auprès de vous. Leurs occupations étaient basses et puériles, ne s'amusant qu'aux servantes et aux nourrices [...] et hors Mélusine et quelques demy douzaines de ses semblables, tout le reste n'étoient que des gueuses [...] vous estes toutes belles, jeunes, bien-faites, galament er richement vétües et logées, et vous n'habitez que dans la Cour des Rois, ou dans des Palais enchantez.[62]

Cette analyse presque sociologique de l'évolution des personnages de contes montre que la littérature de colportage se distingue de la culture orale populaire. En adoptant les conceptions artistocratiques du royaume de Féerie, elle s'inscrit une fois encore dans la tradition savante.

Pourtant, cela n'explique pas l'impact indéniable de tels récits sur la clientèle de la Bibliothèque bleue. Les raisons me semblent être à la fois psychologiques et culturelles. Le goût du merveilleux est, selon Marc Soriano, une donnée fondamentale de la psychologie, 'un refus, délibéré ou inconscient, du rationnel'.[63] Mais il est certain que des permanences culturelles, des réminiscences littéraires, jouent aussi leur rôle, familiarisant à l'avance, en quelque sorte, les lecteurs avec les contes de fées. Si le public de la Bibliothèque bleue entre spontanément dans l'univers de madame d'Aulnoy, c'est, en particulier, parce que la lecture des romans médiévaux l'y a préparé. *Valentin et Orson*, *Huon de Bordeaux* et *Mélusine*, que cite madame de Murat, abondent en épisodes merveilleux. Il ne s'agit plus du merveilleux chrétien de l'épopée mais d'un merveilleux profane imprégné de paganisme; les forêts sont habitées par des fées, les mortels s'unissent à des êtres surnaturels et les héros reçoivent les attributs magiques du conte: Huon possède un cor enchanté, Fortunatus une bourse et un chapeau magiques ... D'autre part, des croisements thématiques apparaissent entre ces romans et les contes de fées

62. Madame de Murat, *Histoires sublimes et allégoriques* (1699), cité par Störer, *Un épisode littéraire*, p.152.
63. Soriano, *Les Contes de Perrault*, p.462.

de la fin du dix-septième siècle. On retrouve, par exemple, les rêves d'abondance et de richesse des pays de cocagne; la rencontre entre Obéron l'enchanteur et Huon de Bordeaux est ainsi décrite:

Ils débridèrent leurs chevaux pour les faire paître, comme ils étoient sous l'arbre à converser, le Nain vint à eux, il étoit vêtu d'une robe très riche car les pierres étoient si précieuses qu'elles jetaient un éclat aussi brillant que celui du soleil. Il portait à la main un arc si riche, qu'on ne pouvait en dire la valeur, la flèche était belle aussi. Il portait au col un riche cor qui étoit suspendu par deux belles attaches d'or.[64]

Tressan ne s'y est pas trompé lorsque, réécrivant *Huon de Bordeaux* pour les lecteurs de la *Bibliothèque des romans*, il a transformé ce passage en épisode de conte de fée:

Un palais [...] dont les toits dorés étoient ornés de girouettes brillantes couvertes de diamans [...]. Ce prince n'apperçut dans cette calèche qu'un enfant de quatre à cinq ans [le nain Obéron], de toute beauté, et dont la robe étinceloit par le feu des pierreries dont elle étoit couverte.[65]

C'est sur l'évocation des contes de fées, les plus tardifs des textes entrés dans la Bibliothèque bleue, que se termine l'analyse évolutive de la collection. Dans cette seconde partie, on a tenté de distinguer de grandes rubriques permettant de comprendre les cohésions internes du corpus. Ce découpage était un outil commode pour décrire le corpus à la fois dans sa continuité et dans ses transformations. Il s'est révélé utile surtout dans le domaine des belles-lettres, où des résurgences littéraires comme le courant burlesque expliquent, par exemple, la mode poissarde un siècle après les parades de Bruscambille. Dans les autres secteurs, religieux, scientifiques ou historiques, il était moins facile de mettre à jour de tels phénomènes. Ils existent pourtant, et leur contenu idéologique nous a paru plus facilement repérable grâce aux interférences de ces textes et des ouvrages littéraires de la Bibliothèque bleue. L'intertextualité et les recoupements structurels font, en effet, l'originalité de cette collection: la médecine participe de l'astrologie et du sacré, le théâtre et le romanesque sont imprégnés de religion, les Vies de criminels sont calquées sur les Vies de saints et l'histoire se lit dans les chansons. En fait, l'analyse évolutive se fonde sur une permanence tissée de variations littéraires, idéologiques, sociales et politiques. On ne peut nier l'influence de la culture médiévale sur la Bibliothèque bleue – sans pour autant oublier l'action de la Contre-Réforme et les bouleversements qu'elle entraîne dans le monde de l'édition provinciale – ni celle de modes littéraires plus récentes. Le bilan de cette évolution sera esquissé maintenant.

64. *Le Premier livre du noble et vaillant duc Huon de Bordeaux*, p.28.
65. Tressan, *Histoire de Huon de Bordeaux*, dans *Corps d'extraits de romans de chevalerie* (Paris 1782), p.180.

III

Les grandes filières culturelles

Introduction

Il faudrait tirer les conclusions de cette enquête sur la Bibliothèque bleue. Parlons d'abord de l'analyse quantitative. Les tableaux statistiques ont été à la fois décevants et satisfaisants: décevants, parce que les chiffres de pourcentage doivent être utilisés avec précaution à cause du nombre considérable d'ouvrages perdus; intéressants, parce que les grandes orientations de la collection se dessinent étape par étape. L'introduction des contes de fées vers 1750, le déclin progressif des romans de chevalerie, le fort pourcentage d'ouvrages religieux après 1650 apparaissent nettement dans les diagrammes. On a pu ainsi noter à la fois les permanences et la disparition de certaines catégories d'ouvrages au profit d'autres types de textes, l'historiographie cédant la place aux faits divers, les comédies au théâtre sacré. La complexité d'une telle analyse vient du fait qu'elle englobe tout le champ de la connaissance, celui, du moins, que concevaient les éditeurs de la Bibliothèque bleue, c'est-à-dire la religion, l'histoire (dans ses liens avec le mythe tout autant qu'avec l'actualité), les techniques et, surtout, les Belles-lettres.

Or, chacun de ces domaines évolue à son rythme propre par le biais d'influences culturelles diversement reçues. Un secteur, celui des romans, par exemple, peut se renouveler plus vite qu'un autre davantage marqué par la tradition. Ici doit donc intervenir la notion de différenciation temporelle, chaque élément du corpus répondant à un 'tempo' particulier. Il n'est cependant pas question d'introduire insidieusement une quelconque idée de 'progrès' en dissociant archaïsmes et modernité du corpus. Plutôt que des traces d'archaïsme ou de modernisme, le jeu évolutif de la collection révèle, par les décalages chronologiques qui s'établissent avec la littérature savante, le rattachement de certains thèmes à la tradition – le burlesque en est un exemple – et la perméabilité de certains autres – le conte et la nouvelle – à l'actualité.

Si la notion de 'thème' remplace ici celle de 'catégorie d'ouvrage', c'est parce que l'image d'un corpus élaborant au fil du temps sa thématique particulière est plus opératoire, plus riche que la perspective bibliographique à laquelle nous nous sommes tenus jusqu'à maintenant – étape nécessaire, cependant, puisqu'on recourait au repérage statistique des ouvrages. Il faudrait maintenant considérer la Bibliothèque bleue comme un ensemble à l'intérieur duquel surgissent des thèmes fondamentaux, d'autres qui se font écho, d'autres, enfin, qui ne peuvent coexister et s'éliminent mutuellement. Or la Bibliothèque bleue telle qu'on la perçoit aujourd'hui est un objet figé, une totalité. C'est une vision déformante.

117

La Bibliothèque bleue doit en effet se définir plutôt comme un processus d'élaboration, un corpus en devenir qui s'est lentement constitué pendant deux siècles et demi. L'analyse thématique ne peut donc se concevoir que dans l'histoire.

Doit-on alors considérer la Bibliothèque bleue comme un corpus de textes ou comme une collection? Nous distinguerons les termes de la manière suivante: l'analyse repose sur un 'corpus' d'ouvrages recensés dans les bibliothèques et dans les catalogues qui est susceptible, bien entendu, d'être élargi. Mais compte tenu des critères énoncés au début de ce travail (nombre limité de pages, qualité grossière de l'impression et du papier, couleur caractéristique des livrets, lieu et date d'impression ...), la Bibliothèque bleue peut être considérée comme une collection autonome. Il a été question à plusieurs reprises de 'collection' plutôt que de 'corpus', lorsque, justement, une forte cohésion structurelle est apparue: la mise en évidence de grandes filières culturelles concerne, par exemple, l'ensemble de la collection et non les huit cents livres environ répertoriés ici. Tout se passe comme si la Bibliothèque bleue s'était lentement construite par couches de sédimentation successives laissant affleurer par endroits des terrains plus anciens.

Ce phénomène pose aussi le problème des échanges culturels entre la Bibliothèque bleue et le reste de la production imprimée: les retards accumulés et les survivances existent-ils ailleurs, sont-ils ou non le reflet de traditions que perpétue la société d'ancien régime dans son ensemble? La réflexion de Lévi-Strauss à propos des civilisations d'Amérique Centrale, 'tout ce qu'on peut dire est que des fragments de développements historiques archaïques ne peuvent manquer de subsister', peut s'appliquer au monde occidental.[1] En reconnaissant la vitalité de la culture médiévale dans la littérature de colportage jusqu'à la fin du dix-huitième siècle, le triomphe ou le succès toujours égal de l'astrologie au siècle des Lumières, on se fait une idée différente de l'histoire. Le siècle du classicisme est aussi celui où l'on admirait les farceurs du Pont-Neuf et, à la veille de la Révolution, on collectionnait les manuscrits du moyen âge et on rêvait aux temps révolus de la chevalerie ... Ce sont toutes ces contradictions, ou, plutôt, les mécanismes de transmission de l'héritage culturel, que l'évolution de la Bibliothèque bleue permet de souligner.

1. Claude Lévi-Strauss, *Anthropologie structurale* (Paris 1974), p.11.

9. Elaboration d'une thématique

EN reprenant le tableau 4, on reconnaît, malgré des variations de pourcentage, une certaine stabilité d'une catégorie à l'autre. Mais les tableaux 1, 2 et 3 montrent que cette relative stabilité dissimule une répartition interne sujette à variations. Dans l'évolution des Belles-lettres, on voit que s'effectue une redistribution des genres littéraires s'ajustant mieux aux courants culturels contemporains. D'autre part, le tableau 5, non étudié encore, présente une image assez précise du renouvellement du corpus et confirme l'impression que les nouveautés et le désir de s'adapter à l'actualité sont davantage présents dans cette collection qu'on ne pourrait le croire. On s'aperçoit, par exemple, que, jusqu'à 1720, le nombre d'ouvrages nouveaux l'emporte largement sur les rééditions. Pourtant, c'est l'inverse qui se produit par la suite, les rééditions devenant de plus en plus nombreuses et correspondant entre 1760 et 1780 à 79% des ouvrages imprimés. On remarquera, d'ailleurs, qu'on réédite au dix-huitième siècle surtout les ouvrages les plus anciens de la collection. Ainsi, entre 1740 et 1780, on réimprime peu de textes parus entre 1720 et 1740, l'essentiel datant du dix-septième siècle. On remarque également que le pourcentage des ouvrages les plus anciens (ceux que Nicolas Oudot éditait avant 1640) reste stable pendant deux siècles. Il est, finalement, manifeste que la Bibliothèque bleue s'est constituée au cours du dix-septième siècle et qu'au dix-huitième, malgré quelques concessions à la culture contemporaine, on assiste à un vieillissement, à un tassement de la collection. Se trouve ainsi confirmée, et mieux expliquée, l'aggravation, au dix-huitième siècle, du clivage entre littérature savante et littérature de colportage.

Gardons-nous cependant de considérer la Bibliothèque bleue au dix-septième siècle comme un corpus d'ouvrages particulièrement sensibles aux variations de l'histoire. En réalité, les 78,8% d'ouvrages 'nouveaux' parus entre 1640 et 1660 sont le plus souvent des rééditions d'ouvrages anciens que la Bibliothèque bleue n'avait pas encore publiés. Il est possible, d'ailleurs, qu'il s'agisse de rééditions de textes de colportage aujourd'hui perdus. La même chose se produit encore au dix-huitième siècle lorsque la veuve Nicolas Oudot imprime l'*Histoire générale des plantes* pour la première fois dans la Bibliothèque bleue (voir ci-dessus, p.65). En fait, la notion d'édition 'princeps' n'a pas de sens dans cette collection. On peut même dire que la Bibliothèque bleue ne publie jamais de nouveautés: il s'agit, soit d'éditions non encore publiées dans la littérature de colportage mais déjà diffusées dans le public lettré, soit de rééditions d'ouvrages déjà publiés par elle. Dans les catalogues de romans publiés par M. Lever, pour le dix-septième siècle, et S. P. Jones, pour la première partie du dix-huitième, on ne relève à peu près aucune édition première de roman parue dans la Bibliothèque bleue.[1] Il y a, cependant, quelques exceptions: les Bibles de noëls, par exemple, semblent avoir été écrites pour cette diffusion particulière.

L'étude thématique ne peut faire abstraction de ces deux données essentielles de la collection: l'imbrication entre littérature savante et littérature de colportage et l'entrecroisement de thèmes anciens et présents. C'est, d'ailleurs, parce que la Bibliothèque bleue est largement tributaire de la littérature savante qu'elle s'inscrit dans un constant porte-à-faux chronologique par rapport à son époque. Le signe même de la collection, surtout au dix-huitième siècle, est d'être en retard sur son temps, de recueillir avec lenteur les échos déformés des modes intellectuelles. Il arrive même que, pour moderniser leur catalogue, les éditeurs de la Bibliothèque bleue n'hésitent pas à puiser à nouveau dans le fonds de librairie du seizième siècle, dont ils avaient déjà abondamment usé.

Comment aller au-delà de l'évolution catégorielle et dégager les grandes lignes de cette histoire? La cohésion de cet ensemble d'ouvrages si disparates me semble issue de quatre courants culturels fondamentaux: le courant religieux, le merveilleux, la volonté de dérision et la fonction pédagogique. Reconnaissons que cette thématique est directement liée à l'étude du corpus et au système de classement adopté.

i. Courant religieux et moralisme

La propagande de la Contre-Réforme domine les ouvrages de dévotion et d'instruction religieuse. Elle se fait sentir dès les années 1660 et se prolonge jusqu'à la fin du dix-huitième siècle. A la veille de 1789, les catéchismes et les ouvrages de dévotion constituent même près de la moitié des ouvrages religieux, si l'on s'en tient aux résultats statistiques. Il s'agit de livrets cultuels mais on ne peut s'empêcher de penser que le désir de répandre la doctrine est aussi une manière de combattre les déviances – pratiques populaires du culte, jansénisme … D'autre part, certains de ces textes – des recueils de cantiques, en particulier – mêlent au contenu doctrinal des conceptions politiques facilement identifiables. Cette orientation de plus en plus religieuse de la collection est sensible également dans le domaine des Belles-lettres. On a vu que le théâtre, entre 1750 et 1800, est représenté essentiellement par des pièces à sujet religieux, la *Tragédie de*

1. Maurice Lever, *La Fiction narrative en prose au XVIIe siècle* (Paris 1976); S. P. Jones, *A list of French prose fiction from 1700 to 1750* (New York 1939).

saint Alexis ou la *Passion de Notre Seigneur Jésus Christ*. D'autre part, l'Eglise, dans sa tentative de catéchiser et moraliser les masses, rencontre à la fin du dix-huitième siècle un courant d'idées qui va, dans la Bibliothèque bleue, donner plus de poids à son discours. En effet, la vague sentimentale et l'éloge de la vertu mis à la mode au milieu du dix-huitième siècle par Diderot et Rousseau sont perceptibles dans les réécritures de la Bibliothèque bleue dès la fin du dix-huitième siècle et dominent les textes romanesques du dix-neuvième siècle. Le style en est métaphorique et fleuri, et les ouvrages ont pour sujet l'harmonie de la vie conjugale, la tendresse filiale, et sombrent dans le pathos.

Ce ton nouveau des romans de la Bibliothèque bleue n'est pas si éloigné du moralisme de la littérature dévote ou des leçons prodiguées à la même époque dans les Manuels de civilité. Ceux-ci, comme l'ont montré R. Chartier, D. Julia et M. M. Compère, évoluent depuis le seizième siècle vers un code de comportement de plus en plus contraignant.[2] Les tabous corporels se multiplient, et cette répression, qui se manifeste dans des interdits liés à la nourriture, au sexe ou à la représentation du corps chez l'enfant,[3] inspire, à l'inverse, le courant burlesque, qui est, lui aussi, une des grandes filières culturelles de la Bibliothèque bleue. Ce dégoût pour le corps s'exprime, cependant, dans les textes religieux de la Bibliothèque bleue bien avant la fin du dix-huitième siècle et l'on en trouve trace dans les descriptions de l'ascèse mystique. Ainsi, dans la *Vie de saint Ortaire*, on dit du saint que 'Son abstinence étoit admirable, ne mangeant qu'un peu de pain d'orge, qu'il cuisoit lui-même de ses propres mains, ne buvant que de l'eau, encore n'étoit ce que de trois jours en trois jours.'[4]

Si la religion suscite une littérature moralisante, elle est également créatrice de mythes. Les Vies de saints et les romans de chevalerie perpétuent un merveilleux chrétien qui rencontre une adhésion populaire. On peut penser, d'ailleurs, que, pendant tout le dix-huitième siècle (la littérature de dévotion régresse au dix-neuvième), la religiosité populaire reste profonde, surtout dans les campagnes. Michel Vovelle date de la seconde moitié du dix-huitième siècle seulement l'amorce d'une déchristianisation rurale.[5] Jusqu'alors la vie au village était rythmée par le temps de l'Eglise et l'on sait que les processions et les fêtes religieuses étaient encore extrêmement vivantes. La manière dont Lucien

2. Chartier et al., *Education en France*, p.142-45.
3. Voici, entre autres, ce que dit la *Civilité chrétienne et honnête* (Epinal: Pellerin, s.d.): '*De la chambre*: ne vous mettez jamais nu; portez respect à votre Ange-Gardien' (p.33).
4. *La Vie de Saint Ortaire* (s.l., approbation de 1706), p.5.
5. Vovelle, 'Etude quantitative de la déchristianisation', p.163-72.

Febvre décrit ces phénomènes au seizième siècle est encore valable deux siècles plus tard dans les campagnes.[6]

ii. Le merveilleux et le romanesque

Les Vies de saints se rattachent au courant romanesque, qui est une des dominantes de la collection. Une des fonctions de la Bibliothèque bleue est bien de conter de belles histoires pleines d'aventures et de merveilleux. Doit-on en conclure, comme le pense Robert Mandrou, qu'il s'agit d'une littérature d'évasion? On peut dire qu'en réalité une partie seulement de la collection serait susceptible de remplir ce rôle; la notion de littérature d'évasion est, d'autre part, contestable. Les romans de chevalerie ou les Vies de saints ne répondent pas aux mêmes demandes que la littérature de kiosque de gare d'aujourd'hui. Ils ont une valeur exemplaire et glorifient le passé.

Ce poids du passé érigé en mythe, ce culte des ancêtres sont fondamentaux. Ils révèlent, en effet, chez les lecteurs populaires, une tendance à privilégier l''ancien' plutôt que le nouveau – et cette attitude au dix-huitième siècle est à contre-courant de celle des élites culturelles – non par conservatisme politique mais par une forme de résistance au présent. Ils témoignent aussi d'un besoin de s'enraciner dans une réalité historique, l'épopée carolingienne, et de rappeler les grands principes de la féodalité. Pour les lecteurs des campagnes, les romans médiévaux de la Bibliothèque bleue décrivent, en effet, une sorte d'âge d'or féodal: l'idéal du chevalier respectant Dieu et secourant les faibles représentait peut-être pour eux l'antithèse de la réalité quotidienne. A la décadence de l'aristocratie, plus âpre que jamais à défendre ses droits seigneuriaux à la veille de la Révolution, s'oppose le chevalier du moyen âge, tel une figure incorruptible, une pure utopie.

Même à titre d'hypothèse de lecture, on peut donc considérer que l'évasion dans le temps procurée par les romans peut mener à l'analyse d'une situation actuelle. Le thème du monde à l'envers présent dans certaines gravures populaires de type carnavalesque est un thème provocateur, comme l'a montré Bakhtine: il déchaîne le rire mais entraîne aussi une réflexion critique, en distançant l'ordre du monde. Un autre type de renversement existe encore, plus complexe peut-être: à une société embellie par le conte ou l'épopée répond, par effet de miroir, la triste réalité avec ses injustices. Ainsi, pour Gramsci, le roman d'aventures populaire rencontre le succès non parce qu'il permet aux lecteurs de s'évader de la monotonie quotidienne mais parce que:

6. Lucien Febvre, *Le Problème de l'incroyance au XVIe siècle: la religion de Rabelais* (1942; Paris 1968), p.315.

Dans leur grande majorité les hommes sont tourmentés précisément par l'impossibilité de prévoir le lendemain, par le caractère précaire de leur propre vie quotidienne, c'est-à-dire par un excès d'"aventures' probables. [...] Aussi les gens aspirent-ils à l'aventure 'belle' et intéressante, parce qu'elle est due à leur propre initiative contre la 'laide', la révoltante aventure qui est due aux conditions que d'autres ne leur proposent pas, mais leur imposent.[7]

Cependant, les romans de la Bibliothèque bleue ont aussi une richesse symbolique qui les rapproche de la littérature orale. Le merveilleux des contes de fées et le merveilleux chrétien des romans de chevalerie rejoignent le conte oral, auquel ces textes empruntent plusieurs motifs: le cheval blanc et les armes qu'un ange apporte à Robert le Diable, le cor enchanté de Huon de Bordeaux, le miroir où l'enchanteresse lit l'avenir dans *Valentin et Orson* sont, comme on l'a vu, les attributs magiques du conte merveilleux. L'analyse ne pouvant être longuement développé ici, on rappellera simplement que l'histoire de *Robert le Diable* est, selon Paul Delarue, 'pour une bonne part un arrangement du conte de Jean le Teigneux dans un sens édifiant et chevaleresque conforme aux idées du christianisme médiéval';[8] l'histoire de Valentin et Orson appartient également à un vaste ensemble de contes oraux fondés sur la métamorphose d'un être humain en animal, contes de loups-garous dont certains textes de madame d'Aulnoy atténueront la violence latente (dans la *Belle et la bête*, la bête est un prince charmant ensorcelé).

D'autre part, une thématique romanesque est présente, plus révélatrice, sans doute, de l'imaginaire médiéval que de celui de la Bibliothèque bleue. Il en est ainsi d'un 'topos' présent dans la poésie médiévale, celui du 'locus amœnus'.[9] Dans les romans de la Bibliothèque bleue existent, en effet, des lieux privilégiés où les héros goûtent quelques moments de bonheur avant de reprendre le combat ou la fuite. Ces instants où le rythme du récit se ralentit, se poétise, sont souvent liés à l'évocation d'un paysage souriant, d'une nature apaisée qui, d'un récit à l'autre, reste étrangement identique. Sans être vraiment un stéréotype, cette description combine, cependant, un petit nombre d'éléments: une fontaine au milieu d'un verger,

Il vint dans un très-beau verger qui étoit d'une rareté infinie, c'étoit où l'Amiral Gaudisse venoit se promener; il y avoit dans ce verger tout ce que dans le monde on auroit pu rien désirer tant en arbres fruitiers qu'en différentes fleurs et dans telle saison que ce fut. Au milieu de ce verger, il y avoit une très-belle fontaine qui venoit de la rivière du Nil;[10]

7. *Gramsci dans le texte* (Paris 1977), p.663.
8. Paul Delarue, *Le Conte populaire français* (Paris 1957), i.261.
9. Voir Zumthor, *Essai de poétique médiévale*, p.53.
10. *Histoire de Huon de Bordeaux* (Troyes 1726; corpus, no.371), i.52.

une île verdoyante ou une clairière ombragée,

Le jour étant venu, ils se mirent dans un bois épais vers la mer, afin de n'être vus de personne. Quand ils furent bien avant dans le bois, Pierre et Maguelonne débridèrent leurs chevaux pour les laisser paître, puis ils allèrent s'asseoir à l'ombre, et commencèrent à parler de leurs aventures, et quand ils eurent fini, Maguelonne s'endormit, la tête sur le giron de son ami Pierre.[11]

Ainsi se déploie la thématique d'une nature refuge, lieu propice à la rencontre amoureuse où s'entrecroisent les sensations d'ombre et de fraîcheur: fraîcheur du feuillage qui protège les héros dans leur fuite, fraîcheur de la fontaine de Jouvence, évocation d'une nature bienveillante liée à la fécondité. Ces descriptions existent dans tous les romans médiévaux réédités sous couverture bleue. Elles rappellent à la fois les rencontres des chevaliers et des fées de la forêt auprès d'une fontaine et les vergers où se réfugient les amours clandestines des *Contes de Canterbury*.

iii. Courant burlesque

Il aurait été possible de développer davantage une thématique romanesque mais nous voudrions réserver ce travail pour une recherche ultérieure et le point de vue adopté ici était de déterminer des filières culturelles plutôt qu'une structure interne du récit. Ainsi, l'étude du courant burlesque permet, au même titre que le merveilleux et le sacré, de préciser le rôle des traditions culturelles dans la Bibliothèque bleue. Ces grands thèmes perpétués par l'imprimé depuis le quinzième siècle modèlent l'attitude du public dans sa réception des textes. Le burlesque correspond à l'aspect ludique de la collection. Il prend sa source dans la culture médiévale, à laquelle il emprunte, d'ailleurs, la plupart de ses procédés comiques: le sermon burlesque, le testament ou l'inventaire, et la farce, genre qui disparaît, cependant, assez rapidement. Ces sermons et ces testaments parodient la parole sacrée[12] et le discours juridique.

Les cibles et les procédés utilisés sont assez aisés à repérer. On peut dire, d'abord, qu'aux ouvrages sérieux de la collection correspondent souvent des 'contre-ouvrages' qui les tournent en dérision. Les ouvrages facétieux ne sont pas seuls à remplir cette fonction. Il y a une part de malice et des échos du rire carnavalesque dans des épisodes de romans, des chansons ou même des pages

---

11. *Histoire de Pierre de Provence et de la belle Maguelonne* (Toulouse [début du dix-neuvième siècle]), p.31-32.
12. 'On voit naître des doubles parodiques de tous les éléments du culte et du dogme religieux. C'est ce qu'on appelle la *parodia sacra*, un des phénomènes les plus originaux et encore insuffisamment compris de la littérature médiévale' (M. Bakhtine, *L'Œuvre de François Rabelais et la culture populaire au moyen âge et sous la Renaissance*, Paris 1976, p.23).

d'ouvrages de magie, et bon nombre de pièces de théâtre ont un caractère burlesque. D'autre part, l'attaque est portée moins contre des personnages socialement marqués que contre un *type de discours* religieux et, plus généralement, tout discours se référant au savoir. Tabarin, par exemple, tourne en dérision l'emphase prétentieuse du médecin Mondor et le savant ridicule est un des personnages de la Commedia dell'Arte. La moquerie consiste dans ce cas à prononcer en contrepoint un discours obscène ou bien à placer dans le discours savant lui-même des trivialités. Selon Bakhtine, 'Le trait marquant du réalisme grotesque est le rabaissement, c'est-à-dire le transfert de tout ce qui est élevé, spirituel et abstrait sur le plan matériel et corporel.'[13] C'est bien ce procédé qu'utilise la littérature poissarde: celle-ci ne prend tout son sens que par opposition à la préciosité et aux raffinements du langage utilisé à l'époque. On peut voir dans tous ces exemples la volonté de tourner en ridicule la littérature savante et d'en refuser le caractère hermétique. La référence au langage parlé et à l'argot est bien le signe que la hiérarchie culturelle est inversée. Pourtant, le courant burlesque qui s'exprime dans les textes facétieux de la Bibliothèque bleue reste tributaire de la culture savante car ce sont toujours des lettrés (Tabarin lui-même est fort savant) qui sont à l'origine de ces textes.

La littérature poissarde imite essentiellement la langue populaire urbaine mais il existe aussi, dès le dix-septième siècle, des parodies du roman pastoral et des textes facétieux qui présentent des dialogues paysans. C'est le cas de la *Pasquille nouvelle sur les amours de Lucas et Claudine*. Ces ouvrages posent le problème de leur réception par des lecteurs populaires. Destinés à faire rire les milieux de l'aristocratie, comment pouvaient-ils, une fois introduits dans la Bibliothèque bleue, conserver leur fonction ludique? En fait, on peut penser que non seulement la distanciation existe[14] mais qu'elle est de nature à rassurer les lecteurs en légitimant l'écart culturel et social qui les sépare des couches populaires inférieures. Ce vif désir de se différencier de ceux dont on redoute la proximité dans l'échelle sociale se traduit, d'ailleurs, par l'imitation des modèles aristocratiques. Dans *Fortunatus* est soulignée la bonne éducation du héros, qui 'ne [sentoit] rien moins que son paysan', et il faut noter que, d'une manière générale, les héros de la Bibliothèque bleue ne se recrutent pas dans les classes populaires. D'autre part, l'introduction massive, au dix-huitième siècle, de Cabinets d'éloquence et de Secrétaires à la mode, ouvrages autrefois réservés à l'aristocratie, signale la même volonté de se conformer aux normes

---

13. Bakhtine, *Œuvre de François Rabelais*, p.29.
14. Comme on l'a vu, l'appartenance sociale des lecteurs n'est pas la même que celle des personnages ridiculisés dans ces textes (voir ci-dessus, p.96-97).

aristocratiques du discours. C'est pour cette raison, me semble-t-il, que la Bibliothèque bleue, littérature populaire, a pu se constituer à partir de la culture savante.

Ce phénomène n'exclut pas, cependant, quelques éléments de critique sociale, qui empruntent la forme du renversement carnavalesque. Un thème fréquent dans les romans de chevalerie et les Vies de saints est celui de la déchéance sociale ou, plutôt, du renversement hiérarchique: Robert le Diable, fils du duc de Normandie, vit pendant sept ans sous les habits d'un mendiant; saint Alexis meurt dans la misère sous les marches du palais de son père; Huon de Bordeaux, pour survivre, devient le valet d'un ménétrier ... Il est rare qu'un roman ne présente pas au moins un épisode de ce type. Il est vrai que le héros tire toujours son épingle du jeu, par cette loi commune à tous les romans populaires, y compris les romans-feuilletons du dix-neuvième siècle: le mérite – ici, la valeur chevaleresque et le prestige d'une naissance aristocratique – finit toujours par triompher. Pourtant, il y a dans la multiplication de telles séquences comme la prise en compte d'une fragilité de l'ordre social. Si la 'Fortune' (et non une révolte!) réduit un grand de ce monde au rang de mendiant, pourquoi ne pas imaginer, à l'inverse, une possibilité d'ascension sociale pour les plus humbles?

Ce motif est propre aux romans médiévaux réédités dans la Bibliothèque bleue. Il correspond à un idéal chrétien et chevaleresque qui fait encore du mendiant et du pauvre des personnages dignes de respect. Ainsi, Huon de Bordeaux, à son entrée dans une ville, fait proclamer par un héraut

de carrefour en carrefour, que tous ceux qui voudroient venir souper en l'hôtel du Prévôt Gondre, tant nobles comme non nobles hommes, femmes, enfants, riches, pauvres, [...] viennent et que rien ne payeront, mais tous auroient à boire et à manger de toutes sortes de viandes, et toutes sortes de vins qu'ils voudront et pourront souhaiter.[15]

Comment évoluent dans la Bibliothèque bleue ces traces du système de valeurs médiéval? Il semble bien qu'elles disparaissent progressivement, alors que les décalages sociaux du dix-huitième siècle auraient pu leur redonner une actualité. On s'en aperçoit à travers le jeu des réécritures, en particulier. En effet, l'épisode du banquet au cours duquel Huon de Bordeaux rassemble à sa table tous les pauvres de la ville 'tous truants, ribauts, lourdiers',[16] est supprimé dans la seconde moitié du dix-huitième siècle. Il en est de même pour certaines séquences burlesques: une version de *Robert le Diable* publiée chez la veuve Oudot en 1715 omet de mentionner un épisode bouffon dans lequel le héros

15. *Histoire de Huon de Bordeaux* (Troyes s.d.; corpus, no.601), p.43.
16. *Le Premier livre du noble et vaillant duc Huon de Bordeaux*, p.37.

conduit dans un bourbier une reine magnifiquement parée, à la grande joie des spectateurs.

On peut donc conclure que le courant parodique et comique présent dans de nombreux textes de la Bibliothèque bleue emprunte à deux procédés essentiels: le renversement carnavalesque, dont la force contestataire n'est pas manifeste ici, et le pastiche, qui se renouvelle et prend pour cible l'écriture classique. La satire est rarement féroce, sauf lorsqu'il s'agit des femmes, le rire de la littérature de colportage est plutôt bon enfant et les plaisanteries souvent issues de compilations traditionnelles. Celles-ci sont plus souvent scatologiques que sexuelles. Enfin, au dix-huitième siècle, les textes burlesques, qui restent partiellement les héritiers de la tradition médiévale, prennent de plus en plus la forme de descriptions pittoresques mettant en scène des personnages sordides de la vie quotidienne.

Faire rire est une des grandes fonctions de la littérature populaire. Comme le dit Bakhtine à propos de la Renaissance: 'A cette époque, il fallait être armé du rire non officiel pour approcher le peuple qui se méfiait de tout ce qui était sérieux, qui avait l'habitude d'établir une parenté entre la vérité libre et sans voile et le rire.'[17] Au dix-neuvième siècle, Nisard exprime une opinion assez semblable. Il décrit d'abord avec mépris les ouvrages facétieux:

Comme les auteurs de livrets *amusants* pour le colportage n'ont montré jusqu'ici ni assez de talent, ni assez d'esprit, d'esprit délicat surtout, pour y être à la fois plaisants et mesurés; que d'ailleurs n'amuse pas qui veut; que dès lors qu'il ne s'agit que d'amuser des esprits grossiers ou au moins peu cultivés, on n'y regarde pas de si près, et qu'on se croit quitte envers eux en leur donnant du gros sel au lieu de sel fin, il en résulte que le grand nombre de ces livres amusants sont des recueils de fadaises, d'impertinences et d'obscénités, que le bon sens n'y est pas moins immolé que la vertu, et que le crime même y a des prétentions à réjouir les gens, par la gaieté et le cynisme.[18]

Mais il ajoute: 'Il y a, grâce à Dieu, d'autres moyens d'exciter le rire; on n'insistera pas là-dessus. *On pense seulement que, malgré ses périls, le genre amusant est de nécessité rigoureuse dans la littérature de colportage*' (p.6; souligné par nous).

La critique moralisante à laquelle se livre Nisard montre que le rire dans la littérature de colportage du dix-neuvième siècle garde encore sa force subversive. Même réprimé et contrôlé, le courant facétieux reste un des derniers refuges de l'esprit de dérision médiéval.[19] Quand on juge nécessaire au dix-huitième siècle d'abréger et expurger Rabelais de ses obscénités, quand Voltaire dit de *Gargantua*, 'Il n'y a que quelques personnes d'un goût bizarre qui se piquent d'entendre et d'estimer tout cet ouvrage, le reste de la nation rit des

17. Bakhtine, *Œuvre de François Rabelais*, p.107
18. Nisard, 'Essai sur le colportage de librairie', p.6.
19. Les tableaux statistiques montrent que le genre facétieux diminue nettement après 1750.

plaisanteries de Rabelais et méprise son livre,'[20] la Bibliothèque bleue continue à maintenir la tradition rabelaisienne et accueille des écrits en marge des Lumières, comme ceux de Grosley ou de Vadé. On peut cependant se demander si les lecteurs de la Bibliothèque bleue percevaient encore au dix-huitième siècle le caractère politique de ces farces dont la virulence s'était atténuée avec le temps, et de quelle manière pouvaient coexister parmi les lecteurs populaires le désir d'imiter l'aristocratie et l'expression d'une critique sociale.

20. *Lettres philosophiques* (cité par Bakhtine, p.122).

10. Littérature savante et littérature populaire

LES grands courants qui viennent d'être évoqués correspondent à un héritage culturel issu du moyen âge et permettent de comprendre comment les textes de la Bibliothèque bleue, pour leurs lecteurs, s'intégraient dans une continuité symbolique et familière. Nous essayerons maintenant d'étudier la circulation des idées entre les milieux savants et les milieux populaires au dix-septième et, surtout, au dix-huitième siècle et nous examinerons d'abord, en liaison avec les filières qui viennent d'être définies, une autre fonction essentielle de la Bibliothèque bleue, la fonction pédagogique.

i. Philosophie des Lumières et vocation pédagogique

Si l'on examine les livrets bleus diffusés tout au long du dix-huitième siècle, on ne peut y déceler l'influence des Lumières. Celle-ci ne commence à se faire sentir qu'au début du dix-neuvième siècle, avec un décalage d'une cinquantaine d'années. C'est, en effet, le temps apparemment nécessaire pour que s'opère à cette époque dans la Bibliothèque bleue la transmission des idées dominantes ou des modes littéraires (on a vu qu'il en avait été de même pour les contes de fées). L'analyse de la Bibliothèque bleue au début du dix-neuvième siècle dépasse le cadre historique qu'on s'était fixé mais elle se fonde sur les options idéologiques du dix-huitième siècle et permet d'esquisser les prolongements des filières culturelles déjà évoquées.

La déchristianisation des villes et des campagnes, qui, selon certaines enquêtes, commence vers 1750, n'a pas encore touché la Bibliothèque bleue à la veille de la Révolution. Mais au milieu du dix-neuvième siècle, on ne trouve plus dans le fonds de librairie du dernier éditeur troyen que 15,7% d'ouvrages religieux (contre 37,6% en 1789).[1]

D'autre part, se met en place à partir des années 1750 environ un nouveau type de savoir que la Bibliothèque bleue va lentement enregistrer. Jusqu'alors ce sont les manuels pratiques traditionnels qui dominent dans la collection: remèdes tirés des plantes, interprétation magique ou empirique des signes de la nature. Or, après 1800, on assiste à un déferlement d'alphabets – A. Morin parle de dizaines de milliers – d'abrégés d'arithmétique et, surtout, de textes qui proposent en une soixantaine de pages un condensé des connaissances,

---

1. Catalogue Baudot, publié par Assier, *La Bibliothèque bleue depuis Jean Oudot Ier*, p.27-31.

annonçant, un siècle et demi à l'avance, la *Sélection du Reader's digest*. Ainsi, la *Nouvelle science des gens de campagne* propose d'enseigner

ce qui est essentiel de savoir, soit pour la façon de bien lire et écrire correctement, et la manière de dressser différentes formes d'amodiation, avec des lettres sur toutes sortes de sujets; et enfin les règles pour apprendre l'arithmétique en peu de temps; suivies de l'instruction nouvelle, pour se perfectionner à compter en décimales, où l'on peut apprendre facilement et même seul à compter, chiffrer et calculer toutes sortes de sommes.[2]

Il y a sans doute dans cette liste détaillée le désir de permettre aux lecteurs l'accès à un savoir encyclopédique. Alors que l'ancienne Bibliothèque bleue offrait un éventail réduit de connaissances tirées des métiers (médecine, botanique, art culinaire), la nouvelle littérature de colportage qui se met en place au dix-neuvième siècle a l'ambition de saisir tout le domaine du savoir, à l'image de l'*Encyclopédie* des Philosophes. Voici, par exemple, les domaines auxquels un petit imprimeur parisien, en 1829, souhaite initier ses lecteurs, si l'on en croit le programme de publication qui figure au dos d'une brochure à large diffusion:

Première partie: Morale
    Religion, Philosophie, Economie, Mœurs (*Les Maximes du Bonhomme Lafontaine*)
Deuxième partie: Sciences
    Grammaire (*Le petit L'Homond* [*sic*]), Arithmétique.

Le libraire ajoute à la fin de cette liste:

Quelle que soit la réussite de cette petite encyclopédie, tous les volumes annoncés ci-dessus seront imprimés; mais si le succès répond à mes espérances, ce que j'ose croire, tant à cause de la modicité du prix (cinq ou deux sols le volume) qu'à cause de la circonspection observée de la rédaction, et qui doit rendre cette collection agréable A TOUS, ainsi que le titre de *Bibliothèque Omnibus* l'indique; si donc mon espoir se réalise, je ferai paraître une troisième partie, 'Littérature' [...], une quatrième partie *Littérature* aussi mais *poésie*; et même une cinquième et dernière 'Arts et métiers'.[3]

Sans insister sur des formules comme le 'Bonhomme' La Fontaine ou le 'petit' Lhomond, qui donnent aux processus de vulgarisation des connotations paternalistes, on peut conclure que les connaissances ne sont plus les mêmes et qu'elles ne se transmettent plus de la même manière. Elles se fondent sur toute une documentation et sont davantage adaptées au public. La Bibliothèque bleue est toujours apparue comme une forme vulgarisée de la littérature savante. Les textes 'savants' – romans ou livres de métiers, par exemple – étaient, la

2. *La Nouvelle science des gens de campagne* (Epinal: Pellerin, 1810; B.N.), page de titre.
3. *Almanach du bonhomme Richard pour l'année 1829* (Paris: Sanson, 1829; B.N.).

plupart du temps, remaniés et abrégés avant d'être diffusés sous couverture bleue. Or ces adaptations n'étaient pas toujours effectuées de façon pertinente et donnaient l'impression de provenir de l'initiative maladroite de quelque typographe. Dans la littérature de colportage du dix-neuvième siècle, dans celle, du moins, qui traite du savoir, il semble, au contraire, que l'adaptation des textes se déroule de manière concertée et cohérente. A la limite, il ne s'agit plus de transcrire, en les simplifiant, les ouvrages du monde savant mais d'établir les modalités d'un discours scientifique et technique autonome, susceptible d'être compris des non initiés.

ii. Transmissions et échanges culturels

On s'est surtout interrogé ici sur la circulation des ouvrages et les raisons pour lesquelles certains textes savants ont été introduits dans la Bibliothèque bleue. Il a donc été question plus de littérature populaire que de culture populaire et moins encore de 'mentalités'. On peut cependant se demander, dans un premier temps, si la culture populaire exerce son influence sur l'écriture de ces textes. En ce qui concerne la Bibliothèque bleue, il est impossible de le dire, faute de documents. Tout ce qu'on peut affirmer est que les éditeurs avaient le souci manifeste de rentabiliser leur production, et que les choix des lecteurs orientaient la politique éditoriale. D'autre part, la réécriture constante des ouvrages au dix-septième et au dix-huitième siècles, réécriture qui semble bien s'effectuer à l'intérieur même de l'atelier d'impression, illustre, souvent de manière significative, le clivage entre la littérature savante (dont procèdent les ouvrages d'origine) et la culture lacunaire (populaire?) des typographes chargés de remanier les textes.[4]

Si, dans un second temps, on étudie de quelle manière les couches populaires intègrent ces ouvrages dans leur culture, on ne peut qu'esquisser quelques conjectures. Richard Hoggart, dans *The Uses of literacy*, remarque:

If we listen to working-class people [...], we are likely to be struck first, not so much by the evidence of fifty years of popular papers and cinema, as by the slight effects these things have had upon the common speech, by the degree to which working people still draw, in speech and in the assumptions to which speech is a guide, on oral and local tradition.[5]

Et, en effet, les sociologues qui étudient actuellement la culture de masse savent que spectateurs et lecteurs ne reçoivent des media que ce qui leur plaît. C'est

---

4. Cette interprétation a été évoquée par G. Bollème au cours de son séminaire sur 'Le populaire' (Ecole des Hautes Etudes en Sciences Sociales, décembre-juin 1980-1981).

5. Hoggart, *Uses of literacy*, p.27.

d'autant plus vrai pour la Bibliothèque bleue, qui est une littérature savante, réécrite et adaptée au public populaire. Ainsi, selon G. Poujol:

Toute une génération de chercheurs s'est imaginé que le mode d'adhésion privilégié aux média était l'identification et de réfléchir et d'analyser en termes de 'modèles' culturels. Alors que tout porte à croire, et les publicitaires le savent mieux que quiconque, que le mode privilégié est la projection. Le sujet projette sur l'image proposée son propre moi. C'est ainsi qu'il s'approprie l'image en la rapprochant de lui, plus qu'il ne se rapproche d'elle par identification.[6]

Dans le cas de la Bibliothèque bleue, on ne peut donc qu'émettre des hypothèses sur la manière dont les textes étaient reçus par les lecteurs. Il est certain que les livrets bleus, diffusés massivement pendant deux siècles, ont marqué les mentalités populaires. Mais de quelle manière? On peut imaginer toutes sortes d'attitudes à l'égard d'un livre, le rejet, la dérision, la fascination ... On peut cependant déceler l'intérêt des lecteurs pour le sacré, le merveilleux et la facétie, et les liens de ces grands courants culturels avec l'histoire des mentalités. Pourtant, on ne pourra savoir comment les individus intégraient ces textes, romans de chevalerie, cantiques ou farces, dans leur culture. Carlo Ginzburg a montré, dans *Le Fromage et les vers*, que le meunier Menocchio réinterprétait à sa manière les quelques livres qu'il connaissait en les assimilant à un fonds de culture orale qui en transformait fortement le sens. Il est probable que les lecteurs de la Bibliothèque bleue se livraient aux mêmes opérations intellectuelles et que la culture orale et les particularismes locaux dont parle Hoggart étaient pour eux des éléments bien plus déterminants encore que pour les ouvriers de l'Angleterre dans une période récente. Enfin, on ne peut oublier le rôle joué par les éditeurs. Ceux-ci avaient plusieurs objectifs, parfois contradictoires: il ne fallait pas déplaire au pouvoir séculier et à l'Eglise, tout en satisfaisant une clientèle hétérogène sur laquelle on essayait des recettes toujours identiques: textes dialogués, rééditions d'ouvrages au succès déjà confirmé ...

Ainsi se trouve posée l'une des principales questions de ce présent travail: quelles relations, d'opposition ou de séduction, se nouent entre littérature populaire et littérature savante? Le clivage existe bel et bien au dix-huitième siècle et n'est pas seulement un concept inventé par une problématique récente. Si la culture savante médiévale était imprégnée de traditions populaires, l'écart commence à se creuser dès la fin de la Renaissance et l'on peut dire, à la suite de Bakhtine, que la dissociation est achevée au dix-huitième siècle. Dans l'histoire de la Bibliothèque bleue, l'accentuation des décalages historico-

---

6. G. Poujol, 'La résistance à l'inculcation: résistants ou handicapés?', dans *Les Cultures populaires* (Paris 1980), p.32.

culturels, les particularités d'une diffusion de plus en plus destinée aux couches populaires et l'écart existant entre les thèmes abordés dans la Bibliothèque bleue et le reste de la production imprimée,[7] sont les indices de cette rupture. Bien entendu, elle n'est pas totale, et ce travail aura peut-être permis de mettre en évidence certains échanges culturels.

Affirmons d'abord que, malgré l'emprise religieuse et les pressions diverses effectuées sur la Bibliothèque bleue, celle-ci élabore, partiellement, des thèmes qui traduisent des résistances culturelles à l'inculcation d'un savoir dominant. La parodie carnavalesque et, plus généralement, la place de la culture médiévale dans la Bibliothèque bleue sont un de ces éléments. L'interprétation magique du monde en est un autre. Il ne s'agit pas d'une phase primaire du développement intellectuel qui reléguerait les classes populaires dans un prétendu infantilisme pré-scientifique. Il semble, au contraire, que l'irrationnel, tel qu'il est développé dans les prophéties, dans les multiples traités de magie du dix-neuvième siècle, mais aussi dans la littérature hagiographique, soit un stimulant intellectuel. Comme cela a été déjà souligné, le but poursuivi semble identique à celui de la démarche scientifique: mieux contrôler les lois de la nature, maîtriser la matière. Le lecteur de la Bibliothèque bleue se forge une conception du monde aussi cohérente et logique que possible avec les connaissances qu'il possède, celles qu'il puise dans son existence et celles qu'il trouve dans la littérature de colportage, mêlées d'empirisme et de superstitions. De cette manière s'élabore un savoir 'populaire' en marge de la culture savante et prétendant, pourtant, à la même efficacité.

Il est cependant impossible de juger globalement la Bibliothèque bleue de cette façon. On a vu que les livres d'école, ainsi que les manuels de rhétorique, évoquent bien plus une fascination pour la culture dominante. On peut en dire autant des livrets qui tentent, avec retard, de reproduire les modes littéraires de l'élite, historiettes galantes, adaptations publiées dans la *Bibliothèque universelle des romans* et récupérées ensuite par la Bibliothèque bleue ... C'est pourquoi cette collection peut être considérée *aussi* comme une littérature vulgarisant le savoir des élites culturelles. Pour Georges Duby:

La tendance au conservatisme se trouve encore accentuée par le mouvement qui, dans toutes les sociétés, entraîne les modèles culturels à se déplacer de degré en degré, depuis les sommets de la hiérarchie sociale où ils ont pris forme en réponse aux goûts et aux intérêts des équipes dirigeantes, vers des milieux progressivement plus étendus et plus humbles, qu'ils fascinent et qui travaillent à se les approprier. Ce processus de vulgarisation continue s'accompagne d'une lente déformation des représentations mentales. Il n'en prolonge pas moins très longtemps la survie de certaines attitudes. Il

---

7. Il apparaît, par exemple, dans la confrontation entre les résultats statistiques de l'enquête de Furet et les tableaux présentés ci-dessous.

contribue à maintenir ainsi, en contrebas de la modernité de surface que les couches dominantes affichent pour se distinguer du commun, un fonds solide de références aux traditions qui fournit le plus ferme de ses appuis à l'esprit conservateur.[8]

La réflexion de Georges Duby s'applique tout à fait aux adaptations d'ouvrages savants parues dans la Bibliothèque bleue et son jugement se trouve confirmé par les tendances conservatrices de la collection dans son ensemble. Pourtant, ces processus de vulgarisation sont plus complexes qu'il ne paraît. Vulgariser (et le terme, qu'on le veuille ou non, a un sens péjoratif), c'est simplifier, quand on veut par exemple transmettre un savoir scientifique. Quand il s'agit de textes littéraires, les choses sont moins évidentes. Souvent les adaptations de la Bibliothèque bleue correspondent, d'ailleurs, à une thématique plus traditionnelle que savante. Les ouvrages de la littérature savante sont choisis essentiellement par les éditeurs de colportage en fonction de leurs liens avec un fonds de traditions culturelles. Or, ce serait conclure trop rapidement que d'identifier, dans ce cas, tradition et conservatisme politique. En effet, ces traditions culturelles sont souvent proches de la culture orale et de la culture populaire et peuvent de ce fait susciter des attitudes moins conservatrices que celles des élites du dix-septième et du dix-huitième siècles. D'autre part, le recours à une thématique ancienne n'est pas en soi un élément de conservatisme si celle-ci possède suffisamment de richesse symbolique pour transfigurer le présent.

Si l'on examine maintenant le comportement de l'intelligentsia à l'égard de la littérature populaire, on s'aperçoit qu'il est tout aussi ambigu et contradictoire. Il faut d'abord établir une distinction entre le jugement que l'intelligentsia porte sur le peuple et celui qu'elle porte sur sa littérature. La plupart de ceux qui se sont inspirés de la littérature populaire au dix-septième et au dix-huitième siècles dénigrent le peuple. Perrault et Tressan le méprisent et il en est sans doute de même pour les joyeux académiciens réunis autour de Caylus. En fait, lorsque les lettrés font des emprunts à la littérature populaire, ils l'avouent difficilement ou camouflent leur démarche sous des prétextes idéologiques divers. Lorsque Tressan, par exemple, réécrit *Huon de Bordeaux*, *Pierre de Provence* et *Robert le Diable*, il se sert visiblement des romans de la Bibliothèque bleue, tout en prétendant s'inspirer des manuscrits médiévaux (en fait, il connaît aussi les incunables). La démarche de Tressan est, cependant, fort différente de celle des écrivains poissards. La littérature burlesque et la littérature poissarde révèlent, malgré leurs bouffonneries, la fascination d'une certaine partie de l'intelligentsia pour la créativité et les mœurs du peuple. Au contraire des lettrés qui, comme Tressan, réécrivent les romans de chevalerie à la veille de la

8. Georges Duby, 'Histoire sociale et idéologique des sociétés', dans *Faire de l'histoire* (Paris 1986), p.209.

Révolution, témoignent d'une sorte d'hostilité à l'égard des classes populaires et tentent de redorer le blason de l'aristocratie en évoquant les valeurs du monde féodal.

En fait, c'est au dix-neuvième siècle que les élites culturelles commencent véritablement à s'intéresser à la littérature populaire. La Révolution de 1789 et celles qui vont suivre transforment radicalement l'image qu'on avait du peuple. Pour le pouvoir, il importe de gagner, par une propagande idéologique, des classes populaires qui risquent d'échapper à tout contrôle. Pour une partie de l'intelligentsia, le peuple devient aussi un formidable levain, une masse d'individus qu'il faut former et éduquer.

Après la Révolution se développe, en effet, une large mobilisation des classes intellectuelles en faveur d'une éducation de masse. Cet enthousiasme, qui n'est pas dénué d'arrière-pensées politiques, est issu en droite ligne des théories du dix-huitième siècle. Des philosophes comme Diderot, d'Holbach et, surtout, Condorcet rédigent des textes œuvrant pour un système pédagogique ouvert. Il s'agit de diffuser les Lumières, d'"éclairer' le peuple tout entier. Pendant la Révolution, Condorcet présente, d'ailleurs, le projet d'un enseignement primaire organisé au niveau national. L'éducation est donc un sujet à la mode pendant la deuxième moitié du dix-huitième siècle et suscite également des prises de positions beaucoup moins généreuses. Mais au dix-neuvième siècle, ce sont les thèses progressistes qui l'emportent, alliées au désir d'inculquer au peuple de grands principes moraux. Ce souci éducatif répondait-il à une demande populaire? Il est difficile de l'affirmer avec certitude. Si, parmi les cahiers de doléances de 1789 (rédigés, de toute façon, par des notables), certains réclament la création d'écoles dans chaque village ou la diffusion massive de 'livres élémentaires',[9] il ne s'agirait que d'une minorité d'entre eux.[10]

C'est au dix-neuvième siècle et au vingtième que la littérature populaire devient un objet de convoitise et le terrain d'affrontements idéologiques. Une partie des intellectuels, de Michelet à Lamartine, rêvent d'écrire le livre du peuple. Mais l'enjeu n'est pas forcément de faire de la Bibliothèque bleue (et de la littérature de colportage, en général) un moyen de propager massivement des idées auxquelles on croit; il peut s'agir aussi de créer un instrument entre les mains du pouvoir. Le censeur Nisard, par exemple, propose à la Société de la morale chrétienne, en 1855, de publier une nouvelle Bibliothèque bleue, irréprochable quant au contenu. Dans son mémoire, il parle de la méfiance des couches populaires pour des livres de trop bel aspect. Elles y voient, dit-il, 'l'intervention du gouvernement'. Il conseille alors de produire des livres pour

9. M. Molinier, *La Révolution française et la question scolaire* (Paris 1967), p.12.
10. Chartier et al., *Education en France*, p.43.

le peuple, d'apparence assez humble pour ne pas éveiller les soupçons:

> sans aller jusqu'à l'imitation des types immondes sortis, il y a cent cinquante ans, des boutiques d'Oudot et Garnier, de Troyes; sans aller jusqu'à employer, pour les livrets nouveaux, le papier à chandelle et couleur indigo qui a fait donner à un recueil fameux le nom de Bibliothèque bleue.[11]

Nisard fera partie de la commission de censure qui, sous le Second empire, soumet la littérature de colportage à tant de tracasseries policières et administratives qu'elle réussit pratiquement à la faire disparaître en une dizaine d'années.

Un siècle plus tard, dans un contexte historique et culturel fort différent, et avec des objectifs idéologiques opposés, Gramsci considère également la littérature populaire comme un enjeu politique:

> Nizan ne sait pas poser la question de ce qu'on appelle la 'littérature populaire', c'est-à-dire du succès que connaît, parmi les masses populaires, la littérature des feuilletons (romans d'aventures, policiers, noirs, etc.), succès qui est aidé par le cinéma et par le journal. Et c'est pourtant cette question qui constitue la plus grande partie du problème d'une nouvelle littérature en tant qu'expression d'un renouveau intellectuel et moral: car c'est seulement à partir des lecteurs de romans-feuilletons que l'on peut sélectionner le public suffisant et nécessaire pour créer la base culturelle d'une nouvelle littérature. [...]
> Les prémisses de la nouvelle littérature doivent être nécessairement historiques, politiques, populaires; elles doivent tendre à élaborer ce qui existe déjà, de façon polémique ou de toute autre façon, peu importe: l'important est que cette nouvelle littérature plonge ses racines dans l'*humus* de la culture populaire telle qu'elle est, avec ses goûts, ses tendances, etc., avec son monde moral et intellectuel, même s'il est arriéré et conventionnel.[12]

Ce texte décrit avec plus de lucidité que le mémoire de Nisard le fonctionnement de la littérature populaire. Sans revenir sur l'image stéréotypée du 'monde [...] arriéré et conventionnel' de la culture populaire, on peut noter l'importance accordée aux 'intérêts des éditeurs' et aux facteurs de résistance à toute tentative idéologique: 'on ne peut monopoliser ce genre de littérature'. Pourtant, l'amalgame entre 'littérature' populaire et 'culture' populaire auquel se livre Gramsci ne me semble pas aller de soi. Les romans-feuilletons du vingtième siècle, pas plus que les livrets de la Bibliothèque bleue, ne sont des produits de la culture populaire.

11. Nisard, 'Essai sur le colportage de librairie', p.36-37.
12. *Gramsci dans le texte*, p.648-49. Ce texte est de 1933.

Conclusion

L'ANALYSE de la Bibliothèque bleue a donc permis de distinguer deux réseaux d'impression, la production lettrée des dix-septième et dix-huitième siècles, telle qu'elle figure, en particulier, dans les registres de privilèges, et la production de masse, dont les sujets d'intérêt et le rythme évolutif sont différents: on a vu que 'l'Histoire' et les 'Sciences et arts' restent pendant deux siècles des rubriques médiocrement représentées dans la Bibliothèque bleue, alors que, dans la production lettrée du dix-huitième siècle, elles sont en plein essor. Les ouvrages religieux, au contraire, dont le nombre augmente dans la collection jusqu'à la Révolution et même au-delà, perdent de leur importance, à la même époque, dans le reste de la production imprimée. Enfin, l'astrologie, les facéties ou même les recueils de cantiques et de chansons ont une place de choix dans la Bibliothèque bleue et semblent correspondre à des genres plus spécifiquement populaires. Ces textes sont pourtant destinés originellement à des lettrés et c'est leur remise en circulation tardive, au moment où ils sont tombés dans l'oubli, qui les transforme en littérature pour le peuple.

La Bibliothèque bleue appartient à un réseau de diffusion plus provincial que parisien, s'adressant à un large public constitué, pour une part, de lecteurs populaires. Cette collection, identifiable par l'aspect matériel et les lieux d'impression, n'est cependant qu'une forme de diffusion de masse parmi d'autres sous l'ancien régime: les livres d'école et les livres de pèlerinage, par exemple, étaient loin d'appartenir tous à la Bibliothèque bleue. D'autre part, toutes sortes d'imprimés – occasionnels. pamphlets, estampes accompagnées de texte – empruntaient les mêmes circuits de diffusion. Pourtant, le tirage important des livrets bleus et la régularité de rééditions, qui se prolongent pendant environ deux siècles (de 1650 à 1850 environ), permettent de supposer que la Bibliothèque bleue constituait la part la plus importante de la production imprimée lue par les classes populaires. Toutes les conditions étaient réunies (faible prix, format adapté à la vente par colportage, mauvaise qualité de l'impression) pour atteindre un public parfois situé loin des villes et sans grandes exigences quant à la présentation de l'ouvrage. Mais il faut reconnaître que les livrets bleus ne sont pas lus exclusivement dans les classes populaires, de la même manière que les magazines populaires étudiés par Richard Hoggart: 'Dans la mesure où ils tendent à être des publications non marquées socialement, ils touchent toutes les classes de la société.'[1] C'est pourquoi des exemplaires de la Bibliothèque

1. 'In so far as they tend to be "classless" publications, they affect all classes in society' (Hoggart, p.18).

bleue figurent dans des bibliothèques de notables et des livrets bleus sont parfois reliés et armoriés, comme ces Cantiques de Noël troyens que possédait Marie-Antoinette.

Le problème est, cependant, de savoir quelle pouvait être la fonction de cette collection, c'est-à-dire quel rôle elle jouait auprès des lecteurs. Malgré les ambiguïtés qui viennent d'être évoquées, le public de la Bibliothèque bleue se recrute au dix-huitième siècle en majorité parmi les couches populaires des villes et des campagnes. Or, comment ces lecteurs reçoivent-ils les livrets bleus? On a tenté de donner un élément de réponse en indiquant les grandes filières culturelles, le merveilleux, le burlesque, le sacré, qui, à partir de transmissions culturelles écrites et non orales, ont pu constituer l'"horizon d'attente' des lecteurs.[2] Il s'est agi d'esquisser une 'attente' plus littéraire ou livresque que sociale, en relevant, par exemple, la rémanence de certains thèmes ou la richesse symbolique d'unités narratives.

On s'est demandé également quel était le rôle idéologique de la collection. Sans recourir à l'identification illusoire entre des choix de lecture et un comportement politique, il faut reconnaître qu'une partie des ouvrages de dévotion répandent un conformisme religieux proche des conceptions du pouvoir (c'est particulièrement vrai pour la période des années 1685-1715, où l'influence jésuite est prédominante). D'autre part, le succès d'ouvrages comme les Secrétaires ou les Cabinets d'éloquence témoigne chez les lecteurs du désir d'imiter les modèles aristocratiques. Pourtant, une partie de la collection échappe à ce carcan idéologique. La littérature facétieuse garde un peu de son pouvoir subversif et dans les romans médiévaux trouvent refuge des valeurs sociales qui contestent l'ordre présent. Doit-on alors considérer que la Bibliothèque bleue remet en cause le 'monopole des lettrés ou la culture écrite'[3] et permet de 'briser les monopoles traditionnels du savoir et de l'autorité,' comme le pense N. Z. Davis?[4]

En réalité, l'aspect le plus frappant de cette collection est sa capacité d'*appropriation*, qui la rapproche ici de la culture populaire sans son ensemble. Le travail effectué par les éditeurs sur les textes, les réécritures, les variantes, sont des phénomènes fort intéressants qui montrent à quel point la Bibliothèque bleue est capable d'assimiler, par des choix qui n'ont rien de fortuit, un certain nombre d'ouvrages savants et de les adapter à un univers culturel qui leur est partiellement étranger. Cette capacité d'appropriation souligne la complexité d'échanges culturels qui ne procèdent pas d'une simple vulgarisation.

2. Selon la terminologie employée par Jauss, dans *Pour une esthétique de la réception*.
3. Ginzburg, *Le Fromage et les vers*, p.20.
4. Davis, *Cultures du peuple*, p.348.

Conclusion

L'appropriation des ouvrages savants par les éditeurs de colportage se double d'une appropriation par les lecteurs. Ainsi, Jamerey-Duval dit dans ses *Mémoires* qu'après avoir lu les romans de la Bibliothèque bleue, il en contait les exploits:

Je leur déclamois avec cette emphase qui caractérise si bien l'ignorance [*sic*], les plus beaux traits de Jean de Paris, de Pierre de Provence et de la merveilleuse Mélusine. Les applaudissements rustiques que mes harangues m'attirerent me rendirent le plus présomptueux de tous les corydons champetres.[5]

Il sert alors de relais culturel, comme le furent sans doute beaucoup d'autres lecteurs de la Bibliothèque bleue qui, au cours des veillées, intégraient, à leur manière, ces récits dans la tradition orale.

L'appropriation procède ici d'une imitation. Mais elle peut également susciter un système créatif, qui utilise d'ailleurs rarement l'écrit, mode d'expression mal dominé par les classes populaires. Voici, par exemple, comment, en 1780, un charlatan du boulevard du Temple s'inspire de la vogue du magnétisme dans les milieux savants, l'adapte à son programme d'attraction et annonce qu'

Il vient de faire la découverte d'un fluide [...]. On peut [le] comparer avec les effets que produisent l'aimant et l'électricité, cependant [il] ne tient rien de ces deux fluides, ce qu'on peut éprouver avec une boussole. Le sieur Noël, par l'effet du nouveau fluide, démontre plusieurs autres expériences de physique récréatives et amusantes pour l'exécution desquelles il construit lui-même ses machines.[6]

Associer la science et la prestidigitation, le sérieux que confère le savoir et l'amusement de société est une démarche caractéristique: elle révèle une des façons dont s'opère le glissement de la culture savante à une pratique populaire, glissement qu'illustrent également quelques livrets bleus, comme le *Secret des secrets*, où se mêlent compilation savante et recettes de magicien.

L'analyse de la collection a montré, d'autre part, qu'il ne s'agit pas d'une littérature immobile. Les grands événements historiques se font sentir, mais à retardement: ainsi, la déchristianisation de la période révolutionnaire se répercute lentement dans la collection au cours de la première moitié du dix-neuvième siècle. Un phénomène identique se produit pour les événements littéraires: les contes de fées sont publiés un demi-siècle après leur apparition dans les milieux lettrés.

Ce décalage historico-culturel est souvent mesurable sur les tableaux statistiques qui figurent en annexe. Il témoigne de la coupure qui s'instaure à la fin du dix-septième siècle entre la littérature savante et la littérature populaire. La lecture populaire se caractérisera alors par le recours à une culture écrite savante de plus en plus marquée d'archaïsmes. On a vu, d'ailleurs, qu'à partir de 1720,

5. Jamerey-Duval, *Mémoires*, p.193.
6. Campardon, *Spectacles de la foire*, ii.177.

le renouvellement de la Bibliothèque bleue se ralentit et que les éditeurs ont tendance, au cours du dix-huitième siècle, à rééditer les ouvrages les plus anciens de la collection. Or, c'est pendant cette période que la proportion d'ouvrages religieux est la plus forte: les livres de dévotion et le théâtre sacré représentent même les principales 'nouveautés' à la veille de la Révolution. L'augmentation des livres religieux s'explique, bien entendu, d'un point de vue historique: l'action de la Contre-Réforme continue à se faire sentir dans ce genre de littérature plus longtemps qu'ailleurs. Mais la corrélation entre la mobilité plus lente de la collection au dix-huitième siècle et l'importance accrue de la rubrique 'Religion' (la seule à évoluer ainsi, dans la Bibliothèque bleue) révèle également que la 'vitalité' moins grande de l'édition de colportage la rend davantage perméable à toute emprise idéologique. Comme l'Eglise est à peu près la seule avant la Révolution à se préoccuper d'éduquer les classes populaires, il est normal que la Bibliothèque bleue ait acquis progressivement une coloration plus religieuse au cours du dix-huitième siècle.

Ces pesanteurs culturelles seront remises en cause au dix-neuvième siècle avec l'apparition d'une nouvelle littérature de colportage, la multiplication des manuels pédagogiques et le déclin progressif de la Bibliothèque bleue. Mais sous l'ancien régime, la Bibliothèque bleue tire ses modèles plus du passé que du présent, et elle est représentative en cela d'une attitude qui a caractérisé la littérature dans son ensemble jusqu'au dix-septième siècle. Marc Fumaroli remarque que 'Ce que nous appelons "création littéraire", avec son renvoi métonymique à la Genèse, est pour l'opinion moyenne du XVIIe siècle une insupportable tentative d'usurpation.'[7] Il constate, cependant, que cette attitude change au dix-huitième siècle et que le recours aux auteurs du passé pour légitimer l'écriture est mis en cause dans les élites culturelles. Or, dans la Bibliothèque bleue, le nombre croissant des rééditions et le poids symbolique du passé pour les lecteurs ne reflètent pas encore ces mutations.

En réalité, cette collection évolue selon un rythme différent de celui de la production lettrée. Ce que Fernand Braudel appelle la 'longue durée' convient fort bien pour décrire les écarts temporels, les décalages historiques et les lentes acquisitions culturelles de la Bibliothèque bleue:

C'est par rapport à ces nappes d'histoire lente que la totalité de l'histoire peut se repenser, comme à partir d'une infrastructure. Tous les étages, tous les milliers d'étages, tous les milliers d'éclatements du temps de l'histoire se comprennent à partir de cette profondeur, de cette semi-immobilité; tout gravite autour d'elle.[8]

Dans cette perspective peuvent se comprendre des phénomènes comme la

7. Fumaroli, *Age de l'éloquence*, p.25.
8. Fernand Braudel, *Ecrits sur l'histoire* (Paris 1969), p.54.

remise en circulation, plusieurs siècles plus tard, d'ouvrages de la Renaissance et la rémanence du burlesque ou du merveilleux médiéval. Mais ces mécanismes ne sont pas propres à la littérature populaire. Ils existent aussi, à un moindre degré, il est vrai, dans la production lettrée – après tout, les romans de chevalerie ne sont-ils pas redécouverts par des érudits dans la seconde moitié du dix-huitième siècle? – et, surtout, ils témoignent que les facteurs socio-culturels répondent à des rythmes évolutifs différents. La multiplicité des courbes tempo-relles explique alors pourquoi subsistent divers archaïsmes dans les rapports sociaux et la littérature du siècle des Lumières.

Annexes

A. Liste d'ouvrages de la Bibliothèque bleue

CETTE liste, non exhaustive, est le corpus qui a servi de base à ce travail, ainsi qu'à l'établissement des diagrammes. Le classement adopté suit à la fois l'ordre chronologique et alphabétique. Les titres des ouvrages ne sont pas entièrement retranscrits car ils sont souvent très longs. Cependant, lorsque le titre présente en soi un intérêt, il est largement cité. Les fautes d'orthographe et les coquilles sont nombreuses. Elles proviennent du texte original.

D'autre part, la provenance des ouvrages est indiquée, soit qu'il s'agisse d'ouvrages conservés dans les bibliothèques, soit que le titre figure dans un catalogue ou un manuel de référence. Dans ce dernier cas, le titre complet du manuel est indiqué une première fois; ensuite seul le nom de l'auteur est signalé. Enfin j'ai noté l'origine de ces recensements. Quelques ouvrages proviennent du fichier personnel de Geneviève Bollème mais la lecture de ce fichier, qui m'a été ouvert avec beaucoup de générosité, m'a aussi guidée dans mes propres recherches sur le corpus des titres de la Bibliothèque bleue, recherches effectuées essentiellement à la Bibliothèque nationale et à la Bibliothèque de l'Arsenal. L'utilisation du *Catalogue descriptif de la Bibliothèque bleue de Troyes*, établi par A. Morin, a été également signalée, ainsi que celle de mon fichier personnel.

Abréviations

A.T.P.	Bibliothèque du Musée des arts et traditions populaires
Ars.	Bibliothèque de l'Arsenal
Bibl.R.	Bibliothèque de Rouen
Bibl.T.	Bibliothèque de Troyes
B.N.	Bibliothèque nationale
coll. privée	collection privée. (Il s'agit, en général, de références citées dans le *Catalogue descriptif de la Bibliothèque bleue de Troyes*.)
C.M.	*Catalogue descriptif de la Bibliothèque bleue de Troyes*, établi par A. Morin
F.P.	fichier personnel

1600-1620

1. *L'amour divin tragecomedie, contenant un bref discours des saints et sacrez mysteres de la Rédemption* [...], par Jean Gaulché (Troyes: Nicolas Oudot, 1619 (permission de 1601)); Bibl.T. [C.M.]

2. *De la bonté et mauvaitié des femmes*, par Jean de Marconville, Gentilhomme Percheron (Troyes: Nicolas Oudot, 1615), in-8°; Bibl.T. [C.M.]

3. *La chasse royale, comédie où l'on voit le contentement de l'exercice de la chasse des Cerfs, des sangliers et des ours* (Nicolas Oudot [c.1620]); Bibl.T. [C.M.]

4. *Comédie admirable intitulée la Merveille* (Roucn [c.1610]); J.C. Brunet, *Manuel du libraire et de l'amateur de livres* (1809; Paris 1965), no.16381 [F.P.]

5. *La Conqueste de Charlemagne* (Lyon: P. Rigaud, 1609); Bibl.R. [F.P.]

6. *La conversion de l'ame pécheresse ou la vie spirituelle de Jésus-Christ*, par P. R. L'Huillier [...] (Troyes: Nicolas Oudot [c.1608]); catalogue de libraire [C.M.]

7. *Discours véritable d'un juif errant* (Bordeaux, jouxte la copie imprimée en Allemagne, 1609), in-8°; B.N. [F.P.]

8. *Facétieuses paradoxes de Bruscambille et autres discours comiques* 1. Rouen: T. Maillard, 1615, B.N.; 2. Lyon 1618, B.N.; 3. Paris: Va du Cul, 1619, B.N. [F.P.]

9. *La Grande Guide des chemins pour aller et venir par tout le Royaume de France* 1. Rouen 1600, B.N.; 2. Troyes: Nicolas Oudot, 1612 (in-24; Brunet, no.23129); 3. Troyes: Nicolas Oudot, 1623, B.N. [F.P.]

10. *Histoire admirable de Nostre-Dame de Liesse*. Extraicte des Annales de l'Ordre de S. Jean de Hierusalem, Coposée par Frère Jacques Bosius (Troyes: Blaise Boutart, approbation et permission de 1601); B.N. [C.M.]

11. *Histoire de France avec les figures des roys, depuis Pharamond jusques au roy Henri IIII à présent régnant* (Troyes: Jean Oudot, 1608); Bibl.T. [C.M.]

12. *Histoire de Morgant le Géant* (Troyes: Nicolas Oudot, 1606 et 1618); Brunet, ii.1710 [F.P.]

13. *Histoire des nobles prouesses et vaillances de Gallien restauré Fils du Noble Olivier le Marquis et de la Belle Jacqueline* [...] (Troyes: Nicolas Oudot, 1606); coll. privée [C.M.]

14. *Hystoire du chevalier aux armes dorée [sic] et de Bethides et de la Pucelle surnommée cueur d'acier* (Troyes: Nicolas Oudot, 1611), in-12; B.N. [F.P.]

15. *Jean de Paris* (Troyes: Nicolas Oudot, 1613); Ars. [F.P.]

16. *Joyeuses adventures et faicts merveilleux de Thiel Ulespiegle* (Lyon: A. Olyer, 1613), in-8°; B.N. [F.P.]

17. *La mort de Roger, tragédie qui est la suitte des Tragédies de Rhodomont* (Troyes:

Nicolas Oudot, 1619), in-8°; Bibl.T. [C.M.]

18. *Les mots dorez du grand et saige Caton en latin et François* [...] (Troyes: Nicolas Oudot, 1617), in-16; B.N. [F.P.]

19. *Le plaisant boutehors d'oisiveté* (Rouen: Louys Costé, s.d.); B.N. [F.P.]

20. *La plaisante et triomphante histoire des hauts et chevaleureux faicts d'armes, du très-puissant et très magnanime et très victorieux prince Meliadus* [...] Le tout mis en François, par le Chevalier du Clergé, Humble Orateur (Troyes: Nicolas Oudot, 1612); Bibl.T. [C.M.]

21. *La Sophronie, tragédie françoise* (Troyes: Nicolas Oudot, 1619), in-8°; Bibl.T. [C.M.]

22. *Tragédie françoise des Amours d'Angélique et de Medor* (Troyes: Nicolas Oudot, 1614), in-8°; Bibl.T. [C.M.]

23. *Tragédie françoise des parfaites amours de Zerbin et d'Isabelle, princesse fuitive* (Troyes: Nicolas Oudot, 1618); Bibl.T. [C.M.]

24. *Tragi-comédie très célèbre des inimitables amours du seigneur Alexandre et d'Anette* (Troyes 1619), in-8°; Brunet, no.16394 [F.P.]

25. *Vie et Légende de Monsieur Sainct Augustin* (Troyes: Nicolas Oudot, 1606); A. Socard, *Livres populaires imprimés à Troyes, 1600-1800* (Paris 1864); [F.P.]

26. *Vie de Mme Sainte Barbe par personnaiges* (Troyes: Nicolas Oudot [c.1600]); Socard, p.8 [F.P.]

27. *Vie de St Edme* (Jean Oudot [c.1600]); Socard, p.5 [C.M.]

28. *Vie, martyre et Passion de Mme Saincte Jules* (Troyes: Edme Briden [c.1600]); B.N. [F.P.]

29. *Vie de Marie Magdaleine* (Lyon: Pierre Dehaye, 1605); B.N. [F.P.]

30. *Vie et Légende de Monsieur Sainct Roch, avec les miracles et plusieurs oraisons contre la peste* (Nicolas Oudot, 1606); Bibl.T. [C.M.]

31. *Vie des trois Maries* (Troyes: Nicolas Oudot [c.1602]); coll. privée [C.M.]

1620-1640

32. *Les Amours de Zerbin*, pièce en cinq actes (Troyes 1621), in-8°; Brunet, no.16369a [F.P.]

33. *Les Antiquités des villes de France* [...] *reveu et augmenté de cartes de provinces, de figures de plusieurs villes* (Troyes [c.1620]); Brunet, no.24124 [F.P.]

34. *Apophtegmes nouvellement traduicts d'espagnol en François par Verboquet le Genereux* (Rouen: Jacques Besongne, dans la cour du Palais, 1625); Ars. [F.P.]

35. *La complaincte de Nostre Dame pour le Mercredy avec deux belles oraisons à*

Nostre Dame de Pitié (Troyes: Nicolas Oudot, 1624), in-8°; Bibl.T. [C.M.]

36. *La complaincte des argotiers* (Troyes 1630), in-12; Corrard de Breban, *Recherches sur l'établissement et l'exercice de l'imprimerie à Troyes* (Paris 1873), p.127 [C.M.]

37. *Les délices de Verboquet le Généreux, livre très utile et nécessaire pour resjouyir les esprits mélancoliques,* se vendent au logis de l'auteur ([Rouen] 1623); Harvard University Library [F.P.]

38. *Le doctrinal de sapience, dans lequel est compris et enseigné tous les devoirs des véritables chrétiens, pour parvenir à la Béatitude éternelle* [...] (Troyes: Vve Jean Oudot, approbation de 1622), in-8°; coll. privée [C.M.]

39. *Les expositions des Evangiles* (Troyes: Jean Oudot [1623]); coll. privée [C.M.]

40. *Les faicts et prouesses du puissant et preux Hector, Miroüer de toute chevalerie* (Troyes: Nicolas Oudot, 1624), in-8°; Bibl.T. [C.M.]

41. *Farce nouvelle du musnier et du gentilhomme. A quatre personnages* (Troyes: Nicolas Oudot, 1628); B.N. [F.P.]

42. *Farce nouvelle qui est très bonne et très joyeuse. A quatre personnages* (Troyes: Nicolas Oudot, 1624); coll. priveé [C.M.]

43. *Les gestes et faits, et notables conquestes du preux hardy et redouté Chevalier Geoffroy à la Grand Dent, Seigneur de Lusignan, et sixième fils de Raymondin et de Mélusine, Comte et Comtesse du dict Lusignan* (Troyes: Nicolas Oudot, 1630), in-8°; Bibl.T. [C.M.]

44. *La Grande Guide des chemins pour aller et venir par tout le royaume de France* (Troyes: Nicolas Oudot, 1623), in-32; coll. privée [C.M.]

45. *Les Grands statuts et ordonnances de la grande confrérie des saouls d'ouvrer et enragés de rien faire* [...] (Paris 1620), in-8°; B.N. [F.P.]

46. *La guerre spirituelle entre l'Ame raisonnable et les trois ennemies d'icelle. Le Diable, le Monde et la Chair* [...], Recueilly par Messire Gaspar (Troyes: Nicolas Oudot, 1627); Bibl.T. [C.M.]

47. *Histoire de Huon de Bordeaux* (Troyes: Gabriel Briden, 1633), in-4°; B.N. [F.P.]

48. [Même titre] (Troyes: Nicolas Oudot, 1634), in-4°; Ars. [F.P.]

49. [Même titre] (Lyon: Claude Chastelard, 1626); B.N. [F.P.]

50. *Histoire de la fleur des batailles de Doolin de Mayence* (Troyes: Nicolas Oudot, 1623), in-8°; coll. privée [C.M.]

51. *Histoire et ancienne chronique de Gérard d'Euphrate, duc de Bourgogne* (Lyon: C. et J. Chastelard, 1632), in-16; B.N. [F.P.]

52. *Histoire de Maugis d'Aygremont et de Vivian son frère* (Troyes: Nicolas Oudot, 1620); Bibl.T. [C.M.]

53. *Histoire de Morgant le Géant* (Troyes: Nicolas Oudot, 1625), in-4°; B.N. [C.M., F.P.]

54. *Histoire de Pierre de Provence et de la belle Maguelonne* (Lyon: Claude Chastellard, 1630); Brunet, no.17098 [F.P.]

55. *Histoire des Merveilleux faicts du preux et vaillant chevalier Artus de Bretaigne* (Troyes: Nicolas Oudot, 1628), in-4°; coll. privée [C.M.]

56. *Histoire des nobles et vaillants chevalliers les quatre fils Aymon* (Troyes 1626); Ars. [F.P.]

57. *Histoire du noble et vaillant roy Alexandre le Grand* (Troyes: Nicolas Oudot, 1631), in-8°; coll. privée [C.M.]

58. *Hystoire d'Olivier de Castille et Artus d'Algabre preux et vaillant chevalier* (Troyes: Nicolas Oudot, 1625); coll. privée [C.M.]

59. *Hystoire des deux nobles et très vaillants chevaliers Milles et Amis pleins de grandes prouesses* (Troyes: Nicolas Oudot, 1631); Ars. [F.P.]

60. *Cy commance l'histoire du premier livre de Guerin Mesquin fils de Millon de Bourgogne* (Troyes: Nicolas Oudot, 1628); Bibl.T. [C.M.]

61. *Les Jugements astronomiques des songes* (Troyes: N. Oudot, 1634); B.N. [F.P.]

62. *Melusine* [par Jean d'Arras] (Troyes: Nicolas Oudot, 1624), in-4°; catalogue de vente de livres d'occasion [C.M.]

63. *Les nobles prouesses et vaillances de Galien Restauré* (Troyes 1622); Ars. [C.M.]

64. *Le nouveau testament de Notre Seigneur Jésus-Christ.* Avec l'approbation des Docteurs de la faculté de Théologie de Paris & Louvain (Troyes: Nicolas Oudot, 1627); Bibl.T. [C.M.]

65. *Le nouveau testament de Notre Seigneur Jésus-Christ* (Troyes & Paris, chez Jean Promé, rue Frementel, 1628); Bibl.T. [C.M.]

66. *Prédictions et pronostications génératles pour dix-neuf ans*, par Pierre Delarivey (Troyes: Jean Oudot le Jeune [1624]); Bibl.T. [C.M.]

67. *Prédictions générales pour l'an 1642*, par Jean Petit parisien, dédiées au roy (Troyes: Jacques Oudot), in-4°; Bibl.T. [C.M.]

68. *Les prouesses d'Hercule* (Troyes: Nicolas Oudot, 1625); B.N. [F.P.]

69. *Les prouesses & vaillances du redouté Mabrian, roi de Jérusalem* (Troyes: Nicolas Oudot, 1625), in-4°; B.N. [F.P.]

70. [Même titre] (Rouen: Vve Louys Costé [c.1620]), in-4°; B.N. [F.P.]

71. [Même titre] (Troyes 1625); Ars. [F.P.]

72. *Recueil de plusieurs cantiques spirituels* (Troyes: Nicolas Oudot, 1630); B.N. [F.P.]

73. *Recueil général des Caquets de l'Accouchée* (Troyes: P. Piot [c.1622]); Ars. [F.P.]

74. *Richard sans peur* (Rouen: Vve Louys Costé [c.1620]); B.N. [F.P.]

75. *La Rodomontade tragédie de Rodomont* (Troyes: Nicolas Oudot, 1620); Bibl.T. [C.M.]

76. *Le romant de Florent et Lyon enfants de l'empereur de Rome* (Troyes: Nicolas Oudot, 1626), in-8°; coll. privée [C.M.]

77. *Le sacrifice d'Abraham* [par Th. de Bèze] (Troyes: Gabriel Briden [*c.*1637]); col. privée [C.M.]

78. *Les subtiles et facétieuses rencontres de J.B., disciple de Verboquet* (Lyon 1640), in-12; B.N. [F.P.]

79. *La terrible et merveilleuse vie de Robert le Diable* (Troyes: Pierre Piot [*c.*1620]); B.N. [F.P.]

80. *Tragédie des amours de Zerbin et d'Isabelle, princesse fuitive* [...] (Troyes: Nicolas Oudot, 1621), in-8°; Bibl.T. [C.M.]

81. *Tragédie françoise des Amours d'Angélique et de Médor* (Troyes: Edme Briden, 1620), in-8°; coll. priveé [C.M.]

82. *Tragicomédie très célèbre des inimitables amours du seigneur Alexandre et d'Annette* (Troyes: Nicolas Oudot, 1628), in-16; Bibl.T. [C.M.]

83. *La vie généreuse des Mattois, Gueux, Bohémiens et Cagoux* (Troyes: Nicolas Oudot, 1627); coll. privée [C.M.]

84. *La vie généreuse des mercelots, bons compagnons & Boesmiens* (Troyes: Nicolas Oudot, 1627); B.N. [C.M.]

1640-1660

85. *Abrégé de l'histoire des Roys de France avec leurs figures depuis Pharamond jusques au Roy Louys XIV*, le tout dédié au roy (Troyes: Nicolas Oudot, 1647), in-8°; Bibl.T. [C.M.]

86. *L'avanturier Buscon, histoire facétieuse* (Troyes: Nicolas Oudot, 1657), in-8°; coll. privée [C.M.]

87. *Le cabinet de l'éloquence françoise, en forme de dialogue, Très utiles et nécessaires pour apprendre à bien parler en toutes compagnies* [...], Dédiés aux amoureux (Troyes: Nicolas Oudot, 1659), in-12; catalogue de livres d'occasion [C.M.]

88. *La civilité puérile et honneste pour l'instruction des enfants* (Troyes: Nicolas Oudot, 1649), in-8°; B.N. [C.M.]

89. *La comédie des proverbes* ([Troyes:] Nicolas Oudot, 1654), in-8°; B.N. [C.M.]

90. *Conqueste du grand Roy Charlemagne* (Rouen: Vve Louys Costé, 1640); B.N. [F.P.]

91. *Les fleurs de bien dire et très élégantes sentences* (Troyes: Nicolas Oudot, 1658); coll. privée [C.M.]

92. *La grand dance macabre des hommes et des femmes* (Troyes: Nicolas Oudot, 1641); Ars. [F.P.]

93. *Histoire de Huon de Bordeaux pair de France et Duc de Guienne contenant les faicts et Actes héroïques, compris en deux livres* (Troyes: Nicolas Oudot, 1644); Bibl.T. [C.M.]

94. *Histoire de Mélusine* (Lyon 1644); Bibl.R. [F.P.]

95. *Mélusine nouvellement imprimée* (Troyes: Nicolas Oudot, 1649); Ars. [F.P.]

96. *Histoire d'Ogier le Danois* (Lyon [*c.*1640]); Bibl.R. [F.P.]

97. *L'innocence reconnue*, par le R.P. René de Ceriziers, Religieux de la Compagnie de Jésus (Troyes: Nicolas Oudot, 1655); Bibl.T. [C.M.]

98. *Le Jardin d'Amour, où il est bien enseigné la méthode* […] (Troyes: Nicolas Oudot, 1659); catalogue de livres d'occasion [C.M.]

99. *Le jodelet ou le Maitre valet*, comédie (Troyes: Nicolas Oudot, 1654); Bibl.T. [C.M.]

100. *La Malice des femmes, avec la farce de Martin baston* (Troyes: Nicolas Oudot, 1654), in-12; catalogue de livres d'occasion [C.M.]

101. *Le mareschal expert, traitant du naturel et des marques des beaux et bons chevaux* (Troyes: Nicolas Oudot, 1655); B.N. [C.M.]

102. *La meschanceté des filles* (Troyes: Nicolas Oudot, 1656); Catalogue de libraire [C.M.]

103. *Le médecin charitable, enseignant la manière de faire et préparer en sa maison avec facilité et peu de frais, les remèdes propres à toutes maladies* […] *ensemble la manière d'embaumer les corps morts, avec un amble traité de la Peste* (Troyes: Nicolas Oudot, 1645); Bibl.T. [C.M.]

104. *La Navigation du Compagnon à la bouteille. Avec les prouesses du merveilleux géant Bringuenarille* (Troyes: Vve Nicolas Oudot), in-16; Ars. [F.P.]

105. *L'opérateur des pauvres ou la fleur d'opération nécessaire aux pauvres*, par M.G. Vaussard, opérateur ordinaire de sa Majesté (Troyes: Nicolas Oudot, 1645), in-8°; Bibl.T. [C.M.]

106. *Le Palais des curieux ou l'algèbre et le sort donnent la décision des questions les plus douteuses* (Troyes: Nicolas Oudot, 1655), in-8°; B.N. [F.P.]

107. *Recueil des œuvres burlesques de Mr Scarron* (Troyes: Nicolas Oudot, 1654), in-12; Bibl.T. [C.M.]

108. *Le rosaire perpétuel de la sacrée vierge Marie Mère de Dieu, instituée au couvent des Frères prescheurs à Troyes* (Troyes, pour les Frères prescheurs, 1655), in-8°, 192 p.; Bibl.T. [C.M.]

109. *La Sophonisbe, tragédie de Mairet* (Troyes: Nicolas Oudot, 1653); Bibl.T. [C.M.]

110. *Tableau de la vie du glorieux St Bernard*, mis en vers héroïques par Don Fr. Duval (Troyes: Bouvillon, 1647); Ars. [F.P.]

111. *La terrible et merveilleuse vie de Robert le Diable* (Rouen: Vve Louys Costé, 1645); B.N. [F.P.]
112. *Le tombeau de la mélancholie ou le vray moyen de vivre joyeux* (Troyes: Nicolas Oudot, 1656), in-8°; Bibl.T. [C.M.]
113. *Les trois dorotées ou le Jodelet souffleté, comédie de M. Scarron* (Troyes: Nicolas Oudot, 1654), in-12; coll. privée [C.M.]
114. *Vie et Miracles de Ste Opportune, princesse de France*, écrits par St Adelin, évêque de son temps (Paris: Jean Bessin, 1654), in-8°; Bibl.R. [F.P.]
115. *Les visions de dom Francesco de Quevedo* (Troyes: Nicolas Oudot, 1649); B.N. [C.M.]
116. *Le vray trésor de l'Histoire Saincte sur le transport miraculeux de l'Image de Notre-Dame de Liesse* (Paris 1647), in-4°; Bibl.R. [F.P.]

1660-1680

117. *Cantiques spirituels ou noëls nouveaux*, par Melle Paschal (Paris: Oudot, 1670); Ars. [F.P.]
118. [Même titre] (Lyon 1672), in-12; Ars. [F.P.]
119. *Catéchisme servant de disposition pour faire avec fruit la première communion*, Par le commandement de Monseigneur l'Evêque de Troyes (Troyes: Jean Oudot et Jacques Oudot, permission de 1679), in-8°; Bibl.T. [C.M.]
120. *Les chroniques du Roy Gargantua cousin du très redouté Galimassuë, et qui fut son père et sa mère. Avec les merveilles de Merlin, translaté de Grec en Latin, et de Latin en Français* (Troyes: Nicolas Oudot, 1675), in-16; Ars. [F.P.]
121. *Le cuisinier françois enseignant la manière de bien apprester et assaisonner toutes sortes de viandes*, par le sieur de la Varenne (Troyes: Nicolas Oudot, 1661), in-8°; coll. privée [C.M.]
122. *Le cuisinier françois [...] Revu, corrigé et augmenté d'un traité des confitures seiches, liquides et autres délicatesses de bouche* (Troyes: Nicolas Oudot, 1668), in-8°; coll. privée [C.M.]
123. *Discours sur la vie, mort et miracles de S. Julien martyr.* Par Th. Michelin, curé de St Julien de Sancey (Troyes: Nicolas Oudot, 1665); Bibl.T. [C.M.]
124. *Les fantaisies de Bruscambille* (Paris 1668), in-12; B.N. [F.P.]
125. *Figures des Histoires de la Saincte Bible, accompagnées de briefs discours [...]* (Paris: Le Bé, 1666); Bibl.R. [F.P.]
126. *Les glorieuses antiquités de Paris* (Rouen: Jean Oursel) [fichier G. Bollème]
127. *Le grand Guidon et Trésor journalier des astres pour le cours des temps* (Rouen: Oursel, 1680), in-4°; Bibl.R. [F.P.]
128. *La grande Bible des Noëls tant vieils que nouveaux* (Troyes: Nicolas Oudot, 1679); B.N. [F.P.]

129. *L'histoire de Huon de Bordeaux, pair de France & duc de Guienne*, (Troyes: Nicolas Oudot, 1675-1676), 2 vol. in-4°; B.N. [F.P.]

130. *Histoire de Jean de Paris* ([Troyes:] Yves Gyrardon, 1670); Corrard de Breban, p.82. [F.P.]

131. *Histoire de la vie, prédications, martyre* [...] *et miracles de St Jacques le majeur*, [...] extraits tant des Saints Evangiles et actes des apôtres que de plusieurs graves autheurs (Rouen: L. Costé, 1663); B.N. [F.P.]

132. *Histoire de Maugis d'Aygremont et de Vivian son frère* (Troyes: Nicolas Oudot, 1668), in-4°; B.N. [F.P.]

133. *Histoire de Valentin et Orson, très preux, très nobles et très vaillans chevaliers* (Troyes: Yves Girardon), in-4°; Bibl.T. [C.M.]

134. *L'histoire des nobles prouesses et vaillances de Galien Restauré, Fils du noble Olivier* (Troyes: Nicolas Oudot, 1660); B.N. [F.P.]

135. [Même titre] ([Troyes:] Jean Oudot, 1679); B.N. [F.P.]

136. *L'Intrigue des filous* (Troyes: Nicolas Oudot, 1661), in-16; B.N. [C.M.]

137. *Le Jargon ou langue de l'argot réformé*, par Yves Gyrardon (1660); B.N. [C.M.]

138. *Melusine nouvellement imprimée* ([Troyes:] Nicolas Oudot, 1677), in-4°; B.N. [F.P.]

139. *Le miroir d'astrologie naturelle traitant de l'inclination de l'homme et de sa nativité* (Troyes: Nicolas Oudot, 1676), in-8°; B.N. [C.M.]

140. *Noels ou cantiques nouveaux sur la nativité de Nostre Seigneur Jésus-Christ*, composez par P. Binard, Parisien (Troyes: Nicolas Oudot, 1678); Bibl.T. [C.M.]

141. *Le Palais de la fortune, où les curieux trouveront la réponse agréable des demandes les plus divertissantes* [...] *Ensemble l'explication des songes* (Lyon: C. de La Roche, 1672); B.N. [F.P.]

142. *Le Patissier françois, où est enseignée la manière de faire toute sorte de patisserie, très utile à toute sorte de personnes* (Troyes: Nicolas Oudot, 1662), in-8°; bibliothèque champenoise de Techener [C.M.]

143. *Polyeucte martyr – tragédie* (Troyes: Nicolas Oudot, 1661); *Bibliographie cornélienne* de Picot, P. Leverdier et E. Pelay, p.46 [C.M.]

144. *Pratique de l'amour de Dieu, et de Notre Seigneur Jésus-Christ* [...] revue [...] par le R.P. Hubi de la Compagnie de Jésus (Troyes: Jacques Oudot, approbation et permission de 1672), in-12; Bibl.T. [C.M.]

145. *Les Rencontres fantaisies et coq-à l'asne facétieux du sieur baron de Gratelard, tenant sa Cour ordinaire au bout du Pont-Neuf* (Troyes: Nicolas Oudot, 1664); catalogue de libraire [C.M.]

146. *Le Sacrifice d'Abraham, tragédie françoise*, par Th. de Beze (Troyes: Nicolas Oudot, 1669), in-12; notes A. Socard à la Bibliothèque de Troyes [C.M.]

147. *St Alexis, tragédie* (Troyes: Nicolas Oudot, 1661), in-12; Bibl.T. [C.M.]

148. *Les sept trompettes spirituelles pour resveiller les pecheurs et pour les induire à faire Pénitence*, mises en lumière, par le R.P. B. Solutive, Recollect (Troyes: Nicolas Oudot, 1678); Bibl.T. [C.M.]

149. *Sommaire du trésor des indulgences de l'ordre de la très Saincte Trinité pour la Rédemption des captifs* (Troyes: Jacques Balduc, 1662); Bibl.T. [C.M.]

150. *La Vie de Ste Marguerite* par Brosse (Paris: Léonard, 1669; '[...] Se vend aussi à l'entrée de la grand'porte de l'Abbaye de St Germain des Prez'); Ars. [F.P.]

1680-1700

151. *Abrégé de la doctrine chrétienne*, [...] par le commandement de F. Bouthillier, evesque de Troyes (Troyes: Jean Oudot et Jacques Oudot, 1687), in-8°; Bibl.T. [C.M.]

152. *Abrégé de la vie et miracles du glorieux martyr Saint Jucunde* (Troyes 1692); catalogue de libraire [C.M.]

153. *ABC Petit*; catalogue Girardon (1686) [C.M.]
     gros;

154. *Albert le Grand*; catalogue Girardon (1686) [C.M.]

155. *Les Après dinées ou propos notables tirés des tables de Bachus par Verboquet le généreux* (Rouen: J.B. Besongne, 1697); Ars. [F.P.]

156. *Arithmétique*; catalogue Girardon (1686) [C.M.]

157. *L'Aventurier Buscon, Histoire facétieuse*; catalogue Girardon (1686) [C.M.]

158. *Le Bastiment des receptes* (Troyes: Jacques Oudot, 1699); Bibl.T. [C.M.]

159. *Le cabinet de l'éloquence française*, [...] dédiés aux amoureux; catalogue Girardon (1686) [C.M.]

160. *Le capucin Ecossois* (J.B. Besongne, 1700); B.N. [fichier G. Bollème]

161. *Les chansons des pelerins de St Jacques*; catalogue Girardon (1686) [C.M.]

162. *Cinna ou la Clémence d'Auguste* (Troyes: Nicolas Oudot, et Paris: Vve N. Oudot, 1681); catalogue de libraire [C.M.]

163. *Compagnon de la bouteille*; inventaire Girardon (1686) [C.M.]

164. *Compliments de la langue françoise*; catalogue Girardon (1686) [C.M.]

165. *Confiturier*; catalogue Girardon (1686) [C.M.]

166. *La conqueste du Grand Charlemagne, roy de France et d'Espagne, avec les faits et gestes des douze pairs de France* [...] (Troyes: Jean Oudot, 1687), in-8°; Bibl.T. [C.M.]

167. *Cris de Paris*; catalogue Girardon (1686) [C.M.]

168. *Les débats et facétieuses Rencontres de Gringalet et de Guillot Gorjeu, avec les*

Annexes

Rencontres, Fantaisies et Coq-à-l'asne facétieux du Baron de Gratelard (Troyes [Nicolas Oudot,] et Paris, chez A. de Rafflé, 1690), in-12; B.N. [F.P., C.M.]

169. *Le Doctrinal de Sapience auquel est comprins et soigneusement enseigné tout ce qui est requis a un chacun en tous estats d'observer et fuyr pour acquerir le salut de son ame.* Jadis composé par M. Guy de Roye [...] Archevesque de Sens [...] (Troyes: Yve Girardon), in-8° Bibl.T. [C.M.]

170. *L'enfant sans soucy divertissant son père Roger Bontemps et sa mère Boute tout cuire* (Villefranche 1682); Ars. [F.P.]

171. *Enormité du péché mortel*, traduit de l'italien en Français, par un Père missionnaire (Troyes: J. Oudot, approbation de 1692); Bibl.T. [C.M.]

172. *Le faut mourir et les excuses inutiles que l'on apporte à cette nécessité. Le tout en vers burlesques* (Rouen: Vve J. Oursel, 1695); Ars. [F.P.]

173. *Les fleurs de bien dire*, in-8°; catalogue Girardon (1686) [C.M.]

174. *Fortunatus*; catalogue Girardon (1686) [C.M.]

175. *Gargantua*; catalogue Girardon (1686) [C.M.]

176. *La grande Bible des Noels tant vieils que nouveaux* (Troyes et Paris: Vve Nicolas Oudot, 1699), in-8°; B.N. [F.P.]

177. [Même titre] (Troyes: Nicolas Oudot, et Paris: Vve N. Oudot, 1681); Bibl.T. [C.M.]

178. [Même titre] (Paris: Vve N. Oudot, 1699); coll. privée [C.M.]

179. [Même titre] (Paris: Antoine de Rafflé); Bibl.T. [C.M.]

180. *La grande Bible de Noels Reformez, tant vieilz que nouveaux* (Troyes: Jacques Oudot, 1694); Socard, *Noels et cantiques*, p.31-32 [C.M.]

181. *Guide des chemins*; catalogue Girardon (1686) [C.M.]

182. *L'Histoire de Huon de Bordeaux pair de France et duc de Guienne* (Troyes: Gabriel Briden, 1683); B.N. [F.P.]

183. *L'Histoire de Valentin et Orson, très pieux, très nobles et très vaillans chevaliers* (Troyes: Jacques Oudot, 1698); B.N. [F.P.]

184. *L'Histoire de Melusine, nouvellement imprimée* (Troyes: Jacques Oudot, 1699), in-4°; Bibl.T. [C.M.]

185. *Histoire des quatre fils Aymon*; catalogue Girardon (1686) [C.M.]

186. *L'intrigue des filous, comédie* (Troyes et Paris, chez A. de Rafflé, 1689), in-12; Bibl.T. [C.M.]

187. *Le jardin d'amour* (Rouen: J.B. Besongne [*c.*1700]); Ars. [F.P.]

188. *Livre second de Huon de Bordeaux pair de France et Duc de Guienne* (Troyes: Jacques Oudot, 1694); Bibl.T. [C.M.]

189. *Melusine, nouvellement imprimée* (Troyes: Jacques Febvre, 1692); B.N. [F.P.]

190. *Miroir de confession*; catalogue Girardon (1686) [C.M.]

191. *La mort de Roger, tragédie qui est la suitte des tragédies de Rhodomont* (Troyes: Yve Girardon, s.d.), in-8°; B.N. [C.M.]

192. *La muse normande ou recueil de plusieurs ouvrages facétieux en gros Normand* (Rouen: J. B. Besongne [1680-1720]); Bibl.R. [F.P.]

193. *Noëls nouveaux et cantiques spirituels*, par Melle Pascal (Paris: Oudot, 1681); Ars. [F.P.]

194. [Même titre] (Paris: Oudot, 1696); Ars. [F.P.]

195. *Nouveau recueil de chansons et airs de cour* (Troyes: Jacques Oudot, et Paris: Nicolas Oudot [1699]), in-12; B.N. [F.P.]

196. *Patissier françois*; catalogue Girardon (1686) [C.M.]

197. *Pierre de Provence*; catalogue Girardon (1686) [C.M.]

198. *Les quatre fins de l'homme*; catalogue Girardon (1686) [C.M.]

199. *Rencontres fantaisies et coqs à l'asne facetieux du Baron Gratelard* (Troyes: Jacques Oudot, 1699); catalogue de libraire [C.M.]

200. *Sainte Brigitte*; catalogue Girardon (1686) [C.M.]

201. *Sainte Catherine*; catalogue Girardon (1686) [C.M.]

202. *Les sept trompettes spirituelles, pour resveiller les pecheurs et pour les induire à faire Pénitence* (Troyes: Jean Oudot, 1683); Bibl.T. [C.M.]

203. *La Sylvie du sieur Mairet, tragicomédie pastorale* (Troyes: Nicolas Oudot, et Paris: Vve N. Oudot, 1681); Bibl.T. (cinq exemplaires) [C.M.]

204. *Vie de Monseigneur sainct Anthoine* (Troyes: Girardon), in-16; catalogue de libraire [C.M.]

205. *Vie de Sainte Anne*; catalogue Girardon (1686) [C.M.]

206. *Vie de Sainte Reine*; catalogue Girardon (1686) [C.M.]

207. *La vie de Tiel Ulespiègle, de ses faits merveilleux, des grandes fortunes qu'il a eües* [...] (Troyes: J. Oudot, 1699), in-8°; B.N. [F.P.]

1700-1720

208. *Académie ou maison des jeux* (Paris: Vve N. Oudot, s.d.), in-8°; B.N. [F.P.]

209. *Alphabet ou instruction chrétienne, à l'usage des écolières de la Congrégation de Notre-Dame* (Troyes: Charles Briden, permission de 1708); Bibl.T. [C.M.]

210. *Alphabet François, avec l'ordinaire de la Messe, et autres prières en François*; catalogue Vve N. Oudot [*c.*1720] [F.P., C.M.]

211. *L'après soupé des auberges, comédie* (Troyes et Paris: Vve N. Oudot, 1715 (permission de 1714)); Bibl.T. [C.M.]

212. *L'argot, ou le Jargon des Gueux*; catalogue Vve N. Oudot [*c.*1720] [F.P., C.M.]

213. *L'avanturier Buscon, Histoire facétieuse*; catalogue Vve N. Oudot [*c.*1720] [F.P., C.M.]

214. *Aventures du Mont-Griffon ou la baguette enchantée* (Troyes 1715), in-12; Ars. [F.P.]
215. *Avantures et Histoires galantes, qui s'impriment journalièrement*; catalogue Vve N. Oudot [*c.*1720] [F.P., C.M.]
216. *Le bâtiment des recettes*; catalogue Vve N. Oudot [*c.*1720] [F.P., C.M.]
217. *Le Bon-Homme Misère*; catalogue Vve N. Oudot [*c.*1720] [F.P., C.M.]
218. *Le Cabinet de l'éloquence françoise*; catalogue Vve N. Oudot [*c.*1720] [F.P., C.M.]
219. *Les chansons des pèlerins de St Jacques* (Troyes 1718); Bibl.T. [C.M.]
220. *Les Chroniques du Roy Gargantua* (Rouen: J.B. Besongne, 1709); Ars. [F.P.]
221. *La civilité puérile et honneste pour l'instruction des enfants* (Troyes); catalogue Vve N. Oudot [*c.*1720] [F.P., C.M.]
222. *Comédie des proverbes*, pièce comique (Troyes et Paris: Vve N. Oudot, 1715 (permission de 1714)); Bibl.T. (six exemplaires) [C.M.]
223. *Compliments de la langue françoise*; catalogue Vve N. Oudot [*c.*1720] [F.P., C.M.]
224. *Conférence agréable de deux paysans*; catalogue Vve N. Oudot [*c.*1720] [F.P., C.M.]
225. *Confession de la bonne fortune*; catalogue Vve N. Oudot [*c.*1720] [F.P., C.M.]
226. *La conqueste du Grand Charlemagne roy de France et d'Espagne* (Troyes: Jacques Oudot, permission de 1705); coll. privée [C.M.]
227. *Les Contes des fées*; catalogue Vve N. Oudot [*c.*1720] [F.P., C.M.]
228. *Les Cris de Paris*; catalogue Vve N. Oudot [*c.*1720] [F.P., C.M.]
229. *Le cuisinier françois*; Catalogue Vve N. Oudot [*c.*1720] [F.P., C.M.]
230. *La Danse des Machabées, ou grande danse des morts avec les figures*; catalogue Vve N. Oudot [*c.*1720] [F.P., C.M.]
231. *Débats facétieux de Guillot Gorju*; catalogue Vve N. Oudot [*c.*1720] [F.P., C.M.]
232. *Demandes d'amour*, catalogue Vve N. Oudot [*c.*1720] [F.P., C.M.]
233. *Discours de M. Bercy*; catalogue Vve N. Oudot [*c.*1720] [F.P., C.M.]
234. *Discours et entretiens bachiques*; catalogue Vve N. Oudot [*c.*1720] [F.P., C.M.]
235. *Discours tragiques en vers héroïques sur la passion de Notre Seigneur Jésus Christ selon l'évangéliste St Jean*. Par Messire Philippe Le Gras, Prêtre, Conseiller, Aumonier ordinaire du Roy (Troyes: Pierre Garnier, 1706); Bibl.T. [C.M.]
236. *L'Eclipse ou l'effet des astres et le pouvoir des étoiles. Historiette des plus nouvelles* (Troyes: Vve Jacques Oudot, 1718); Bibl.T. [C.M.]
237. *Eloge funèbre de Michel Morin*; catalogue Vve N. Oudot [*c.*1720] [F.P., C.M.]
238. *Entretien des bonnes compagnies*, par Desfontaines (Paris: J. Musier, 1700), in-8°; Ars. [F.P.]

239. [Même titre] (Troyes et Paris: Vve N. Oudot, 1716), in-8°; Ars. [F.P.]
240. *L'escole de Salerne, en vers burlesques* (Troyes et Paris: Vve N. Oudot, permission de 1714); Bibl.T. (six autres exemplaires) [C.M.]
241. *Fabuleuse explication des songes*; catalogue Vve N. Oudot [*c.*1720] [F.P., C.M.]
242. *La femme mécontente de son mari* (Paris 1707); Bibl.R. [F.P.]
243. *Les Filles à regret et à contre-cœur*; catalogue Vve N. Oudot [*c.*1720] [F.P., C.M.]
244. *Les finesses de l'amour*; catalogue Vve N. Oudot [*c.*1720] [F.P., C.M.]
245. *Les Fleurs de bien dire*; catalogue Vve N. Oudot [*c.*1720] [F.P., C.M.]
246. *Fortunatus* (Troyes: Vve Jacques Oudot et Jean Oudot fils, approbation de 1705; permission de 1723); Ars. [F.P., C.M.]
247. *Le Frondeur du tabac, satyre pour et contre*; catalogue Vve N. Oudot [*c.*1720] [F.P., C.M.]
248. *Galien restauré*; catalogue Vve N. Oudot [*c.*1720] [F.P., C.M.]
249. *La grande Bible des Noëls tant viels que nouveaux* ([Troyes:] Pierre Garnier, 1705); Ars. [F.P.]
250. [Même titre] ([Troyes:] Jacques Oudot, 1712); B.N. [F.P.]
251. [Même titre] (Vve J. Oudot, 1718), in-8°; B.N. [C.M.]
252. *La Grande Bible renouvellée ou Noels nouveaux tant sur les vieux airs que sur les plus nouveaux de Cour* (Troyes et Paris: Vve N. Oudot, 1711), in-8°; Bibl.T. [C.M.]
253. *Le Gratelard et le Gringalet*; catalogue Vve N. Oudot [*c.*1720] [F.P., C.M.]
254. *Herpinot ou satyre sur tous les états*; catalogue Vve N. Oudot [*c.*1720] [F.P., C.M.]
255. *Histoire de Jean de Paris* (P. Garnier, 1705), in-12; catalogue de libraire [C.M.]
256. *Histoire de la vie et grandes voleries et subtilités de Guilleri et de ses compagnons* (Troyes: P. Garnier, 1718), in-8°; B.N. [F.P.]
257. *Histoire de Mélusine ancienne*; catalogue Vve N. Oudot [*c.*1720] [F.P., C.M.]
258. *Histoire de Pierre de Provence et de la belle Maguelonne* (Troyes: Jacques Oudot, 1700); coll. privée [C.M.]
259. [Même titre] (Vve Jacques Oudot, 1715), in-8°; Bibl.T. [C.M.]
260. *Histoire de Valentin et Orson très hardis très nobles et très vaillans chevaliers* (Troyes: Garnier, privilège de 1726), in-4°; B.N. [F.P.]
261. *Histoire des quatre fils Aymon*; catalogue Vve N. Oudot [*c.*1720] [F.P., C.M.]
262. *Histoire générale des larrons* ([Rouen:] Besongne, 1709); Ars. [F.P.]
263. *Histoire générale des plantes*; catalogue Vve N. Oudot [*c.*1720] [F.P., C.M.]
264. *Histoires tragiques de notre temps* (Rouen 1700); Ars. [F.P.]

265. *Huon de Bordeaux* (Troyes: Jacques Oudot, privilège de 1706), in-4°; B.N. [F.P.]

266. *L'innocence reconnue*, par le révérend père René de Ceriziers (Troyes: Vve Jacques Oudot, 1714); Ars. [F.P.]

267. *Le Jaloux trompé*; catalogue Vve Nicolas Oudot [*c.*1720] [F.P., C.M.]

268. *Le Jardin de l'honneste amour – où est enseigné [sic] la manière de bien entretenir une Maitresse* (Troyes: Vve Jean Oudot), in-12; Bibl.T. [C.M.]

269. *Le Jardinier françois, qui enseigne à cultiver les Arbres et herbes potagères: Avec la manière de conserver les Fruits*, Dédié aux dames (Troyes: Pierre Bourgoing, 1709); Bibl.T. [C.M.]

270. *Le jeu du picquet plaisant et récréatif* (Troyes: Jacques Oudot, 1700); Bibl.T. [C.M.]

271. *Les lois universelles en nombre, poids et mesures*, dédiées à son Altesse royale monseigneur le Duc d'Orléans, régent du royaume; catalogue Vve N. Oudot [*c.*1720] [F.P., C.M.]

272. *La malice des femmes avec la farce de Martin Bâton* (Rouen: J. B. Besongne, 1711); Bibl.R. [F.P.]

273. *Le Maréchal expert, avec des cartes d'anatomie*; catalogue Vve N. Oudot [*c.*1720] [F.P., C.M.]

274. *Mariane, tragédie*, par Tristan l'hermite (Troyes: Vve Jacques Oudot, 1718), in-12; B.N. [C.M.]

275. *Le martire de la glorieuse sainte Reine d'Alise, tragédie*, composée par Maître Claude Ternet (Vve Jacques Oudot et Jean Oudot fils, 1716); coll. privée [C.M.]

276. *Le martyre de Ste Catherine*, par Fr. Hedelin, abbé d'Aubignac (Troyes: Vve Jacques Oudot, 1718); catalogue de bibliothèque [C.M.]

277. *Maxime des Normands*; catalogue Vve N. Oudot [*c.*1720] [F.P., C.M.]

278. *La méchanceté des filles*; catalogue Vve N. Oudot [*c.*1720] [F.P., C.M.]

279. *Le Miroir d'astrologie*; catalogue Vve N. Oudot [*c.*1720] [F.P., C.M.]

280. *Le Miroir de Patience, ou la Misère des clercs de Procureurs* (s.l. 1711); Bibl.R. [F.P.]

281. *Le Miroir des femmes*; catalogue Vve N. Oudot [*c.*1720] [F.P., C.M.]

282. *Misère des garçons boulangers de la ville et fauxbourgs de Paris* (Troyes: Garnier, 1715); B.N. (deux autres exemplaires) [F.P.]

283. *La Mort de Théandre*; catalogue Vve N. Oudot [*c.*1720] [F.P., C.M.]

284. *Noels ou cantiques nouveaux*, composez par P. Binard Parisien […] (Troyes et Paris: Vve Jacques Oudot, 1718), in-8°; B.N. [C.M.]

285. *Le nouveau Secrétaire François, ou l'art d'écrire et de dicter toutes sortes de lettres* (Troyes: Vve Jacques Oudot, et Paris: Vve Nicolas Oudot, 1715); Bibl.T. [C.M.]

286. *Nouvelle découverte des secrets les plus curieux*; catalogue Vve Nicolas Oudot [*c.*1720] [F.P., C.M.]

287. *Les œuvres et fantaisies de Tabarin* (Rouen: J. B. Besongne, permission de 1709); Ars. [F.P.]

288. *Le Palais des curieux*; catalogue Vve N. Oudot [*c.*1720] [F.P., C.M.]

289. *Paroles remarquables*; catalogue Vve N. Oudot [*c.*1720] [F.P., C.M.]

290. *Pasquille nouvelle sur les amours de Lucas et Claudine* (Troyes: Nicolas Oudot, approbation et permission de 1715), in-8°; coll. privée [C.M.]

291. *Patience de Griselidis*; catalogue Vve N. Oudot [*c.*1720] [F.P., C.M.]

292. *La peine et misère des garçons chirurgiens, autrement appelez fratres* (s.l. 1715); Bibl.R. [F.P.]

293. *Les promenades de la guinguette* (A Troyes et se vendent à Paris chez la Veuve Nicolas Oudot, 1718); Ars. [F.P.]

294. [Même titre] (Paris: J. L. Nyon, 1704), in-12; B.N. [F.P.]

295. *Récit véritable et authentique de l'honnête réception d'un Maitre Savetier* (Troyes: Vve Jacques Oudot, 1709); B.N. [F.P.]

296. *Recueil de chansons choisies depuis 1700*; catalogue Vve N. Oudot [*c.*1720] [F.P., C.M.]

297. *Recueil de chansons des conquêtes de sa Majesté Louis XIV et ce qui se passe de plus remarquable sur Sa Majesté Louis XIV*; catalogue Vve N. Oudot [*c.*1720] [F.P., C.M.]

298. *Recueil de chansons propre à la récréation des mères de famille, religieuses et personnes préposées à l'éducation des enfants*; catalogue Vve N. Oudot [*c.*1720] [F.P., C.M.]

299. *Recueil des chansons de M. de C. *** divisé en trois parties*; catalogue Vve N. Oudot [*c.*1720] [F.P., C.M.]

300. *Recueil des chansons du Pont-Neuf*; catalogue Vve N. Oudot [*c.*1720] [F.P., C.M.]

301. *Les règles de la bienséance et de la civilité chrétienne très utile pour l'éducation* (Troyes et Paris: Vve N. Oudot, 1716), in-12; B.N. [F.P.]

302. *Richard sans peur*; catalogue Vve N. Oudot [*c.*1720] [F.P., C.M.]

303. *Robert le Diable* ([Troyes:] Vve Jacques Oudot et Jean Oudot fils, 1715); Ars. [F.P.]

304. *Le roman de la belle Hélène*; catalogue Vve N. Oudot [*c.*1720] [F.P., C.M.]

305. *Les rues de Paris*, nouvelle édition revue, corrigée et augmentée avec privilège du roi; catalogue Vve N. Oudot [*c.*1720] [F.P., C.M.]

306. *Saint Alexis, tragédie*; catalogue Vve N. Oudot [*c.*1720] [F.P., C.M.]

307. *Sainte Catherine, tragédie*. Par Mr. d'Aubignac, conseiller du Roi (Troyes: Vve Jacques Oudot, 1718); B.N. [C.M.]

308. [Même titre] (Troyes, sur la copie imprimée à Rouen chez J. B. Besongne), in-12; B.N. [C.M.]

309. *Sainte Reine, tragédie*; catalogue Vve N. Oudot [*c.*1720] [F.P., C.M.]

310. *Le secret des secrets de nature. Extrait, tant du petit Albert* [...] (Troyes: Jacques Oudot, permission de 1705), in-12; Bibl.T. [C.M.]

311. *Le secrétaire à la mode*; catalogue Vve N. Oudot [*c.*1720] [F.P., C.M.]

312. *Le secrétaire de la cour*; catalogue Vve N. Oudot [*c.*1720] [F.P., C.M.]

313. *Le secrétaire des dames*; catalogue Vve N. Oudot [*c.*1720] [F.P., C.M.]

314. *La Silvie de Mairet, tragi-comédie*; catalogue Vve N. Oudot [*c.*1720] [F.P., C.M.]

315. *Le théâtre des farces de Maroquin avec son testament drolatique* (Rouen: J. B. Besongne, s.d.); Ars. [F.P.]

316. *Le tombeau de la mélancolie, propre à réjouir les esprits mélancoliques*; catalogue Vve N. Oudot [*c.*1720] [F.P., C.M.]

317. *Le tracas de Paris en vers burlesques, contenant la Foire St Laurent* (Troyes et Paris: Vve Nicolas Oudot, approbation et permission de 1714), in-12; Bibl.T. [C.M.]

318. *Traité de la nouvelle orthographe française* [...] *avec la manière de dresser et écrire correctement des lettres de marchands et de change, des billets à ordre* (Troyes: Vve J. Oudot, 1716), in-12; Ars. [F.P.]

319. *Le Trésor des chansons anciennes*; catalogue Vve N. Oudot [F.P. C.M.] [*c.*1720] [F.P., C.M.]

320. *La vengeance de la mort de Michel Morin*; catalogue Vve N. Oudot [*c.*1720] [F.P., C.M.]

321. *Le Verboquet, conte plaisant et facétieux*; catalogue Vve N. Oudot [*c.*1720] [F.P., C.M.]

322. *La vie de Saint Fiacre* (Troyes: Vve Jacques Oudot, 1717); B.N. [F.P.]

323. *La vie de Tiel Ulespiegle et de ses faits merveilleux* (Troyes: Vve Jacques Oudot, 1705), in-8°; L. Morin, *Histoire corporative des artisans du livre à Troyes* (Troyes 1900); [C.M.]

324. *La vie du fameux Gargantuas* (Troyes: Vve Jacques Oudot et Jean Oudot fils, approbation & permission 1715), in-8°; Ars. [F.P.]

325. *La vie et légende de Ste Marguerite vierge et martyre* (Troyes: Oudot, 1717); Ars. [fichier G. Bollème]

326. *La vie et les fables d'Esope, avec des figures*; catalogue Vve N. Oudot [*c.*1720] [F.P., C.M.]

327. *Vie, passion, mort et résurrection de Notre Seigneur Jesus Christ* (Troyes: Vve J. Oudot, 1717), in-8°; catalogue de libraire [C.M.]

328. *Vieilles nouvelles rajeunies, accommodées au goût du temps. Avec privilège du roi* (Troyes: Jacques Le Febvre, 1716); Bibl.T. [C.M.]

329. [Même titre] (Paris: Vve Nicolas Oudot, 1716); catalogue de libraire [C.M.]

330. *La ville de Paris en vers burlesques* [par Berthaud et Scarron] (Troyes: Vve J. Oudot, 1705); B.N. [C.M.]

1720-1740

331. *Abrégé de la vie de Saint Edmond* (Troyes: Vve P. Garnier, 1731); coll. privée [C.M.]

332. *Abrégé de la vie et des miracles de St Amable, patron de la ville de Riom* (Riom: Thomas, 1739), in-16; B.N. [F.P.]

333. *Abrégé ou pratique d'une nouvelle arithmétique très intelligente*, Par le Sieur de Barenne (Rouen: Jean Oursel, 1735); Ars. [F.P.]

334. *Accusation correcte du vrai pénitent*, par le R.P. Chaurend, missionnaire Jésuite (Troyes: Garnier, permission de 1724); Bibl.T. [C.M.]

335. *L'Arithmétique nouvelle, dans une véritable intelligence* (Troyes 1725); Ars. [F.P.]

336. *L'arrivée du brave Toulousain* (Troyes: Pierre Garnier, 1731); Ars. [F.P.]

337. *L'art de panser et de guérir toutes les maladies des chevaux.* [...] Mis au jour par D. Antonio de Arriques, Grand Ecuyer de son Altesse Monseigneur le Duc de Mantoue (Troyes: Vve Jacques Oudot et Jean Oudot fils, permission de 1730); A.T.P. [fichier G. Bollème]

338. *L'avanturier Buscon, histoire facétieuse* (Troyes: Jean Oudot fils, 1728); Bibl.T. [C.M.]

339. *Le batiment des receptes*, traduit d'italien en françois (Troyes 1726), in-8°; Ars. [F.P.]

340. *Cantiques spirituels d'un solitaire* (Paris: Vve Nicolas Oudot, 1728); Ars. [F.P.]

341. *Cantiques spirituels sur différents sujets* (Troyes 1725); Ars. [F.P.]

342. *Le chemin du ciel ou la voye que doivent tenir les enfans pour arriver au ciel.* Composé par M.L.R.R.D. (Troyes: Pierre Garnier, permission de 1725), in-12; Bibl.T. [C.M.]

343. *La civilité puérile et honneste pour l'instruction des enfans* [...] (Troyes: Jean Oudot, 1735); Bibl.T. [C.M.]

344. *Compliments de la langue françoise* par M. de la Serre (Rouen: Jean Oursel l'aîné, 1731); Ars. [F.P.]

345. *Conférence agréable de deux Païsans de St Ouen et de Montmorency, sur les Affaires du temps* (Troyes: Vve Oudot et Jean Oudot fils, permission de 1728); Bibl.T. [C.M.]

346. *Confession générale*, in-8°; catalogue Vve Oudot (1722) [C.M.]
347. *Conquestes du grand Charlemagne roy de France et d'Espagne. Avec les faits et gestes des douze pairs* [...] (Troyes: Vve Jacques Oudot et Jean Oudot fils, 1736), in-8°; Bibl.T. [C.M.]
348. [Même titre] (Troyes: Pierre Garnier, permission de 1726); Bibl.T. [C.M.]
349. *Considérations chrétiennes pour tous les jours de la semaine*. Par le R.P. Paul Seignery, de la Compagnie de Jésus (Troyes: Vve Oudot et Jean Oudot fils, 1733 (approbation et permission royale de 1731)); Bibl.T. [C.M.]
350. *Les contes de fées, par Mr. Perrault, avec des moralités* (Troyes: Pierre Garnier, permission de 1723)); coll. privée [C.M.]
351. [Même titre] (Jean Oudot, 1734 (permission de 1723)); coll. privée [C.M.]
352. *Cris de Paris* (Jacques Oudot, 1722); inventaire de libraire [C.M.]
353. *Le cuisinier françois, enseignant la manière de bien apprêter et assaisonner toutes sortes de viandes, grasses et maigres, légumes et patisseries en perfection* etc [...] *Reveuë corrigé et augmenté d'un traité de confitures et liquides et autres délicatesses de bouche*, par le Sieur de La Varenne [...] Vve Jacques Oudot, permission de 1723); Ars. [C.M.]
354. *Dialogues de trois vignerons du Pays du Maine sur les misères de ce temps* (Rouen: F. Oursel, 1734); Bibl. de Rouen [F.P.]
355. *Le Doctrinal de Sapience dans lequel est compris et enseigné tous les devoirs des véritables Chrétiens pour parvenir à la Béatitude éternelle* (Troyes: Vve Jacques Oudot et Jean Oudot fils, s.d.); Bibl.T. [C.M.]
356. *L'entretien des bonnes compagnies*, Par le sieur Desfontaines, gentilhomme Provençal (Troyes: Pierre Garnier, permission de 1729); Bibl.T. [C.M.]
357. *Les fables et la vie d'Esope phrigien* (Troyes: P. Garnier, permission de 1729), in-8°; Bibl.T. [C.M.]
358. [Même titre] (Vve Jacques Oudot et Jean Oudot fils, permission de 1735 (à Jean Oudot)), in-8°; Bibl.T. [C.M.]
359. *Les facétieuses rencontres de Verboquet, Pour réjouir les Mélancoliques. Contes plaisans pour passer le temps* (Troyes: Oudot, 1736); Bibl.R. [F.P.]
360. *Fameuse Harangue faite en l'Assemblée générale de Messieurs Messeigneurs les Savetiers* (Pierre Garnier, permission de 1731); Bibl.T. (cinq autres exemplaires) [C.M.]
361. *Le Fault mourir et les excuses inutiles qu'on apporte à cette nécessité* [par Jacques Jacques, chanoine d'Embrun] (Troyes: Oudot, 1724); Ars. [F.P.]
362. *Les fleurs de bien dire et sentences très élégantes. Avec des comparaisons pour bien discourir* [...]. Dédié aux amoureux (Troyes: Vve Jacques Oudot, 1725); Bibl.T. [C.M.]
363. *La grande Bible des Noels tant viels que nouveaux* (Blois: P.P. Charles, 1723), in-16; B.N. [F.P.]

364. [Même titre] (Troyes: Vve J. Oudot et Jean Oudot, 1723); coll. privée [C.M.]
365. [Même titre] ([Troyes:] Vve J. Oudot et Jean Oudot fils, 1727); Ars. (deux autres exemplaires à la Bibliothèque nationale) [F.P.]
366. [Même titre] ([Troyes:] Vve J. Oudot et Jean Oudot fils, 1732); B.N. [F.P.]
367. *Grande Bible des Noëls ou tous les mystères de la naissance sont expliqués* (Troyes 1728); Ars. [F.P.]
368. *La Grande confrairie des saouls d'ouvrer et enragés de rien faire* [...] (Rouen: Jean Oursel, 1735); B.N. [F.P.]
369. *La grande danse macabre* (Troyes 1728), in-4°; Bibl.R. [F.P.]
370. *Histoire abrégée du nouveau Testament* [...] *Imprimé* [sic] *en faveur de la jeunesse chrétienne* (Troyes: Pierre Garnier, permission de 1738), in-8°; Bibl.T. (deux autres exemplaires) [C.M.]
371. *Histoire de Huon de Bordeaux* (Troyes: Pierre Garnier, 1726), 2 vol. in-4°; Ars. [F.P.]
372. *Histoire de Jean de Paris, roy de France* (Troyes: P. Garnier, permission de 1736); coll. privée [C.M.]
373. *Histoire de Joseph mise en cantique* (Troyes: Oudot, 1731); Ars. [F.P.]
374. [Même titre] (Vve Pierre Garnier, permission de 1738); coll. privée [C.M.]
375. *Histoire de la belle Hélène de Constantinople* (Troyes: Garnier, 1738), in-8°; B.N. [F.P.]
376. *Histoire de la vie de St Hubert, prince du sang de France, premier évêque et fondateur de la ville de Liège*, par [...] Célestin, abbé de St Hubert (Paris et Liège 1737), in-8°; Bibl.R. [F.P.]
377. *Histoire de la vie et du Purgatoire de St. Patrice*, mis en françois par le Père Bouillon (Troyes, Pierre Garnier, 1738), in-12; Bibl.R. [F.P.]
378. *Histoire de la vie grandes voleries et subtilités de Guilleri et de ses compagnons* (Troyes: Garnier, 1728); B.N. [F.P.]
379. *Histoire de Pierre de Provence et de la belle Maguelone* (Troyes: P. Garnier), in-8°; Bibl.T. [C.M.]
380. *Histoire des Avantures heureuses et malheureuses de Fortunatus* ([Troyes:] Vve Jacques Oudot et Jean Oudot fils, permission de 1723); Ars. [F.P.]
381. [Même titre] ([Troyes:] Garnier, 1726), in-8°; B.N. [F.P.]
382. *L'histoire des deux nobles et vaillants chevaliers Valentin et Orson* (Troyes: Vve J. Oudot, 1723); Ars. [F.P.]
383. *Histoire des nobles prouesses et vaillances de Gallien Restauré* (Troyes: Pierre Garnier, permission de 1728), in-4°; coll. privée [C.M.]
384. *Histoire des quatre fils Aymon très nobles, et très-vaillans chevaliers* (Troyes: Vve Jacques Oudot et Jean Oudot fils, 1728); coll. privée [C.M.]
385. [Même titre] (Pierre Garnier, approbation de 1737); coll. privée [C.M.]

386. *Histoire générale des plantes et herbes*, par M. Léonard Ficus (Troyes: Vve Jacques Oudot et Jean Oudot fils, permission de 1728); Ars. [F.P.]

387. *Histoires abrégées de l'Ancien Testament* [...] *imprimées en faveur de la Jeunesse Chrétienne* (Troyes: Pierre Garnier, permission de 1729), in-8°; Bibl.T. [C.M.]

388. *L'innocence reconnue* (Troyes: Garnier, 1738); Ars. [F.P.]

389. *Instruction de l'arithmétique* (Troyes: Vve Garnier, approbation de 1726), in-12; *Annuaire de l'Aube* (1876), p.78 [C.M.]

390. *Le jardin d'amour où est enseigné la méthode et adresse pour trouver et entretenir une maitresse* (Rouen: Jean Oursel l'aîné, 1727), in-16; Ars. [F.P.]

391. [Même titre] (Troyes: Pierre Garnier, 1739), in-12; B.N. [F.P.]

392. *Le Jardinier français* (Troyes: Pierre Garnier, approbation de 1735); Bibl.T. [C.M.]

393. [Même titre] ([Troyes:] Vve Jacques Oudot, 1723); Ars. [F.P.]

394. *Livre second de Huon de Bordeaux, pair de France* (Troyes: Vve Jacques Oudot et Jean Oudot fils, 1727), in-4°; Bibl.T. [C.M.]

395. *La Magie naturelle ou mélange divertissant contenant des secrets merveilleux* (Troyes: Garnier, approbation de 1723), in-12; Bibl.T. [C.M.]

396. *Le magnifique et superlicoquentieux festin fait à Messieurs Messeigneurs les vénérables Savetiers* (approbation et permission de 1731), in-8°; Bibl.T. [C.M.]

397. *La malice des femmes* (Troyes: J. Oudot, 1732); B.N. [F.P.]

398. [Même titre] (Pierre Garnier, permission de 1736); Bibl.T. (autres exemplaires) [C.M.]

399. *Le mareschal expert* [...] par feu N. Beaugrand M. Mareschal à Paris (Troyes: Vve Jacques Oudot et Jean Oudot fils, 1731); Bibl.T. [C.M.]

400. *La méchanceté des filles* (Limoges: J. Farne, approbation de 1726), in-16; C. Simon, 'La Bibliothèque bleue de Limoges', dans *Le Bibliophile du Limousin* (Limoges 1904), p.147 [F.P.]

401. *Le miroir d'astrologie naturelle ou le passe-temps de la jeunesse, traitant de l'inclination de l'homme et de la femme* (Troyes: Vve Jacques Oudot et Jean Oudot fils), in-8°; Bibl.T. [C.M.]

402. *Misère des garçons boulangers de la ville et fauxbourgs de Paris* (Troyes: Vve J. Oudot, 1739), in-8°; B.N. [F.P.]

403. *Noëls nouveaux sur la naissance de J.C.* (Troyes: P. Garnier, 1728), in-8°; Ars. [F.P.]

404. *Noëls ou cantiques nouveaux, composez par P. Binard parisien* (Vve Jacques Oudot et Jean Oudot fils, 1728), in-8°; A.T.P. [fichier G. Bollème]

405. *Nouveau recueil de chansons sur plusieurs airs nouveaux* (Troyes: P. Garnier, permission de 1722); coll. privée [C.M.]

406. [Même titre] (Troyes: Vve Jacques Oudot et Jean Oudot fils); Bibl.T. [C.M.]

407. *Nouveau recueil des plus beaux cantiques spirituels* (Paris: Vve Nicolas Oudot, 1729); Ars. [F.P.]

408. *Le nouveau secrétaire françois ou l'art de bien écrire,* par le Sieur Colletet (Troyes: P. Garnier, permission de 1728 (à P. Garnier)), in-12; coll. privée [C.M.]

409. *Nouveau traité d'ortographe contenant les mots qui ont une même pronostication [sic] et diverse signification très-nécessaire à la jeunesse pour apprendre à écrire correctement* (Rouen: Jean Oursel l'aîné, 1730); Ars. [F.P.]

410. *Nouvelle découverte des secrets les plus curieux* (Troyes: Jean Oudot, 1728), in-18; catalogue de libraire [C.M.]

411. *Pasquille nouvelle sur les amours de Lucas et Claudine* (Troyes: P. Garnier, 1738), in-8°; coll. privée [C.M.]

412. *Patience de Griselidis, femme du marquis de Saluces* (Troyes: Pierre Garnier, 1736), in-8°; A.T.P. [F.P.]

413. *La Peine et Misère des garçons [chirurgiens], autrement appelez fratrès* (Troyes: Vve J. Oudot, 1739); B.N. [F.P.]

414. [Même titre] (P. Garnier, approbation de 1735), in-8°; Bibl.T. [C.M.]

415. *Le Petit exercice du chrétien pendant la journée* (Troyes: Vve Oudot et Jean Oudot, 1731), in-8°; Bibl.T. [C.M.]

416. *Les promenades de la Guinguette, aventures et histoires galantes* (Troyes: Vve J. Oudot, 1736), in-12; B.N. [F.P.]

417. *Les quatrains du seigneur de Pybrac, conseiller du roy* [...] *Le tout reveû, corrigé et augmenté* [...] (Vve Jacques Oudot et Jean Oudot fils, 1737); Bibl.T. [C.M.]

418. *Les quatre fins dernières de l'homme, sçavoir de la mort, du jugement dernier, des peines d'Enfer et des joyes du Paradis* (Vve Jacques Oudot et Jean Oudot fils, 1727), in-8°; Bibl.T. [C.M.]

419. *Récit véritable et authentique de l'honnête réception d'un Maître savetier, Carleur et Réparateur de la Chaussure humaine* (Troyes: Jean Garnier, 1731); catalogue de libraire [C.M.]

420. *Recueil des plus belles chansons et airs de cour* (Paris: Oudot, 1722); Ars. [F.P.]

421. [Même titre] (Troyes 1727), in-12; Ars. [F.P.]

422. *Les rencontres fantaisies et coq à l'asnes facétieux du baron Gratelard* (Troyes: Garnier, 1738); B.N. [F.P.]

423. [Même titre] (Troyes: Pierre Garnier, 1725), in-12; Ars. [F.P.]

424. [Même titre] (Troyes: Vve Jacques Oudot et J. Oudot fils, 1729); Bibl.T. [C.M.]

425. [Numéro non attribué]

426. *Le romant de Jean de Paris* ([Troyes:] J. A. Garnier, 1728); Ars. [F.P.]

427. *Saint Alexis, tragédie* (Troyes: Vve Jacques Oudot et Jean Oudot fils, 1729); Bibl.T. [C.M.]

428. *Le secrétaire à la mode ou méthode facile d'écrire selon le temps diverses lettres* par le sieur de la Serre (Troyes: Vve Jacques Oudot et Jean Oudot fils, 1730); coll. privée [C.M.]

429. *Suite de l'histoire abrégée du nouveau testament, [...] imprimée en faveur de la Jeunesse Chrétienne* (Troyes: P. Garnier, permission de 1728); Bibl.T. [C.M.]

430. *Les statuts, règles et ordonnances de Herpinot reformé* (Paris: Vve N. Oudot, permission et approbation de 1723); coll. privée [C.M.]

431. [Même titre] (Troyes: Vve J. Oudot, et Paris: 'dans la Boutique de la Veuve N. Oudot', 1727); coll. privée [C.M.]

432. *La terrible et merveilleuse vie de Robert le Diable, Lequel après fut homme de bien* (Troyes: P. Garnier, permission de 1738), in-8°; Bibl.T. [C.M.]

433. *La vengeance du trepas funeste du fameux Michel Morin* (Troyes: Pierre Garnier, permission de 1728); Ars. [F.P.]

434. [Même titre] (s.l.: imprimerie de Garnier, 1728); B.N. onze autres exemplaires) [F.P.]

435. *Vie de Nivet, dit fanfaron* (Paris 1729); Bibl.R. [F.P.]

436. *La vie de St Claude, archevesque de Besançon* (Troyes: Vve Jacques Oudot, approbation de 1724), in-12; Bibl.T. [C.M.]

437. *La vie de Ste Anne* (Troyes: Vve Jacques Oudot et Jean Oudot, 1728); note A. Socard à la Bibliothèque de Troyes [C.M.]

438. *La vie de Sainte Jule vierge et martyre* (Troyes: Jacques Le Febvre, 1720); Bibl.T. [C.M.]

439. *La vie de Scaramouche* par le sieur A. Constantini (Troyes: P. Garnier, permission de 1725); Bibl.T. [C.M.]

440. [Même titre] (Troyes: Vve Jacques Oudot, 1725); catalogue de bibliothèque [C.M.]

441. *La vie de Tiel Ulespiegle* (Troyes: P. Garnier, permission de 1729); Bibl.T. [C.M.]

442. *La vie des trois Maries* (Troyes: P. Garnier, permission de 1728), in-8°; Bibl.T. [C.M.]

443. *La vie du fameux Gargantuas* (Troyes: P. Garnier, permission de 1728), in-8°; B.N. [F.P.]

444. *La vie du Grand et incomparable Saint Nicolas evesque de Myre* (Troyes: Vve Jacques Oudot et Jean Oudot fils, 1727); Bibl.T. [C.M.]

445. *La vie et les miracles de Saint Antoine* (Troyes: Vve Jean Oudot, 1735), in-8°; Bibl.T. [C.M.]

446. [Même titre] (Pierre Garnier, permission de 1738); Bibl.T. [C.M.]

447. *La vie joyeuse et récréative de Tiel Ulespiègle* (Troyes: P. Garnier, permission de 1738); Bibl.T. [C.M.]

448. *Les visions de Dom Francisco de Quevedo* (Troyes: Vve Jacques Oudot et Jean Oudot fils, privilège de 1728 (de Jean Oudot)); Bibl.T. (quatre autres exemplaires) [C.M.]

1740-1760

449. *L'Académie ou maison des jeux* (Troyes: Jean Garnier, permission de 1748), in-8°; Bibl.T. [C.M.]

450. *L'arithmétique nouvelle dans sa véritable perfection* (Troyes: Jean Garnier), in-8°; coll. privée [C.M.]

451. *Les Béquilles du diable Boiteux*, par Mr. A.B. *** (Troyes: Jean Garnier, permission de 1755); Bibl.T. [C.M.]

452. *La chatte blanche, suivi [sic] de Blanche Belle, contes des fées*, par Madame D*** (Troyes: J. A. Garnier, permission de 1758), in-12; coll. privée [C.M.]

453. *La civilité honneste pour l'instruction des enfans. En laquelle est mise au commencement la manière d'apprendre à bien lire, prononcer et écrire* [...] Dressée par un Missionnaire (Vve Garnier, permission de 1736 (à Pierre Garnier)), in-8°; B.N. [C.M.]

454. *La civilité Puérile et Honneste* (Jean Garnier, permission de 1742 (à Pierre Garnier)); Bibl.T. (deux exemplaires) [C.M.]

455. *Les complimens de la langue Françoise. En forme de dialogue. Très utile et necessaire pour apprendre à bien parler en toutes compagnies, et rencontres. Dédié aux amoureux* [...] (Troyes: Vve Garnier, permission de 1735); Bibl.T. [C.M.]

456. *Contes des fées contenant la chatte blanche et Blanche Belle*, par Mme D*** (Troyes: Garnier, permission de 1758), in-12; coll. privée [C.M.]

457. *Contes des fées contenant le prince Lutin et Fortunée*, par Mme D*** (Troyes: Vve Jean Oudot, permission de 1758); Bibl.T. [C.M.]

458. *Contes des fées par M. Perrault, avec des moralités* (Troyes: Vve Jean Oudot, 1756), in-12; catalogue de vente [C.M.]

459. *Le cuisinier françois enseignant la manière d'apprêter et assaisonner toutes sortes de viandes* [...] *augmenté d'un traité enseignant la manière de faire les confitures* [...] par le sieur de La Varenne (Vve Jean Oudot, 1744); catalogue de livres d'occasion [C.M.]

460. [Même titre] (Vve Pierre Garnier, permission de 1728); Bibl.T. [C.M.]

461. [Même titre] (Jean Garnier); Bibl.T. [C.M.].

462. *Dialogue entre Cartouche et Mandrin, où l'on voit Proserpine se promener en cabriolet dans les enfers* (Troyes: J. Garnier, 1755); B.N. [F.P.].

463. *Discours et entretiens bachiques* (s.l., permission de 1755), in-12; Bibl.T. [C.M.].

464. *L'état de servitude ou la Misère des domestiques* (Troyes: Vve P. Garnier, s.d.); Ars. [F.P.].

465. *L'entretien des bonnes compagnies* (Vve Jean Oudot, 1751); coll. privée [C.M.].

466. *Etrennes à messieurs les ribauteurs, les suppléments aux Ecosseuses ou Margot la Mal peignée* (s.l. 1749), in-8°; B.N. [F.P.] – (s.l. 1752), in-8°; B.N. [F.P.] [Il ne semble pas que ces deux ouvrages appartiennent à la Bibliothèque bleue.]

467. *Exercice de dévotion contenant les prières du matin et du soir, l'entretien durant la messe, et les prières pour la confession et la sainte communion* (Troyes: Jean Garnier), in-12; Bibl.T. [C.M.].

468. [Même titre] (Vve Jean Oudot, permission de 1750); Bibl.T. [C.M.].

469. *Facile opération pour sçavoir le nom de toutes les personnes* (Troyes: J. Garnier, 1746); B.N. [F.P.].

470. *La femme mal conseillée et le mari prudent ou la guinguette de Surenne* (Troyes: Garnier, 1755); B.N. [F.P.].

471. [Même titre] (s.l. 1738); B.N. [F.P.].

472. [Même titre] (Troyes 1755); Bibl.R. [F.P.].

473. *La femme mécontente de son mari, ou entretien de deux dames sur les obligations et les peines du mariage*. Traduit du latin d'Erasme par le sieur de La Rivière (Troyes: Jean Oudot, 1743), in-12; Bibl.T. [C.M.].

474. *Figures de la Sainte Bible avec une explication très utile sous chaque figure* (Troyes: Pierre Garnier, permission de 1742), in-8°; coll. privée [C.M.].

475. *La Grande Bible de Noels tant anciens que nouveaux. Où tous les mystères de la naissance et de l'enfance de Jésus Christ sont expliquez* (Troyes: Jean Garnier, permission de 1738 (à Pierre Garnier)), in-8°; A.T.P. [F.P.].

476. *La Grande Bible renouvellée* (Troyes: Jean Garnier, permission de 1728 (à Pierre Garnier)); Bibl.T. [C.M.].

477. *Histoire admirable du Juif errant* (Rouen: Vve Behourt, 1751); Bibl.R. [F.P.].

478. *Histoire de Jean de Calais* (Troyes: Jean Garnier, approbation & permission de 1758), in-8°; Bibl.T. [C.M.].

479. *Histoire de Jean de Paris roi de France* (Troyes: Vve Jean Oudot, 1746), in-8°; coll. privée [C.M.].

480. *Roman de la belle Heleine de Constantinople* (Troyes: Vve Oudot, 1751); Bibl.T. [C.M.].

481. *Histoire de la Saincte Larme* (Vendosme 1754); A.T.P. [F.P.].

482. *Histoire de Pierre de Provence et de la belle Maguelonne* (Troyes: Jean Garnier, permission de 1738), in-8°; Bibl.T. [C.M.]

483. *Histoire de Richard sans peur* [...] *fils de Robert le Diable qui par prudence fut Roi d'Angleterre* (Troyes: Vve Oudot, 1745), in-8°; coll. privée [C.M.]

484. *Histoire de Valentin et Orson très hardis, très nobles et très vaillans chevaliers* (Troyes Jean Garnier), in-4°; Bibl.T. [C.M.]

485. *Histoire des avantures heureuses et malheureuses de Fortunatus* (Troyes: Jean Garnier, permission de 1728 (à P. Garnier)); Bibl.T. [C.M.]

486. *L'innocence reconnue*, par le R.P. René de Cerizires [*sic*] (Jean Garnier, s.d.); Bibl.T. [C.M.]

487. *Le Jargon ou langue de l'argot reformé comme il est à présent en usage parmi les bons pauvres* (Troyes: Jean Oudot, 1741); Bibl.T. [C.M.]

488. [Même titre] (Troyes: Vve P. Garnier), in-12; coll. privée [C.M.]

489. *Jeune et belle* (Jean Garnier); coll. privée [F.P.]

490. [Numéro non attribué]

491. *Livre second de Huon de Bordeaux pair de France* (Troyes: Vve Pierre Garnier, permission de 1726); Bibl.T. (plusieurs autres exemplaires à la Bibliothèque de Troyes) [C.M.]

492. *La Malice des hommes découverte dans la justification des femmes*, par Melle J. (Troyes: Garnier, place St Jacques, approbation et permission de 1759), in-12; Bibl.T. [C.M.]

493. *Le mareschal expert* [...] (Troyes: Vve Jean Oudot, 1750); coll. privée [C.M.]

494. *Le mari mécontent de sa femme, histoire nouvelle* (Troyes: Vve Garnier, permission et approbation de 1755), in-12; Bibl.T. [C.M.]

495. *Le martire de la glorieuse sainte reine d'Alise, tragédie*, composée par Maître Claude Ternet [...], dédiée à Monseigneur l'Evêque d'Autun (Troyes: Vve Jean Oudot, 1751); Bibl.T. [C.M.]

496. [Même titre] (Jean Garnier, s.d. (permission de 1738 à Pierre Garnier); coll. privée [C.M.]

497. *La méchanceté des filles* [...] (Troyes: Vve P. Garnier, s.d.); Bibl.T. [C.M.]

498. *Le miroir d'astrologie naturelle ou le passe-temps de la jeunesse* (Troyes: Vve Jean Oudot), in-8°; Bibl.T. [C.M.]

499. *Le miroir du pecheur, composé par les RRPP Capucins* (Troyes: Jean Garnier, approbation et permission de 1754); Bibl.T. [C.M.]

500. [Même titre] (Vve P. Garnier, s.d.); coll. privée [C.M.]

501. *La misere des garçons boulangers de la ville et fauxbourgs de Paris* (Troyes: Jean Garnier, s.d.), in-8°; Bibl.T. [C.M.]

502. *Le nouveau secrétaire françois, ou l'art d'écrire et de dicter toutes sortes de lettres* (Vve Jean Oudot, 1744); catalogue de livres d'occasion [C.M.]

503. [Même titre] (Troyes: Jean Garnier, permission de 1736 à P. Garnier));
Bibl.T. [C.M.]

504. *L'office de N. Dame, selon l'usage de Rome. Avec les Prières pour dire pendant
la Sainte Messe, et autres oraisons* (Troyes: Jean Oudot, 1740), in-8°; Bibl.T.
[C.M.]

505. *Oraison funèbre de Louis Mandrin, avec la complainte sur la vie et la mort de
ce fameux brigand* (Lyon 1755); Bibl.R. [F.P.]

506. *Oraison funèbre et testament de J. G. Bricotteau de Soisson* (Troyes: Jean
Garnier, permission et approbation de 1759), in-8°; B.N. [F.P.]

507. *Le Palais de la vengeance, suivie du Prince des feuilles. Contes nouveaux tirés
des Fées* (Troyes: Jean Garnier); coll. privée [C.M.]

508. *Préparation à la mort*, par le R.P. Crasset, de la compagnie de Jésus (Troyes:
Jean Garnier), in-12; Bibl.T. [C.M.]

509. *Propheties ou prédictions perpetuelles composées par Pytagoras et par plusieurs
autres anciens philosophes. Pour l'utilité des Marchands, Labourants et vignerons
[...]* (Troyes: Vve Garnier, approbation et permission de 1748), in-8°;
Bibl.T. [C.M.]

510. *Prophéties perpétuelles de T. J. Moult* (Paris 1743); Bibl.R. [F.P.]

511. *Le pseautier du prophète Roy David* (s.l. 1743), in-8°; Bibl.T. [C.M.]

512. *Recueil des plus belles chansons et airs de cour* (Rouen: J. F. Behourt); Bibl.R.
[F.P.]

513. *Le roman de la belle Heleine de Constantinople* (Troyes: Vve Jean Oudot,
1751), in-8°; Bibl.T. [C.M.]

514. *Rudiment nouveau contenant les déclinaisons des noms et pronoms* (Rouen: J.
F. Behourt, s.d.); R. Hélot, *La Bibliothèque bleue en Normandie* (Rouen
1928), p.lxiii-lxiv [F.P.]

515. *Le secrétaire des dames, pour apprendre à écrire de belles lettres en Langue
Françoise* (Troyes: Garnier, place St Jacques, approbation et permission de
1759), in-12; B.N. [F.P.]

516. *Sermon pour la consolation des cocus* (Amboise: J. Coucou, 1751); B.N. [F.P.]

517. *La société des adorateurs de Jésus-Christ expirant* (Vve Oudot, permission de
1750), in-12; Bibl.T. [C.M.]

518. *Testament sérieux et burlesque d'un maître savetier* (Troyes: Jean Garnier,
permission de 1759); coll. privée [C.M.]

519. *Vengeance du trépas funeste du fameux Michel Morin* (Vve Oudot, 1750);
catalogue de libraire [C.M.]

520. *Les vepres du Dimanche* (Jean Oudot, s.l.n.d. (permission de 1744)); Bibl.T.
[C.M.]

521. *Vie de Nivet, dit Fanfaron* (Rouen: J.F. Behourt); Bibl.R. [F.P.]

522. *La vie de Saint Alexis* (Troyes: Vve Jean Oudot, 1740), in-12; catalogue de livres d'occasion [C.M.]

523. *La vie de Saint Fiacre confesseur, patron de Brie* (Troyes: Vve Jean Oudot, 1752); Bibl.T. [C.M.]

524. *La vie de Ste Jule vierge et martyre* (Troyes: Jacques Le Febvre, 1747), in-8°; Bibl.T. [C.M.]

525. *La vie de Scaramouche par le sieur A. Constantin* (Troyes: Jean Garnier, s.d.), in-12; Bibl.T. [C.M.]

526. *La vie du fameux Gargantuas* (Troyes: Vve Jean Oudot, 1745), in-8°; Bibl.T. [C.M.]

527. *La vie et légende de Ste Marguerite, vierge et martyre* (Vve P. Garnier), in-8°; Bibl.T. [C.M.]

1760-1789

528. *Cantiques spirituels sur les principaux points de la Religion et de la morale chrétienne*, imprimés avec la permission de Monseigneur l'Evêque de Troyes, à la suite du catéchisme du Diocèse (Troyes: Vve Gobelet, 1776), in-12; Bibl.T. [C.M.]

529. *La civilité honneste pour l'instruction des enfans.* Dressée par un missionnaire (Paris: Hérissant, 1761); B.N. [F.P.]

530. *Le déjeuner des halles, ou accords de mariage entre Claude l'Echapé* [...] (s.l. 1761); B.N. [F.P.]

531. *La fabuleuse explication des songes, avec le moyen pour connaître la bonne ou mauvaise fortune de chacun* (Etienne Garnier le Jeune); catalogue de vente [C.M.]

532. *La grande Bible des Noels tant vieux que nouveaux où tous les mystères de la naissance et de l'enfance de Jésus Christ sont expliqués* [...] (Troyes: Garnier le Jeune, permission de 1728 (à P. Garnier)), in-8°; Bibl.T. (deux autres exemplaires) [C.M.]

533. *La grande Bible des Noels tant vieux que nouveaux* (Troyes: Garnier le Jeune), in-12; Bibl.T. [C.M.]

534. *La grande Bible renouvellée de Noels nouveaux où tous les mystères* [...] (Troyes: Antoine Garnier), in-8°; Bibl.T. (quatre autres exemplaires) [C.M.]

535. [Même titre] ([Troyes:] Garnier le Jeune, permission de 1728 (à Pierre Garnier)), in-8°; A.T.P. [F.P.]

536. *La grande confrérie des saouls d'ouvrer et enragés de rien faire* (Rouen: Vve Oursel, approbation de 1785); B.N. [F.P.]

537. *Histoire abrégée du nouveau testament.* [...] *Imprimée en faveur de la jeunesse*

chrétienne (Troyes: Garnier le Jeune), in-8°; Bibl.T. [C.M.]

538. *Histoire de Jean de Calais* (Garnier le Jeune, permission de 1758, (à Jean Garnier)), in-8°; Bodleian Library, Oxford [C.M.]

539. *Histoire de Jean de Paris, roi de France* (Troyes: Garnier le Jeune); Bodleian Library, Oxford [C.M.]

540. *Histoire de la vie et du culte de Sainte Savine, vierge et patrone d'une église dédiée sous son invocation dans un fauxbourg de Troyes* (Troyes: Garnier le Jeune, 1774), in-12; Bibl.T. (cinq autres exemplaires) [C.M.]

541. *Histoire de la vie, grandes subtilités de Guilleri et de ses compagnons* (Troyes: Garnier le Jeune), in-12; Bibl.T. [C.M.]

542. *Histoire de Peau d'Ane* (Troyes: Antoine Garnier), in-12; Bibl.T. [C.M.]

543. *Histoire de Pierre de Provence et de la belle Maguelonne* (Troyes: Garnier le Jeune); Bodleian Library, Oxford [C.M.]

544. *Histoire de Richard sans peur, Duc de Normandie* [...] (Troyes: Jean Garnier, permission de 1736 (à Pierre Garnier)); Bibl.T. [C.M.]

545. *Histoire nouvelle et divertissante du bonhomme Misère* (Troyes: Garnier le Jeune), in-8°; Bibl.T. [C.M.]

546. *Histoires abrégées de l'ancien testament* (Troyes: Garnier le Jeune, approbation de 1728), in-12; coll. privée [C.M.]

547. *L'innoncence* [sic] *reconnue*, par le R.P. René de Ceriziers. Vue et corrigée par Mr l'Abbé Richard, censeur royal (Troyes: Garnier le Jeune), in-8°; coll. privée [C.M.]

548. *Le Livre des sciences pour apprendre à la Jeunesse tout ce qu'il lui faut* (Troyes: Vve Gobelet, permission et approbation de 1777), in-8°; coll. privée [C.M.]

549. *Le miroir d'astrologie ou le passe-temps de la jeunesse* (Garnier le Jeune, s.d.), in-8°; coll. privée [C.M.]

550. *Nouveaux Noels ou cantiques spirituels sur les Mystères de l'Incarnation et de la Naissance du Fils de Dieu*, par Nic. Pourvoyeur [...], auteur troyen (Troyes: Garnier le Jeune), in-18; Bibl.T. [C.M.]

551. *Œuvres de piété envers Jésus-Christ et sa Sainte Mère* (permission de 1773), in-32; Bibl.T. [C.M.]

552. *Pasquille nouvelle sur les amours de Lucas et Claudine* (Troyes: Antoine Garnier, s.d.); Bibl.T. [C.M.]

553. *Recueil des plus belles chansons et airs de cour* (Troyes: Jean Garnier, s.d.); coll. privée [C.M.]

554. *Les rues de Paris avec les cris que l'on entend journellement* (Troyes: Garnier le Jeune), in-8°; Bibl.T. [C.M.]

555. *St Alexis tragédie* (Troyes: Jean Garnier, s.d.); Bibl.T. [C.M.]

556. *Sermon pour Saint Parre, martirisé près Foicy* (Troyes: approbation et permission de 1769), in-16; Bibl.T. [C.M.]

557. *La terrible et merveilleuse vie de Robert le Diable. Lequel après fut homme de bien* (Troyes: Garnier le Jeune, s.d.); Bodleian Library, Oxford [C.M.]

558. *Vie de Saint Patrocle, vulgairement St Parre* (Troyes: Garnier le Jeune, s.d.), in-16; Bibl.T. [C.M.]

559. *La vie de Sainte Jule vierge et martyre* [...] (Troyes: J. Jacques Le Febvre, 1770); Bibl.T. [C.M.]

560. *La vie joyeuse et récréative de Tiel-Ulespiegel* (Troyes: Garnier le Jeune), in-8°; Bibl.T. [C.M.]

561. *La vie, mort, passion et résurrection de notre sauveur J.C.* (Troyes: Vve Jean Oudot, 1769), in-8°; coll. privée [C.M.]

562. [Même titre] (Garnier le Jeune, s.d.); Bibl.T. [C.M.]

1600-1650

563. *Conférence agréable de deux paysans de St Ouen et de Montmorency, sur les affaires du temps* (Troyes: Jacques Oudot, Au Chapon d'Or, s.d.), in-8°; Bibl.T. [C.M.]

564. *La conqueste du grand Charlemagne roy de France et d'Espagne* (Troyes: Pierre Sourdet [1607-1638]); coll. privée [C.M.]

565. *L'enfant sage a trois ans qui fut interrogé par Adrian Empereur de Rome* (Troyes: Nicolas Oudot, Au Chappon d'Or, s.d.); coll. privée [C.M.]

566. *Les expositions des Evangiles contenans les cinquante deux Dimanches de l'année* (Troyes: Jean Oudot, Au Chapon d'Or, s.d.), in-8°; note de M. Herluison [C.M.]

567. *Les fantaisies de Bruscambille* (Troyes: Nicolas Oudot, Au Chappon d'Or, s.d.), in-8°; Bibl.T. [C.M.]

568. *La flute de Robin en laquelle les chansons de chasque metier s'egayent* (Troyes: Pierre Piot, s.d.), in-8°; B.N. [F.P.]

569. *L'heur et malheur de mariage. Ensemble les lois connubiales de Plutarque*, traduites en François Par Jean de Marconville Gentilhomme Percheron (Troyes: Nicolas Oudot, rue Nostre-Dame, s.d.), in-16; coll. privée [C.M.]

570. *L'Histoire de Florent et Lyon, enfans de l'empereur de Rome* (Rouen: Vve Louys Costé, s.d.); B.N. [F.P.]

571. *L'histoire de Maugis d'Aygremont et de Vivian son frere* (Rouen: Vve Louys Costé, s.d.), in-4°; B.N. (deux autres exemplaires à la bibliothèque de Rouen) [F.P.]

572. [Même titre] (Troyes: Nicolas Oudot, rue Nostre Dame, s.d.); Bibl.T. [C.M.]

573. *Histoire de Pierre de Provence et de la belle Maguelonne* ([Troyes:] Nicolas Oudot, rüe Nostre Dame, s.d.); B.N. [F.P.]

574. *Huon de Bordeaux* ([Rouen:] Louys Costé, 1600); Bibl.R. [F.P.]

575. *Histoire et faits du tres pieux noble et vaillant Huon de Bordeaux* (Rouen: Vve Costé, s.d.), in-8°; Bibl.R. [F.P.]

576. *L'histoire des deux nobles et vaillants chevaliers Valentin et Orson, enfans de l'Empereur de Grèce* (Rouen: Vve Louys Costé, s.d.); B.N. [F.P.]

577. *Hystoire de St Suzanne* (Troyes: Nicolas Oudot, s.d.); B.N. [F.P.]

578. *L'hystoire du noble et vaillant chevalier Paris et de la belle Vienne* (Troyes: Nicolas Oudot, s.d.), in-8°; B.N. [F.P.]

579. *L'histoire du noble preux* [...] *Guillaume de Palerme* (Rouen: Vve Louys Costé, s.d.; Ars. [F.P.]

580. [Même titre] (Rouen: Vve Loüys Cösté [*c.*1634]), in-4°; B.N. [F.P.]

581. *Le Jargon ou langage de l'argot réformé. Comme il est à présent en usage parmi les bons pauvres* (Troyes: Nicolas Oudot, Au Chappon d'Or); coll. privée [C.M.]

582. *La malice des femmes* (Rouen: Jacques Besongne, s.d.); Bibl.R. [F.P.]

583. *Oger le Dannois duc de Dannemarche* (Troyes: Nicolas Oudot, s.d.); Bibl.T. [C.M.]

584. *Les prouesses d'Hercule* (Rouen: Vve Louis Costé, s.d.); B.N. [F.P.]

585. *Les quatre fils Aymon* (Rouen: Vve Louys Costé, s.d.); B.N. (deux autres exemplaires) [F.P.]

586. *Le romant de la belle Hélène de Constantinople* (Troyes: Nicolas Oudot, rüe Nostre-Dame, s.d.); B.N. [C.M.]

587. *La vie de St Edme, Archevesque de Canturbie* (Troyes: Jean Oudot, rüe Nostre Dame, s.d.); Bibl.T. [C.M.]

588. *Vie et légende de Monseigneur Saint Claude* (Troyes: Nicolas Oudot, Au Chappon d'Or, s.d.), in-8°; Bibl.T. [C.M.]

589. *Vie et légende de Monseigneur Sainct Nicolas* (Troyes: Nicolas Oudot, Au Chappon d'Or, s.d.), in-8°; Bibl.T. [C.M.]

590. *La vie et Légende de Madame Saincte Katherine* (Troyes: Nicolas Oudot, au Chappon d'Or, s.d.), in-8°; coll. privée [C.M.]

591. *La vie mort et passion et resurection de nostre sauveur Jesus-Christ. Avec la vie de Judas Yscariote et sensuyt le trespassement et Assomption de la glorieuse Vierge Marie* (Troyes: Nicolas Oudot, s.d.); Bibl.T. [C.M.]

1650-1700

592. *L'Apotiquaire charitable*, par Philebert Guibert, [...] Docteur Régent en la Faculté de Médecine de Paris, [...] *Augmenté de l'Opérateur des Pauvres* (Troyes et Paris: Antoine de Rafflé, s.d.), in-8°; Bibl.T. [C.M.]

593. *Le Bastiment des Receptes* (Troyes et Paris: A. de Rafflé, s.d.); Bibl.T. [C.M.]
594. *Débats et facetieuses rencontres de Gringalet et de Guillot Gorgeu son maistre* (Troyes et Paris, chez A. de Rafflé, s.d.); B.N. [F.P.]
595. *L'eschole de Salerne, ensuite le poeme macaronique en vers burlesques* (Paris: A. de Rafflé, s.d.), in-12; B.N. [F.P.]
596. *Les facétieuses rencontres du disciple de Verboquet* (Troyes et Paris: Jean Musier, s.d.), in-12, Ars. [F.P.]
597. *La farce des quiolars* (Rouen: Jean Oursel, s.d.), in-12; Bibl.R. [F.P.]
598. *La grand [sic] Bible des Noels tant viels que nouveaux* (Troyes et Paris: A. de Rafflé, s.d.), in-8°; Bibl.T. [C.M.]
599. *La grande confrairie des saouls d'ouvrer et enragés de rien faire, avec les statuts d'icelle* (Rouen: Jean Oursel, approbation de 1735), in-12; A.T.P. (fichier G. Bollème]
600. *La grande danse macabre des hommes et des femmes historiée et renouvellée de vieux Gaulois* (Troyes: Jacques Oudot, s.d.), in-4°; Bibl.T. [C.M.]
601. *Histoire de Huon de Bordeaux, pair de France* ([Troyes:] Jacques Oudot, s.d.); B.N. [F.P.]
602. *Histoire de Pierre de Provence et de la belle Maguelonne* (Troyes et Paris, chez A. de Rafflé, s.d.), in-8°; bibliothèque municipale d'Evreux [C.M.]
603. *Histoire de Richard sans peur Duc de Normandie* (Troyes: Jacques Oudot, s.d.), in-8°; coll. privée [C.M.]
604. *Richard sans peur* (Rouen: J.B. Besongne, s.d.); Ars. [F.P.]
605. *Histoire de Richard sans peur* (Rouen: Jean Oursel, s.d.), in-8°; Ars. [F.P.]
606. *Histoire des avantures heureuses et malheureuses de Fortunatus* (Paris: Jean Musier, s.d.), in-8°; Bibl.T. [C.M.]
607. [Même titre] (Paris: A. de Rafflé, s.d.); catalogue de livres d'occasion [C.M.]
608. [Même titre] (Troyes: Jacques Oudot, s.d.); coll. privée [C.M.]
609. *Le jardin d'amour où il est bien enseigné [...]* (Troyes et Paris, chez Jean Musier, s.d.); B.N. [F.P.]
610. *Le jargon ou langue de l'argot reformé comme il est à présent en usage parmi les bons pauvres* (Troyes et Paris: Jean Musier, s.d.); B.N. [F.P.]
611. [Même titre] ([Troyes:] Jacques Oudot, s.d.), in-12; B.N. [F.P.]
612. *La navigation du compagnon à la bouteille avec les prouesses du merveilleux géant Bringuenarille* (Troyes et Paris, chez A. de Rafflé, s.d.), in-16; B.N. [F.P.]
613. *Pasquille nouvelle sur les amours de Lucas et Claudine* (Rouen: Jean Oursel, s.d.); Ars. [F.P.]
614. *La Patience de Griselidis jadis femme du marquis de Saluces* (Troyes et Paris, chez A. de Rafflé, s.d.), in-16; Ars. [F.P.]
615. [Même titre] (Troyes: Jacques Oudot, s.d.); Ars. [F.P.]

616. *Pronostications generalles pour dix-neuf années, commançant depuis l'An mil six cens cinquante un* [...] par Mre François Commelet (Troyes: Nicolas Oudot, s.d.), in-8°; Bibl.T. [C.M.]

    1655-1669 (Troyes: Jean Blanchard, dit Chevillot); B.N. [C.M.]
    1659-1673 (Troyes: Jean Blanchard, dit Chevillot); B.N. [C.M.]
    1661-1675 (Troyes: Nicolas Oudot); B.N. [C.M.]
    1666-1679 (Troyes: Nicolas Oudot); B.N. [C.M.]
    1667-1682 (Troyes: Nicolas Oudot); B.N. [C.M.]
    1668-1683 (Troyes: Nicolas Oudot); B.N. [C.M.]

617. *Récit véritable et authentique de l'honnête réception d'un Maître Savetier* (Rouen: J. B. Besongne, s.d.); Ars. [F.P.]

618. [Même titre] (Rouen: J. Oursel, s.d.); B.N. [F.P.]

619. *Les Rencontres fantaisies et coq à l'asne facetieux du baron Gratelard* (A Troyes et se vend à Paris chez Antoine de Rafflé, s.d.), in-12; B.N. [F.P.]

620. *Le romant de la belle Heleine de Constantinople* (Troyes et Paris: Jean Musier, s.d.), in-8°; coll. privée [C.M.]

621. *Secret des Secrets de nature, extrait tant du petit Albert que d'autres philosophes* [...] (Troyes et Paris: Jean Musier, s.d.); B.N. [F.P.]

622. *Sommaire chronologie des empereurs, Commançans depuis Jules Caesar, jusques à l'empereur Rodolphe, à présent regnant* (Troyes: Jean Oudot, s.d.); Bibl.T. [C.M.]

623. *Sommaire chronologie des papes empereurs et hommes illustres* (Jean Oudot, s.d.); Bibl.T. [C.M.]

624. *La Sophronie tragédie françoise* (Troyes: Yves Girardon); B.N. [C.M.]

625. *La terrible et merveilleuse vie de Robert le Diable* (Troyes et Paris: A. de Rafflé), in-8°; bibliothèque d'Evreux [C.M.]

626. *Le tombeau de la Mélancolie* (Troyes: Yves Adenet, s.d.); B.N. [C.M.]

627. [Même titre] (Paris: A. de Rafflé, s.d.); Ars. [C.M.]

628. *Tragédie des forces incomparables et amours du grand Hercules* (Troyes: Yves Girardon, s.d.); B.N. [C.M.]

629. *Trésor des plus belles chansons et airs de cour* (Troyes: Jacques Oudot, s.d.); B.N. [F.P.]

630. *Le vagabond ou l'histoire et le caractère de la malice et des fourberies de ceux qui courent le monde aux despens d'autruy* (Troyes & Paris: Antoine de Rafflé, s.d.); Bibl.T. [C.M.]

631. *La vie des trois Maries, de leurs mères, de leurs enfants et de leurs maris*, traduit en prose d'un poème de Jean Vignette, Carme (Troyes: Girardon, s.d.); Ars. [F.P.]

632. [Même titre] (Troyes: Jacques Oudot); notes Socard à la Bibliothèque de Troyes [C.M.]

633. *La vie du fameux Gargantuas* (Troyes et Paris: Jean Musier, s.d.), in-8°; Ars. [F.P.]
634. *La ville de Paris en vers burlesques augmenté de la foire St Germain par le sieur Scarron* (Paris: Rafflé, 1665); suivi de *Le tracas de Paris, ou la deuxième partie de la ville de Paris* [par Colletet] (Paris: Rafflé, 1666); Ars. [F.P.]
635. [Même titre] (Paris: N. Oudot, 1699); Ars. [F.P.]

1700-1750

636. *Abrégé de la vie de St Edmond* (Troyes: Pierre Garnier, s.d.), in-8°; Bibl.T. [C.M.]
637. *Académie des jeux que l'on joue à présent*, in-8°; catalogue Vve Jacques Oudot (1722) [F.P., C.M.]
638. *Accusation correcte du vrai Pénitent*, in-8°; catalogue Vve Jacques Oudot (1722) [F.P., C.M.]
639. *Alphabet de plusieurs sortes pour les enfants*; catalogue Vve Jacques Oudot (1722) [F.P., C.M.]
640. *Arithmétique à la plume et par get*; catalogue Vve J. Oudot (1722) (*autre petite arithmétique*, in-8°, catalogue Vve J. Oudot) [F.P., C.M.]
641. *Batiment des receptes*; catalogue Vve J. Oudot (1722) [F.P., C.M.]
642. *La Belle Bible des Cantiques de la naissance et des autres mystères de Notre Seigneur* (Vve Jacques Oudot, permission de 1717), in-8°; Socard, p.??? [C.M.]
643. *Le Cabinet de l'éloquence françoise, en forme de dialogue, très utiles et nécessaires* [*sic*]; catalogue Vve J. Oudot (1722) [F.P., C.M.]
644. [Même titre] (Troyes: P. Garnier, s.d.); B.N. [F.P.]
645. *Recueil des plus beaux cantiques spirituels pour les catéchismes et les missions*, in-8°; catalogue Vve J. Oudot (1722); A. Assier, *La Bibliothèque bleue*, p.17-21
646. *Nouveaux Cantiques spirituels sur différents sujets* (Troyes: P. Garnier, s.d.); Ars. [F.P.]
647. *Chansons nouvelles sur les victoires remportées par les troupes du Roy en Allemagne et en Italie* (Troyes: P. Garnier, s.d.); Bibl.T. [C.M.]
648. *Le chemin du ciel*; catalogue Vve Jacques Oudot (1722) [F.P., C.M.]
649. *La Civilité chrétienne*; catalogue Vve J. Oudot (1722) [F.P., C.M.]
650. *Les croniques du Roy Gargantua* (Troyes: Jean Oudot, s.d.), in-16; Louis Morin, *Les Editions troyennes de Rabelais*, p.1, no.1 [C.M.]
651. [Même titre] (Rouen: Vve Oursel, s.d.; B.N. [F.P.]
652. *La Civilité puérile et honnête, avec les Quatrains de Pybrac et le Traité de*

l'Orthographe en lettres gothiques; catalogue Vve J. Oudot (1722) [F.P., C.M.]

653. *Civilité honnête pour l'instruction des enfants* […], dressée par un missionnaire (Troyes: Vve Garnier, s.d.), in-12; B.N. [F.P.]

654. *Compliments de la langue françoise* (Troyes: Vve P. Garnier, s.d.), in-12; Bibl.T. [C.M.]

655. *Conférence agréable de deux Païsans de St Ouën et de Montmorency sur les affaires du temps* (Troyes: Jacques Febvre, s.d.); catalogue de libraire [C.M.]

656. *La facétieuse conférence de deux paysans*; catalogue Vve J. Oudot (1722) [F.P., C.M.]

657. *Les cris de Paris que l'on entend journellement dans les rues de la ville* […]. *Plus un brief état de la dépense qui se peut faire en icelle ville chasque jour* (Troyes: P. Garnier, s.d.), in-12; Ars. [F.P.]

658. *Les Débats et facetieuses rencontres de Gringalet et de Guillot Gorjeu son maître* (Rouen: Vve Jean Oursel, permission de 1709), in-12; Bibl.T. [C.M.]

659. *Le Déjeuné de la Rapée ou Discours des Halles et des Ports*, par M. de L'Ecluse; catalogue Vve Jean Oudot (s.d.) [C.M.]

660. *Description de six espèces de pets, ou six raisons pour se conserver la santé prêchées le Mardi gras*, par le *Père Barnabas* (Troyes: Garnier, place St Jacques, s.d.), in-8°; Bibl.T. [C.M.]

661. *La dévotion au Sacré Cœur de Jésus*, in-8°; catalogue Vve Oudot (1722) [F.P., C.M.]

662. *Discours et entretiens bachiques*; catalogue Vve J. Oudot (1722) [F.P., C.M.]

663. *Discours pour la consolation des cocus* (Rouen: Behourt, s.d.); Bibl.R. [F.P.]

664. *Discours tragique sur la Passion de Notre Seigneur Jésus-Christ*, in-8°; catalogue Vve J. Oudot (1722) [F.P., C.M.]

665. *L'école de Salerne*, in-8°; catalogue Vve J. Oudot (1722) [F.P., C.M.]

666. *Eloge funèbre de Michel Morin* (Troyes; Garnier, place St Jacques, s.d.); Bibl.T. [C.M.]

667. *Embarras de la foire de Beaucaire*, in-8°; catalogue Vve J. Oudot (1722) [F.P., C.M.]

668. *L'enfant sage à trois ans* ([Troyes:] Vve Jacques Oudot, s.d.); B.N. [F.P.]

669. *L'énormité du péché mortel*; catalogue Vve Jacques Oudot (1722) [F.P., C.M.]

670. *Entretien des bonnes compagnies* […] par le sieur Desfontaines, Gentilhomme provençal (Troyes: Garnier, rue du Temple, s.d.); B.N. [F.P.]

671. *Exercice de dévotion contenant les prières du matin et du soir* (Troyes: Pierre Garnier, permission de 1738); Bibl.T. [C.M.]

672. *Exercice très pieux et très dévot*, in-24; catalogue Vve J. Oudot (1722) [F.P., C.M.]

673. *Explication des songes*; catalogue Vve Jacques Oudot (1722) [F.P., C.M.]

674. *Les expositions des Evangiles, contenant les cinquantes deux Dimanches de l'Année, avec les Fêtes et Dédicace de l'Eglise.* Approuvé des Docteurs en théologie de Paris (Troyes: J. A. Garnier); Bibl.T. (six autres exemplaires) [C.M.]

675. [Même titre] catalogue Vve J. Oudot (1722) [F.P., C.M.]

676. *Les fables d'Esope*; catalogue Vve J. Oudot (1722)

677. *La femme mécontente de son mary ou entretien de deux dames sur les obligations et les peines du Mariage* (Troyes: P. Garnier), in-12; Bibl.T. [C.M.]

678. [Même titre] catalogue Vve J. Oudot (1722) [F.P., C.M.]

679. *Figures de la sainte Bible*; catalogue Vve J. Oudot (1722) [F.P., C.M.]

680. *Fleurs de bien dire*, in-8°; catalogue Vve J. Oudot (1722) [F.P., C.M.]

681. *Galien restauré*; catalogue Vve J. Oudot (1722) [F.P., C.M.]

682. *Gargantuas*; catalogue Vve J. Oudot (1722) [F.P., C.M.]

683. *La grande Bible des Noëls tant viels que nouveaux* (Troyes: P. Garnier, permission de 1728), in-8°; Ars. (six autres éditions) [F.P., C.M.]

684. *La grande Danse Macabre*, in-4°; catalogue Vve J. Oudot (1722) [F.P., C.M.]

685. *Huon de Bordeaux*; catalogue Vve J. Oudot (1722) [F.P., C.M.]

686. *L'histoire de Joseph mise en cantique* (Pierre Garnier, s.d.); A.T.P. [C.M.]

687. *Histoire de l'enfant prodigue avec un cantique* (Troyes: Garnier, place St Jacques), in-12; Bibl.T. [C.M.]

688. *Histoire du purgatoire de St Patrice*; catalogue Vve J. Oudot (1722) [F.P., C.M.]

689. *Histoire de la vie grandes voleries et subtilitez de Guilleri et de ses compagnons et de leur fin lamentable et malheureuse* (Troyes: P. Garnier, s.d.); coll. privée [C.M.]

690. [Même titre] catalogue Vve J. Oudot (1722) [F.P., C.M.]

691. *L'histoire de Melusine* (Troyes: Pierre Garnier, s.d.), in-4°; Bibl.T. (deux autres exemplaires) [C.M.]

692. [Même titre] catalogue Vve J. Oudot (1722) [F.P., C.M.]

693. *Histoire de Pierre de Provence et de la belle Maguelonne*, in-8°; catalogue Vve J. Oudot (1722) [F.P., C.M.]

694. *Histoire de Richard sans peur*; catalogue Vve J. Oudot (1722) [F.P., C.M.]

695. *Histoire de Valentin et Orson très-preux, très nobles, et très vaillans chevaliers* (Troyes: Vve Jacques Oudot, s.d.); Bibl.T. [C.M.]

696. *Histoire des quatre fils d'Aymon* (Limoges: Jacques Farne, s.d.), in-8°; Simon, p.145 [F.P.]

697. *Histoire des Avantures heureuses et malheureuses de Fortunatus* (Troyes: Vve P. Garnier 1736 (permission à P. Garnier)); Bibl.T. [C.M.]

698. *Histoire nouvelle et divertissante du bonhomme Misère* (Troyes: P. Garnier, s.d.), in-8°; B.N. [F.P.]

699. *Histoire des quatre fils Aymon*; catalogue Vve J. Oudot (1722) [F.P., C.M.]

700. *Histoire facétieuse de l'aventurier Buscon*, in-8°; catalogue Vve J. Oudot (1722) [F.P., C.M.]

701. *Histoire générale des plantes*; catalogue Vve J. Oudot (1722) [F.P., C.M.]

702. *Histoire nouvelle et divertissante du Bon-Homme Misère* (Troyes: Vve Jean Oudot, permission de 1719), in-12; Ars. (autres exemplaires) [F.P.]

703. *Instruction de la jeunesse*, in-8°; catalogue Vve J. Oudot (1722) [F.P., C.M.]

704. *Le Jardin de l'amour*, in-8°; catalogue Vve J. Oudot (1722) [F.P., C.M.]

705. *Le jargon ou langage de l'argot réformé* (Troyes: Vve Jacques Oudot, s.d.); Ars. [F.P.]

706. *Livre second de Huon de Bordeaux* (Pierre Garnier, s.d.); coll. privée [C.M.]

707. *La malice des femmes, contenant leurs ruses et finesses*, (à Venise, chez Jean Talimbeau, à l'enseigne de la Lune, s.d.), in-8°; Simon, p.147) [F.P.]

708. *Le maréchal expert* (Troyes: P. Garnier, s.d.); Bibl.T. [C.M.]

709. [Même titre] catalogue Vve J. Oudot (1722) [F.P., C.M.]

710. *Martyre de la glorieuse Sainte Reine d'Alyse, tragédie* (Troyes: P. Garnier); Bibl.T. (cinq autres exemplaires) [C.M.]

711. *La méchanceté des filles*, in-8°; catalogue Vve Jean Oudot (1722) [F.P., C.M.]

712. *Miroir de l'astrologie*; catalogue Vve J. Oudot (1722) [F.P., C.M.]

713. *Misère des garçons boulangers de la ville et fauxbourgs de Paris* (Pierre Garnier, s.d.); B.N. [C.M.]

714. [Même titre] catalogue Vve J. Oudot (1722) [F.P., C.M.]

715. *Nouveau recueil des plus belles chansons et airs de cour* (Troyes: Gabriel Briden), in-12; Ars. [C.M.]

716. *Nouveau tableau de la mer* (Limoges: J. Farne); A.T.P. [fichier G. Bollème]

717. *Nouveau traité d'ortographe, pour apprendre toutes sortes de personnes à écrire correctement*, in-8°; catalogue Vve J. Oudot (1722) [F.P., C.M.]

718. *Le Palais des curieux*, in-8°; catalogue Vve J. Oudot (1722) [F.P., C.M.]

719. *Patience de Griselidis*; catalogue Vve J. Oudot (1722) [F.P., C.M.]

720. *Pensées chrétiennes*, in-16; catalogue Vve J. Oudot (1722) [F.P., C.M.]

721. *La pipe cassée, poème épi-tragi-poissardi-héroï-comique* [...], par M. Vadé; catalogue Vve J. Oudot (1722) [C.M.]

722. *Le portrait ou les aventures divertissantes du Duc de Roquelaure* (Troyes: Garnier, place St Jacques), in-12; Bibl.T. [C.M.]

723. *Pratique de l'amour de Dieu*, in-8°; catalogue Vve J. Oudot (1722) [F.P., C.M.]

724. *Pratique d'humilité*, in-16; catalogue Vve J. Oudot (1722) [F.P., C.M.]

725. *Pratique pour honorer le Saint Sacrement de l'autel*, in-24; catalogue Vve J. Oudot (1722) [F.P., C.M.]

726. *Preparation à la mort*, par le R.P. Crasset de la compagnie de Jésus (Troyes: P. Garnier, s.d.); Bibl.T. [C.M.]

727. *Les promenades de la guinguette,*in-8°; catalogue Vve J. Oudot (1722) [F.P., C.M.]

728. *Les quatrains du Seigneur de Pibrac;* catalogue Vve J. Oudot (1722) [F.P., C.M.]

729. [Même titre] (Troyes et Paris: Vve Nicolas Oudot, s.d.); Bibl.T. [C.M.]

730. *Les quatre fins de l'homme,* in-8°; catalogue Vve J. Oudot (1722) [F.P., C.M.]

731. *Reception des maitres savetiers,* in-8°; catalogue Vve J. Oudot (1722) [F.P., C.M.]

732. *Récit véritable de l'honnête réception d'un maître savetier* (Rouen: Vve J. Oursel, s.d.); B.N. [F.P.]

733. *Recueil des plus belles chansons et airs de cour* (Troyes: Pierre Garnier, s.d.), in-12; Bibl.T. [C.M.]

734. *Recueil troyen dédié aux beaux esprits* (Troyes: Garnier, s.d.); Ars. [F.P.]

735. *Recueil de chansons politiques, galantes et grivoises publiées successivement depuis 1714 jusqu'en 1747* (Troyes: Oudot, s.d.); Bibl.R. [F.P.]

736. *Rencontres fantaisies et coqs à l'âne facetieux du Baron Gratelard* (Troyes: Vve J. Oudot, s.d.), in-18; B.N. [F.P.]

737. *Robert le Diable,* in-8°; catalogue Vve J. Oudot (1722) [F.P., C.M.]

738. *Les saintes dispositions du chrétien;* catalogue Vve J. Oudot (1722) [F.P., C.M.]

739. *Le secret des secrets de nature extraits tant du petit Albert* [...] (Troyes: P. Garnier, s.d.); coll. privée [C.M.]

740. *Le secrétaire à la mode* (Troyes: P. Garnier, s.d.), in-12; Bibl.T. [C.M.]

741. *Secrets les plus curieux,* in-8°; catalogue Vve J. Oudot (1722) [F.P., C.M.]

742. *Les tableaux de la Messe,* in-8°; catalogue Vve J. Oudot (1722) [F.P., C.M.]

743. *Le tombeau de la mélancolie* (Rouen: catalogue Vve J. Oursel, s.d.); B.N. [F.P.]

744. *Verboquet, contes plaisants et facetieux;* catalogue Vve J. Oudot (1722) [F.P., C.M.]

745. *Vie de Judas;* catalogue Vve J. Oudot (1722) [F.P., C.M.]

746. *La vie de Saint Alexis;* catalogue Vve J. Oudot (1722) [F.P., C.M.]

747. *La vie de Saint Félix de Cantalice,* in-8°; catalogue Vve J. Oudot (1722) [F.P., C.M.]

748. *La vie de Sainte Anne;* catalogue Vve J. Oudot (1722) [F.P., C.M.]

749. *Sainte Reine, vierge et martyre;* catalogue Vve J. Oudot (1722) [F.P., C.M.]

750. *Vie de Sainte Syre, vierge. Avec les prières de l'Eglise pour les pèlerins qui visitent sa chapelle* (Troyes: Vve P. Garnier, s.d.), in-12; coll. privée [C.M.]

751. *Vie de Sainte Tanche vierge et martyre, patronne de la paroisse de Luistre du diocèse de Troyes* (Troyes: Vve P. Garnier, s.d.), in-12; Bibl.T. [C.M.]

752. *La vie de Saint Nicolas*, in-8°; catalogue Vve Jacques Oudot (1722) [F.P., C.M.]
753. *La vie de Saint Hubert*; catalogue Vve J. Oudot (1722) [F.P., C.M.]
754. *La vie et légende de M. St Roch*; catalogue Vve J. Oudot (1722) [F.P., C.M.]
755. *Vie de Saint Antoine*; catalogue Vve J. Oudot (1722) [F.P., C.M.]
756. *Vie de Tiel Ulespiegel*; catalogue Vve J. Oudot (1722) [F.P., C.M.]
757. *La vie, mort et passion de notre sauveur J.C.* (Troyes: P. Garnier), in-8°; Bibl.T. [C.M.]
758. *La vie de Sainte Reine, vierge-martyre* [...] (P. Garnier, s.d.); coll. privée [C.M.]
759. [Même titre] (Vve P. Garnier, s.d.); Bibl.T. [C.M.]
760. *La ville de Paris en vers burlesques* (P. Garnier, s.d.), in-12; coll. privée [C.M.]

1750-1800

761. *Abrégé de la vie de Saint Edmond* (Troyes: J. A. Garnier, s.d.); in-8°; Bibl.T. [C.M.]
762. *Arlequin, empereur dans la lune, comédie* par M. D. *** (Troyes: J. A. Garnier, permission de 1735 (à P. Garnier)); coll. privée [C.M.]
763. *L'arrivée du brave toulousain et le devoir des braves compagnons de la petite manicle* (Troyes: J. A. Garnier, permission de 1731), in-8°; Bodleian Library, Oxford [C.M.]
764. *L'Aventurier Buscon, histoire facetieuse* (Troyes: J. A. Garnier, 1728 (privilège à Jean Oudot fils)); Bibl.T. [C.M.]
765. *Le batiment des receptes* (Troyes: J. A. Garnier, permission de 1738 (à Pierre Garnier)), in-12; Bibl.T. [C.M.]
766. *La Belle Bible des Cantiques de la naissance et des autres mystères de Notre Seigneur* (Troyes: Vve Jean Oudot, permission de 1717); Bibl.T. [C.M.]
767. *Cantique de Judith* (s.l.n.d. [J. A. Garnier, selon A. Morin]); Bibl.T. [C.M.]
768. *Cantique de St Hubert* (s.l.n.d. [J. A. Garnier, selon A. Morin]), in-32; Bibl.T. [C.M.]
769. *Cantiques spirituels sur tous les sujets* (Troyes: J. A. Garnier, permission de 1738 (à Pierre Garnier)), in-12; Bibl.T. [C.M.]
770. *Le chemin du ciel ou la voye que doivent tenir les enfants pour arriver au ciel* (Garnier le Jeune, s.d.); Bibl.T. [C.M.]
771. *La civilité puérile et honnete* (Tours: J. Billault, s.d.; B.N. [F.P.]
772. *La clef du Paradis et les révélations faites par la bouche de N.S. J.C. à Sainte Elizabeth, Sainte Bridide et Sainte Melchide* (Troyes: J. A. Garnier, s.d.), in-32; Bibl.T. [C.M.]

773. *Conquestes du Grand Charlemagne, roi de France* ([Troyes:] Jean-Antoine Garnier, s.d.); Ars. [F.P.]

774. *Conte des fées contenant le prince Lutin et Fortunée*, par Mme *** (Troyes: Vve Jean Oudot, s.d.); Bibl.T. [C.M.]

775. *Conte des fées contenant l'oiseau bleu*, par Madame D*** (Troyes: Vve Jean Oudot, s.d.); coll. privée [C.M.]

776. *Contes des fées par M. Perrault, avec des moralités* (Troyes: Garnier le Jeune, s.d.), in-12; coll. privée [C.M.]

777. *La dévotion des predestinez ou les stations de la passion de Jésus-Christ*, par le R.P. Adrien Pavilliers de la compagnie de Jésus, Missionnaire Apostolique de la Terre Sainte (Troyes: J. A. Garnier, s.d.), in-12; Bibl.T. [C.M.]

778. *Dialogue entre Cartouche et Mandrin où l'on voit Proserpine se promener en cabriolet dans les enfers* (s.l.n.d. [J. A. Garnier, d'après A. Morin]), in-12; Bibl.T. [C.M.]

779. *Discours tragique en vers héroïques sur la Passion de Notre Seigneur Jésus-Christ, selon l'évangéliste St Jean*, par Messire Philippe de Gras, Prêtre, conseiller Aumonier ordinaire du Roy (Troyes: J. A. Garnier, s.d.); Bibl.T. (sept autres éditions) [C.M.]

780. *L'enfant sage a trois ans contenant les demandes que lui fit l'empereur Adrien et les réponses de l'enfant* (Troyes: J. A. Garnier, s.d.), in-12; Bibl.T. (quatre exemplaires) [C.M.]

781. *Les Fables et la vie d'Esope, phrigien* (Troyes: J. A. Garnier, s.d.), in-8°; coll. privée [C.M.]

782. *Facile opération pour savoir le nom de toutes les personnes tant des hommes que des femmes* (Troyes: J. A. Garnier, permission de 1746); Bibl.T. [C.M.]

783. *La femme mécontente de son mari, ou entretiens de deux dames sur les obligations et les peines du mariage* (Troyes: J. A. Garnier, permission de 1738), in-12; A.T.P. [C.M.]

784. *[Même titre]* (Vve Garnier, permission de 1738 (à P. Garnier)); Bibl.T. (six autres éditions) [C.M.]

785. *Figures de la Sainte Bible avec une explication très utile sous chaque figure* (J. A. Garnier, s.d.), in-8°; Bibl.T. [C.M.]

786. *Les fleurs de bien dire et sentences très élégantes. Avec des comparaisons pour bien discourir en compagnie et courtiser les Dames au temps présent, Dédié aux amoureux* (Troyes: J. A. Garnier, s.d.), in-12; Bibl.T. [C.M.]

787. *La grande Bible de Noels tant vieux que nouveaux, où tous les mystères de la naissance [...]* (Troyes: J. A. Garnier, permission de 1738 (à Pierre Garnier)), in-8°; Bibl.T. (quatorze autres éditions, dont une aux armes de Marie-Antoinette à la Bibliothèque nationale) [C.M.]

788. *La grande danse macabre des hommes et des femmes, historiée et renouvellée de*

vieux Gaulois (Troyes: J. A. Garnier, s.d.); Bibl.T. (quatre autres exemplaires) [C.M.]

789. *La grenouille bienfaisante* (Milan s.d.); B.N. [F.P.]

790. *Histoire admirable du Juif errant* (Rouen: Seyer, 1750); B.N. (quatre autres exemplaires) [F.P.]

791. *Histoire de Jean de Calais* (Troyes: J. A. Garnier, s.d.); coll. privée [C.M.]

792. *Histoire de Jean de Calais* (Caen: P. Chalopin, s.d.); B.N. [F.P.]

793. *Histoire de Jean de Paris, roi de France* (Troyes: J. A. Garnier, s.d.); Bibl.T. [C.M.]

794. *Histoire de Joseph mise en cantique* (Troyes: J. A. Garnier, permission de 1731); A.T.P. [C.M.]

795. *Histoire de la belle Heleine de Constantinople* (Troyes: J. A. Garnier, s.d.); coll. privée [C.M.]

796. *Histoire de la vie, grandes voleries et subtilités de Guilleri et de ses compagnons* (Troyes: J. A. Garnier, s.d.); Bibl.T. [C.M.]

797. *Histoire de Pierre de Provence et de la belle Maguelonne* (J. A. Garnier, s.d.); Bibl.T. (deux autres éditions) [C.M.]

798. *Histoire de Richard sans peur* ([Troyes:] J. A. Garnier, s.d.); B.N. [F.P.]

799. *Histoire générale des plantes et herbes*, par Leonard Fucus (Troyes: Garnier, place Saint-Jacques, s.d.); Bibl.T. [C.M.]

800. *Histoire merveilleuse de Galeran de Naples* (Limoges: Chapoulaud, s.d.); A.T.P. [fichier G. Bollème]

801. *Histoire nouvelle et divertissante du Bon Homme Misère* [...] par le Sieur de La Rivière (J. A. Garnier, s.d.), in-12; Bibl.T. (une autre édition) [C.M.]

802. *Histoire plaisante de Tiel Ulespiegle* (Limoges: P. Chapoulaud, s.d.), in-8°; Simon p.143 [F.P.]

803. *Histoires abrégées de l'Ancien Testament* (Troyes: J. A. Garnier, s.d.); Bibl.T. [C.M.]

804. *Histoire en cantiques spirituels sur la vie de plusieurs saints et saintes* (Troyes: J. A. Garnier, 1739); B.N. [F.P.]

805. *L'Innocence reconnue*, par le R.P. René de Ceriziers (J. A. Garnier, s.d.), in-8°; Bibl.T. (deux autres éditions) [C.M.]

806. *Le Jardinier françois qui enseigne à cultiver* [...] (Troyes: J. A. Garnier, s.d.); Bibl.T. [C.M.]

807. *La lampe merveilleuse ou histoire d'Aladdin* (Troyes: Garnier, place St Jacques, s.d.); in-8°; Bibl.T. [C.M.]

808. *La maitresse fidelle, histoire nouvelle* (Troyes: J. A. Garnier, s.d.), in-12; coll. privée [C.M.]

809. *Nouveau recueil d'ariettes et chansons* (Rouen: P. Seyer, s.d.); Bibl.R. [F.P.]

810. *L'Oiseau bleu, tiré du conte des fées* (Troyes: Garnier, place St Jacques, s.d.), in-12; coll. privée [C.M.]

811. *Oraisons de la passion de Notre Seigneur, révélées à Sainte Brigitte, Reine de Suède* (Troyes: J. A. Garnier, s.d.), in-32; Bibl.T. [C.M.]

812. *Pasquille nouvelle sur les amours de Lucas et Claudine* (Troyes: J. A. Garnier, s.d.), in-8°; coll. privée [C.M.]

813. *Passion de Notre Seigneur Jésus Christ* ([Troyes:] J. A. Garnier, s.d.); coll. privée [F.P.]

814. *Peine et misère des garçons chirurgiens, autrement appelés fratres* (J. A. Garnier, s.d.), in-8°; Bibl.T. [C.M.]

815. *Le Prince Marcassin, conte*, par Madame D. (Troyes: Garnier, place St Jacques, s.d.); Bibl.T. [C.M.]

816. *La Princesse Belle Etoile et le prince Chéri, conte*, par Mme D., Troyes (Garnier, place St Jacques, s.d.); coll. privée [C.M.]

817. *La Princesse Lionnette et le prince Coquerico, conte tiré du livre des fées* (Troyes: Garnier, place St Jacques, s.d.); Bibl.T. (cinq autres éditions) [C.M.]

818. *Propheties generales, nouvelles et curieuses [...] depuis l'An 1773 jusqu'en l'an 1780 [...]. Tirées des anciens Manuscrits de Maitre N. Nostradamus* (Troyes: J. A. Garnier, s.d.), in-8°; Bibl.T. [C.M.]

819. [Même titre, pour les années 1760-1767] (Troyes: J. Garnier, s.d.); B.N. [C.M.]

820. *Propheties ou prédictions perpetuelles composées par Pytagoras et par plusieurs autres anciens philosophes* (Troyes: J. A. Garnier, s.d.); Bibl.T. [C.M.]

821. *Les rencontres fantaisies et coq à l'asne facetieux du baron Gratelard* (Troyes: J. A. Garnier, s.d.), in-12; Bibl.T. [C.M.]

822. *Le secret des secrets de nature, extrait tant du petit Albert [...]* (Troyes: J. A. Garnier, permission de 1735 (à P. Garnier)), in-12; Bibl.T. [C.M.]

823. *Le secrétaire des dames pour apprendre à écrire les belles lettres en langue française* (Troyes: J. A. Garnier, s.d.); catalogue de libraire [C.M.]

824. *Le singe vert* (Caen: P. Chalopin, s.d.); B.N. [F.P.]

825. *Suite de l'histoire abrégée du nouveau testament [...], A l'usage des Ecoles du Diocèse de Troyes* (Troyes: J. A. Garnier, s.d.), in-8°; Bibl.T. [C.M.]

826. *La vie de Saint Alexis, vrai Miroir de Patience et de chasteté* (Troyes: J. A. Garnier, s.d.); B.N. [F.P.]

827. *La vie de Saint Fiacre* (Troyes: J. A. Garnier, permission de 1717); Bibl.T. (trois autres exemplaires) [C.M.]

828. *La vie de Sainte Anne, Mère de la Sainte Vierge* (Troyes: J. A. Garnier, s.d.), in-12; Bibl.T. [C.M.]

829. *La vie de Sainte Reine, vierge martyre [...]* en faveur des dévots pèlerins qui

visitent son sanctuaire (Troyes: J. A. Garnier, s.d.), in-12; Bibl.T. (quatre autres éditions) [C.M.]

830. *La vie des trois Maries, de leur mère et de leurs enfans* (Troyes: J. A. Garnier, s.d.), in-8°; Bibl.T. [C.M.]

831. *La vie du fameux Gargantuas* (J. A. Garnier, s.d.); Bodleian Library, Oxford [C.M.]

832. *La vie du grand et incomparable Saint Nicolas* (Troyes: J. A. Garnier, s.d.); Bibl.T. [C.M.]

833. *Vie et légende de Sainte Marguerite* (Troyes: J. A. Garnier, s.d.); Bibl.T. [C.M.]

834. *La vie et les miracles de Saint Antoine* (Troyes: J. A. Garnier, s.d.), in-8°; Bibl.T. (cinq autres exemplaires) [C.M.]

835. *Voyage de la Bouille par mer et par terre,* nouvelle historique (Rouen: P. Seyer, s.d.); Bibl.R. [F.P.]

B. Tableaux

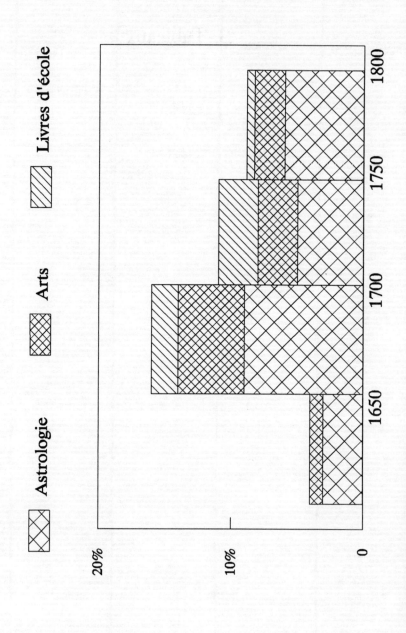

1a. Sciences et arts

Astrologie   Arts   Livres d'école

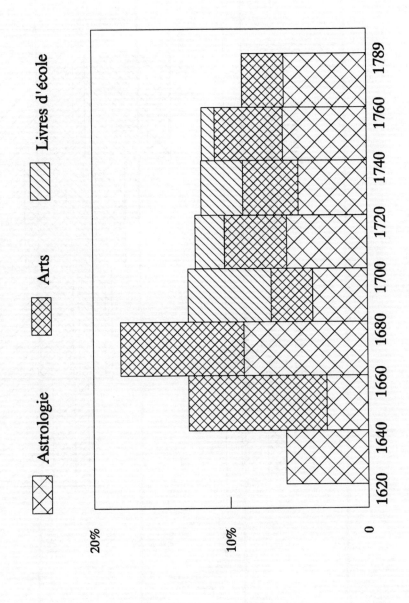

1b. Sciences et arts

Astrologie   Arts   Livres d'école

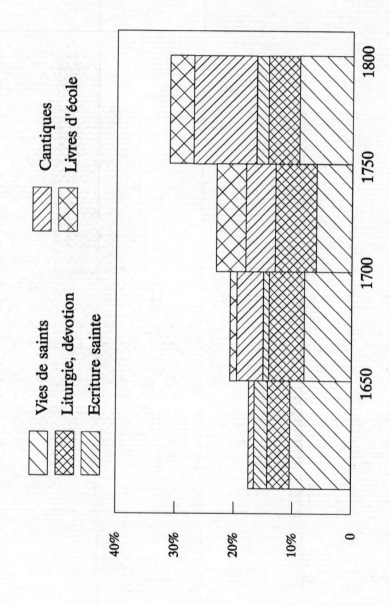

2a. Religion

Vies de saints
Liturgie, dévotion
Ecriture sainte
Cantiques
Livres d'école

2b. Religion

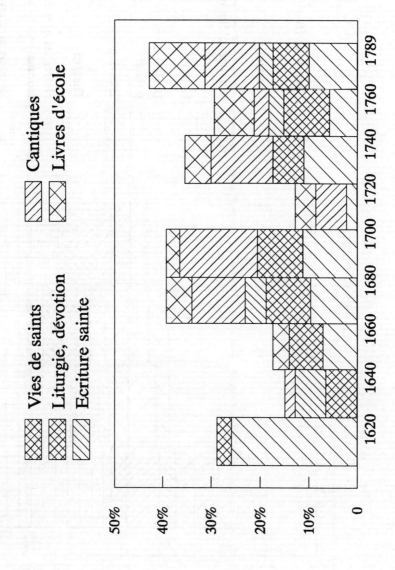

Vies de saints   Cantiques

Liturgie, dévotion   Livres d'école

Ecriture sainte

3a. Belles lettres

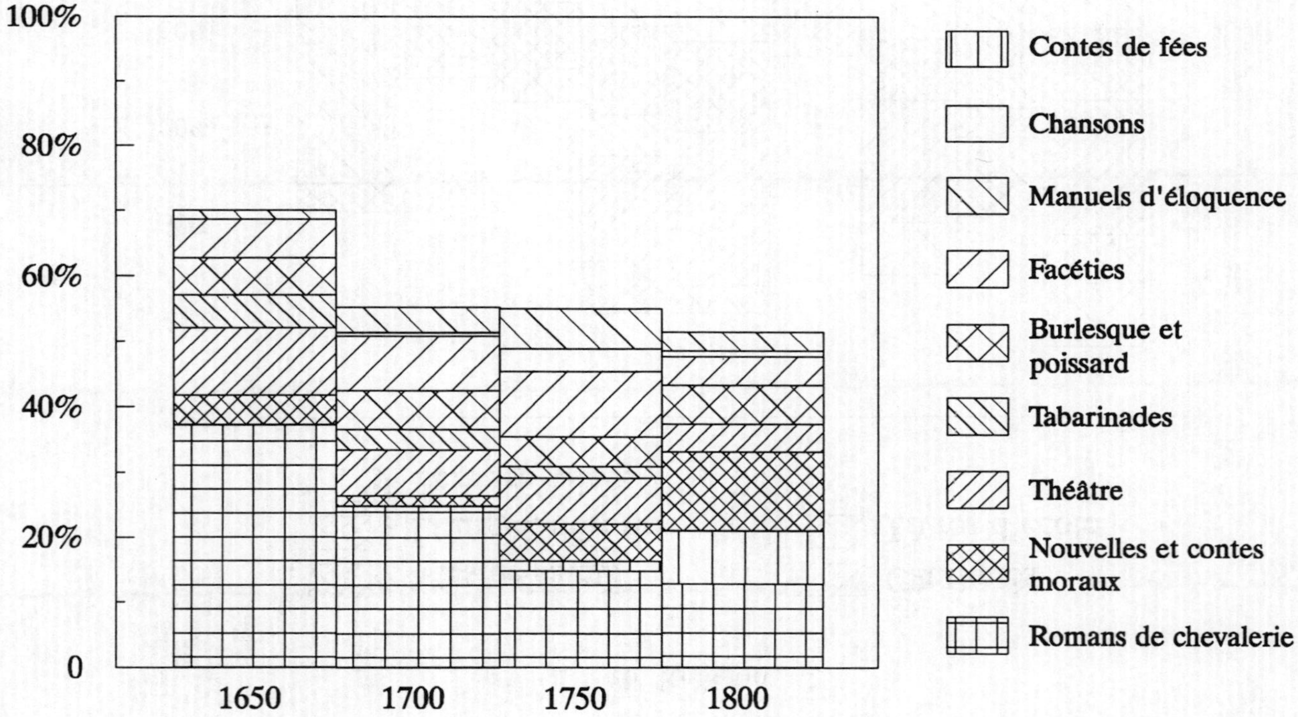

100%
80%
60%
40%
20%
0
1650
1700
1750
1800
Contes de fées
Chansons
Manuels d'éloquence
Facéties
Burlesque et poissard
Tabarinades
Théâtre
Nouvelles et contes moraux
Romans de chevalerie

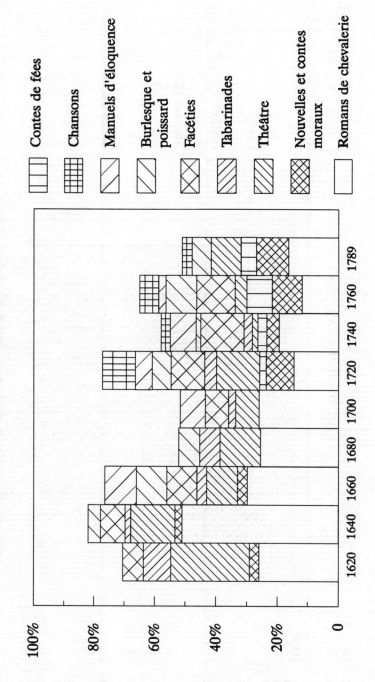

3b. Belles lettres

Contes de fées

Chansons

Manuels d'éloquence

Burlesque et poissard

Facéties

Tabarinades

Théâtre

Nouvelles et contes moraux

Romans de chevalerie

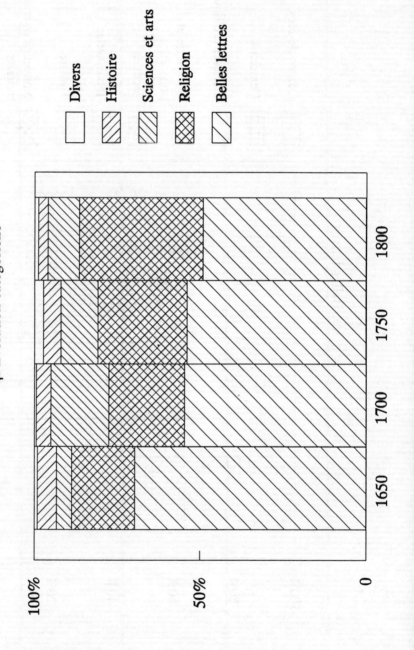

4. Evolution catégorielle

Divers
Histoire
Sciences et arts
Religion
Belles lettres

1650   1700   1750   1800

100%   50%   0

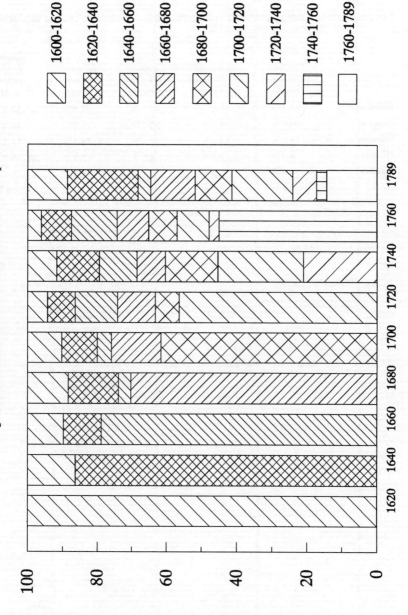

5. Rééditions et renouvellement du corpus

1600-1620	
1620-1640	
1640-1660	
1660-1680	
1680-1700	
1700-1720	
1720-1740	
1740-1760	
1760-1789	

6. Pourcentages catégoriels des catalogues d'imprimeurs

Les pourcentages sont calculés sur la base de 100% des titres de chaque catalogue.

	Catalogue Girardon (1686)	Catalogue Vve N. Oudot (c.1720)	Catalogue Vve J. Oudot (1720-1744)	Inventaire Garnier (1789)	Catalogue A. Morin (d'après H. J. Martin)
Belles-lettres	30.4%	46.3%	26.2%	36.9%	50.1%
Religion	26.0%	4.2%	39.3%	42.7%	28.1%
Sciences et arts	34.7%	24.2%	24.6%	15.5%	12.9%
Histoire	8.9%	7.3%	4.1%	7.4%	6.7%
Facéties	0.0%	9.5%	4.1%	—[1]	—[1]
Divers	0.0%	8.5%	1.7%	1.7%	2.2%

1. Rubrique inexistante.

Bibliographie générale

A. Sources bibliographiques

Bollème, Geneviève, *La Bible bleue* (Paris 1975), p.405-66: Répertoire de titres

Bossuat, Robert, *Manuel bibliographique de la littérature française du Moyen Age*. Melun 1951

Brunet, J.C., *Manuel du libraire et de l'amateur de livres* (1809; Paris 1965)

Catalogue des livres imprimés, manuscrits, estampes composant la bibliothèque de M. C. Leber. Paris 1839

Dictionnaire des journalistes (1600-1789), éd. Jean Sgard. Grenoble 1976

Jones, S. P., *A list of French prose fiction from 1700 to 1750* (New York 1939)

Lepreux, G., *Répertoire biographique et chronologique de tous les imprimeurs de France depuis les origines jusqu'à la Révolution*. Paris 1912

Lever, M., *La fiction narrative en prose au XVIIe siècle*. Paris 1976

Michaud, *Biographie universelle ancienne et moderne* (Paris 1842-1865)

Morin, A., *Catalogue descriptif de la Bibliothèque bleue de Troyes*. Genève 1974

Woledge, B., *Bibliographie des romans et nouvelles en prose française antérieurs à 1500*. Genève 1954
Supplément 1954-1973. Genève 1975

B. Ouvrages du dix-septième et du dix-huitième siècles

Les ouvrages de la Bibliothèque bleue sont regroupés en annexe (p.145-87)

La Bibliothèque bleue, entièrement refondue et considérablement augmentée (Paris 1776-1783)

L'Eschole de Salerne, en vers burlesques. Grenoble 1657

Casanova, *Mémoires* (Paris 1958)

Les Etrennes de la Saint-Jean. Troyes 1742

Jamerey-Duval, Valentin, *Mémoires* (Paris 1981; manuscrit original, c.1733-1747)

La Boullaye, *Les Voyages et observations du sieur de La Boullaye, [...] où sont décrites les Religions, Gouvernemens et situations des Estats et Royaumes d'Italie, Grèce, Natolie, Syrie, Palestine [...]*. Paris 1653

Restif de La Bretonne, *La Vie de mon père: mes apprentissages* (1776; Paris 1969)

Tressan (comte de), *Corps d'extraits de romans de chevalerie* (Paris 1788)

C. Ouvrages généraux

Ariès, Philippe, *Histoire des populations françaises et de leurs attitudes devant la vie depuis le XVIIIe siècle*. Paris 1971
- *L'Enfant et la vie familiale sous l'ancien régime*. Paris 1975

Armogathe, Jean-Robert, 'Les catéchismes et l'enseignement populaire en France au XVIIIe siècle', dans *Images du peuple au XVIIIe siècle*, Colloque d'Aix-en-Provence, 25-26 octobre 1969 (Paris 1973), p.103-21

Assier, Alexandre, *La Bibliothèque bleue de-*

puis *Jean Oudot Ier jusqu'à M. Baudot, 1600-1863*. Paris 1874

L'Attentat de Damiens, Centre d'études du 18e siècle, Université de Lyon II, sous la direction de Pierre Rétat. Lyon 1979

Aubailly, J. C., *Le Théâtre médiéval profane et comique*. Paris 1975

Bakhtine, M., *L'Œuvre de François Rabelais et la culture populaire au moyen âge et sous la Renaissance*. Paris 1976

Bar, Francis, *Le Genre burlesque en France au XVIIe siècle*. Paris 1960

Barthes, Roland, 'Introduction à l'analyse structurale des récits', *Communications* 8 (1966), p.1-27

Belmont, Nicole, *Mythes et croyances dans l'ancienne France*. Paris 1973

– 'Rituels de courtoisie dans la société française traditionnelle', *Ethnologie française* 8 (1973), p.279-86

Benoist, Luc, *Le Compagnonnage et les métiers*. Paris 1975

Bercé, Yves-Marie, *Croquants et nu-pieds*. Paris 1974

Besson, Elisabeth, *Les Colporteurs de l'Oisans au 19e siècle*. Grenoble 1975

Blanchemain, Prosper, *Huit facéties imprimées à Troyes au commencement du XVIIIe siècle, précédées de l'histoire du colporteur de livres*. Paris 1873

Bollème, Geneviève, 'Littérature populaire et littérature de colportage au XVIIIe siècle', dans *Livre et société dans la France du XVIIIe siècle* (Paris 1965), p.61-92

– 'Des romans égarés', *Nouvelle revue française* 238 (1972), p.191-228

– *Les Almanachs populaires aux XVIIe et XVIIIe siècles: essai d'histoire sociale*. Paris 1969

– *La Bibliothèque bleue: la littérature populaire en France du XVIIe au XIXe siècles*. Paris 1971

– *La Bible bleue*. Paris 1975

Brancolini, J., et M.T. Bouyssy, 'La vie provinciale du livre à la fin de l'ancien régime', dans *Livre et société dans la France du XVIIIe siècle* (Paris 1970), ii.3-37

Braudel, Fernand, *Ecrits sur l'histoire*. Paris 1969

– *Les Structures du quotidien*. Paris 1979

Brémont, Claude, *Logique du récit*. Paris 1973

Brochon, Pierre, *Les Livres de colportage en France depuis le XVe siècle*. Paris 1954

Campardon, E., *Les Spectacles de la foire*. Paris 1877

Carmody, Francis, 'Le répertoire de l'Opéra-Comique en vaudevilles, de 1708 à 1764', *University of California publications in modern philology* 16 (1933)

Certeau, Michel de, *L'Ecriture de l'histoire*. Paris 1975

– 'La beauté du mort', dans M. de Certeau, *La Culture au pluriel*. Paris 1974

Champfleury, *De la littérature populaire en France: recherches sur les origines et variations de la légende du Bonhomme Misère* (Paris 1861)

– *Histoire de l'imagerie populaire*. Paris 1869

Chartier, R., 'Les arts de mourir, 1450-1600', *Annales* 1 (1976), p.51-75

– *Livres et lecteurs dans la société d'ancien régime*. Paris 1987

Chartier, R., D. Julia, M. M. Compère, *L'Education en France du XVIe au XVIIIe siècles*. Paris 1976

Chartier, R., J. Revel, D. Julia, 'Une ethnologie de la langue: l'enquête de Grégoire sur les patois', *Annales* 1 (1975), p.3-41

– 'La culture populaire en question', *Histoire* 8 (1981), p.68-90

Chevallier, Pierre, *Histoire de la franc-maçonnerie française*. Paris 1974

Corrard de Breban, *Recherches sur l'établissement et l'exercice de l'imprimerie à Troyes*. Paris 1873

Darmon, Jean-Jacques, *Le Colportage de librairie en France sous le Second Empire*. Paris 1972

Darnton, Robert, 'Un commerce de livres "sous le manteau" en province à la fin de l'ancien régime', *Revue française d'histoire du livre* 9 (1975), p.5-29

Davis, N. Z., *Les Cultures du peuple: rituels, savoirs et résistances au 16e siècle*. Paris 1979

Delarue, Paul, *Le Conte populaire français*, t.i. (Paris 1957); t.ii (avec M. L. Tenèze), Paris 1964

Doutrepont, Georges, *Les Mises en prose des épopées et des romans chevaleresques*. Bruxelles 1939

Duby, Georges, 'Histoire sociale et idéologie des sociétés', dans *Faire de l'histoire* (Paris 1986), 'Nouveaux problèmes', p.203-30

Ehrard, J., et J. Roger, 'Deux périodiques français du XVIIIe siècle', dans *Livre et société dans la France du XVIIIe siècle*. Paris 1965

Entretiens sur la paralittérature, Centre culturel international de Cerisy-la-Salle. Paris 1970

Erasme, *La Civilité puérile*, introduction de Philippe Ariès. Paris 1977

Estrée, Paul d', 'Une académie bachique au 17e siècle', *Revue d'histoire littéraire de la France* 2 (1895), p.491-522

Falk, H., *Les Privilèges de librairie sous l'ancien régime*. Paris 1970

Favret-Saada, Jeanne, *Les Mots, la mort, les sorts*. Paris 1977

Febvre, Lucien, *Le Problème de l'incroyance au XVIe siècle: la religion de Rabelais* (1942; Paris 1968)

Febvre, Lucien, et H. J. Martin, *L'Apparition du livre*. Paris 1971

Fogel, Michèle, *Les Cérémonies de l'information dans la France du XVIe au XVIIIe siècle*. Paris 1989

Foucault, Michel, *L'Archéologie du savoir*. Paris 1969
– *Surveiller et punir*. Paris 1975

Frémontier, Jacques, *La Vie en bleu*. Paris 1980

Fumaroli, Marc, *L'Age de l'éloquence: rhétorique et 'res literaria' de la Renaissance au seuil de l'époque classique*. Genève 1980

Furet, François, 'La librairie du royaume de France au XVIIIe siècle', dans *Livre et société dans la France du XVIIIe siècle* (Paris 1965), i.3-32

Furet, François, et Jacques Ozouf, *Lire et écrire* (Paris 1977)

Garnier, J. M., *Histoire de l'imagerie populaire et des cartes à jouer à Chartres*. Chartres 1869

Ginzburg, Carlo, *Le Fromage et les vers*. Paris 1980
– 'Signes, traces, pistes', *Le Débat* (1980), p.3-44

Goody, Jack, *La Raison graphique*. Paris 1978

Goulemot, Jean-Marie, 'Démons, merveilles et philosophie à l'âge classique', *Annales* 6 (1980), p.1223-50

Goubert, Pierre, *L'Ancien régime: la société*. Paris 1974

Gouriet, Jean-Baptiste, *Les Charlatans célèbres*. Paris 1819

Gramsci dans le texte. Paris 1977

Guiral, P., et G. Thuillier, 'Les sources de l'histoire régionale des domestiques au XIXe siècle', *Revue historique* 526 (1978), p.441-51

Histoire de la France rurale (de 1340 à 1789) t.ii. Paris 1975

Hélot, René, *La Bibliothèque bleue en Normandie*. Rouen 1928

Heulhard, A., 'La littérature poissarde au XVIIIe siècle', *Revue de France* 36 (1879), p.333-52

Histoire de l'édition française, sous la direction de R. Chartier et H. J. Martin, t.ii: 1660-1830. Paris 1984

Hoggart, Richard, *The Uses of literacy*, (London 1957)

Images du peuple au XVIIIe siècle, colloque d'Aix-en-Provence, 25-26 octobre 1969. Paris 1973

Jauss, H. R., *Pour une esthétique de la réception*. Paris 1978

Kreiser, B. R., *Miracles, convulsions and ecclesiastical politics in early eighteenth-century Paris* (Princeton 1978)

Labarre, A., *Le Livre dans la vie amiénoise du XVIe siècle: l'enseignement des inventaires après décès 1503-1576* (Paris, Louvain, Nauwelaerts 1971)

Lebègue, René, 'L'ancien théâtre religieux', *Journal des savants* (1975), p.213-24

– 'L'ancien répertoire de l'Hôtel de Bourgogne', *Revue d'histoire littéraire de la France* 81 (1981), p.3-10

Le Goff, Jacques, *Pour un autre Moyen Age.* Paris 1978

Le Goff, J., et M. Soriano, 'Débats et combats: les contes de Perrault' (1970), p.633-53

Leroux de Lincy, A., *Nouvelle Bibliothèque bleue, ou légendes populaires de la France.* Paris 1842

Le Roy Ladurie, Emmanuel, *Le Carnaval de romans: de la Chandeleur au mercredi des cendres (1579-1580).* Paris 1979

Le Roy Ladurie, E., et Michèle Duchet, 'Histoire et littérature: questions de méthode', *Dix-huitième siècle* 5 (1973), p.49-58

Lévi-Strauss, Claude, *Anthropologie structurale.* Paris 1974

Littérature savante et littérature populaire, Actes du sixième congrès national de la Société de littérature comparée: Rennes 1963. Paris 1964

Lord, A. B., *The Singer of tales* (New York 1965)

Mandrou, Robert, *De la culture populaire aux 17e et 18e siècles: la Bibliothèque bleue de Troyes.* Paris 1965

Martin, H. J., 'Culture écrite et culture orale, culture savante et culture populaire dans la France d'ancien régime', *Journal des savants* (1975), p.225-82

– 'La librairie française en 1777-1778', *Dix-huitième siècle* 11 (1979), p.87-112

– *Livre, pouvoirs et société au XVIIe siècle.* Genève 1969

Molinier, M., *La Révolution française et la question scolaire* (Paris 1965)

Morin, Louis, *Histoire corporative des artisans du livre à Troyes.* Troyes 1900

– 'Quelques faux en mention bibliographique', *Bulletin du bibliophile* 7 (1909), p.313-23

Mornet, Daniel, *Histoire de la littérature française classique, 1660-1700.* Paris 1950

Mortier, Roland, *Clartés et ombres du siècle des Lumières.* Genève 1969

Mouralis, Bernard, *Les Contre-littératures.* Paris 1975

Muchembled, Robert, *Culture populaire et culture des élites dans la France moderne, XVe-XVIIIe siècles.* Paris 1977

Nisard, Charles, 'Essai sur le colportage de librairie', *Journal de la Société de la morale chrétienne* 5, 3 (1855), p.1-60

– *Histoire des livres populaires ou de la littérature de colportage.* Paris 1864

Oddos, J. P., 'Simples notes sur les origines de la Bibliothèque dite bleue', *Quaderni del Seicento francese* 4 (1981), p.159-68

Pellisson, Maurice, *Les Hommes de lettres au XVIIIe siècle.* Paris 1911

Ponteil, F., *Histoire de l'enseignement, 1789-1965.* Paris 1966

Poujol, Geneviève, 'La résistance à l'inculcation: résistants ou handicapés?', dans *Les Cultures populaires* (Paris 1980), p.31-39

Propp, Wladimir, *Morphologie du conte.* Paris 1970

Richter, Noë, *Les Bibliothèques populaires.* Paris 1978

Daniel Roche, 'Encyclopédistes et académiciens', dans *Livre et société*, i.73-92

– 'Milieux académiques provinciaux et société des Lumières', dans *Livre et société au XVIIIe siècle* (Paris 1965), i.93-184

– 'Le Siècle des Lumières en province: académies et académiciens provinciaux, 1680-1789', Paris, EHESS, 1978

– *Le Peuple de Paris* (Paris 1983)

Roth, Suzanne, *Les Aventuriers au XVIIIe siècle.* Paris 1980

Saintyves, Pierre, *L'Astrologie populaire.* Paris 1937

Sauvy, Anne, 'Noël Gille dit la Pistole, "marchand forain libraire roulant par la

France"', *Bulletin d'histoire moderne et contemporaine* 11 (1975), p.178-90
– 'Un marginal du livre au XVIIIe siècle: Jacques Merlin', *Revue française d'histoire du livre* 12 (1976), p.443-85
– 'La librairie Chalopin', *Bulletin d'histoire moderne et contemporaine* 11 (1978), p.95-140
Seguin, Jean-Pierre, *L'Information en France avant le périodique*. Paris 1964
– *Canards du siècle passé*. Paris 1969
Socard, A., *Livres populaires imprimés à Troyes, 1600-1800*. Paris 1864
Solé, Jacques, 'Lectures et classes populaires à Grenoble au XVIIIe siècle: le témoignage des inventaires après décès', dans *Images du peuple au XVIIIe siècle*, colloque d'Aix-en-Provence, 25-26 octobre 1969 (Paris 1973), p.95-102
Soriano, Marc, 'Burlesque et langage populaire de 1647 à 1653: sur deux poèmes de jeunesse des frères Perrault', *Annales* 4 (1969), p.949-75
– *Les Contes de Perrault: culture savante et traditions populaires*. Paris 1973

Störer, M. E., *Un épisode littéraire de la fin du XVIe siècle: la mode des contes de fées, 1685-1700*. Paris 1928
Trénard, Louis, 'Le catholicisme au XVIIIe siècle', *L'Information historique* 2 (1964), p.53-65
Vaultier, R., 'La médecine en Beauce en 1789', *Hippocrate* 7 (1939), p.437-39
Vissière, J. L., 'La culture populaire à la veille de la Révolution, d'après le *Tableau de Paris* de Mercier', dans *Images du peuple au XVIIIe siècle*, Colloque d'Aix-en-Provence, 25-26 octobre 1969. Paris 1973
Vovelle, Michel, 'Etude quantitative de la déchristianisation', *Dix-huitième siècle* 5 (1973), p.163-72
– *Mourir autrefois*. Paris 1974
Weil, F., *L'Interdiction du roman et la Librairie 1728-1750*. Paris 1986
Zumthor, Paul, *Essai de poétique médiévale*. Paris 1972
– *Langue, texte, énigme*. Paris 1975

Index

Oudot, famille, 12-13, 26, 30-34, 57, 136;
 Jacques II, 12, 70; Jean, 10, 27, 33n.,
 68, 70; 'Monsieur ou Madame', 100;
 Nicolas, 10-11, 53, 60, 88, 90, 93, 96,
 102, 105, 119; Nicolas II, 33, 81; veuve
 Jacques, 23, 40, 46, 65, 67; veuve Jean,
 103, 111; veuve Nicolas, 9, 19, 28n., 40-
 43, 46, 51, 68-69, 101, 104, 119, 126
Oursel, Jean, 30; veuve Jean, 13
ouvrages de dévotion, 14, 31-32, 58, 67-
 83, 120
Ozouf, Jacques, 14, 20, 23n.

Paris, 10-11, 14, 25-26, 30, 32, 40-41, 43,
 53n., 61n., 68, 78- 79, 92n., 99-105,
 111-12, 130n.
Pâris, François de, 78
Parrot, 97
Pasquille nouvelle, 96-97, 125
Passion du Christ, 105, 121
Patience de Griselidis, 93
Patissier françois, 59, 63
Paulmy, marquis de, 28n., 45, 109
pèlerinage, 52, 76-81
Pellerin, 45, 110, 112, 121n., 130n.
Pellisson, M., 29n.
Pensez-y bien (art de mourir), 61
Pernelle, Madame, 97
Perrault, Charles, 72n., 112, 134; *Contes*,
 112-13
Petit, Jean, astrologue, 56
Pidansat de Mairobert, 29n.
Pierre de Provence, 21, 27, 30, 45n., 109-
 10, 124, 134, 139; en pantomime, 104
Pinchesne, neveu de Voiture, 98
Piot, Parre, 10
Pipe cassée, 101-102
Pixérécourt, 51
Plaisant devis du pet, 92
Polyeucte, 34, 104
Poujol, G., 132
Pratique de l'amour de Dieu, 75-76
préciosité, 105, 110, 125
'Pretejan' (Prêtre-Jean), 48
Promé, Jean, 11
Promenades de la guinguette, 111
propagande, 4, 13, 30-31, 49, 68, 73-76,
 85, 120, 135

Proserpine, 49n.
Proust, Marcel, 109n.
Puget de La Serre, *Secrétaire à la mode*, 88-
 89

Quête du Graal, 110
Quevedo, *L'Aventurier Buscon*, 107
Queyras, 17

Rabelais, 61, 63n., 107, 127-28; *Gargan-
 tua*, 107, 127
Rafflé, A. de, 11
Reader's digest, 130
Récit véritable, 28
Recueil de noëls, 32
Recueil des chansons, 104
Recueil des vaudevilles, 104
Reine, sainte, 77
Renaud de Montauban, 108
Restif de La Bretonne, 2, 22, 63, 70; *Vie
 de mon père*, 60, 63n., 82
Rétat, Pierre, 50n.
Richard, le Roy, 21
Richard sans peur, 22, 27, 51, 53, 58, 109
Rigaud, Benoît, 10
'Rivière, sieur de la', 110
Robert le Diable, 22, 27, 48, 50, 53, 58,
 109, 111, 123, 126, 134; mélodrame,
 104
Robin des Bois, 48
Robinson Crusoë, 2
Roch, saint, 77
Roche, Daniel, 22n., 98
Roger, Jacques, 69
Roland, 108
romans de chevalerie, 48, 53, 58, 81, 104,
 107-10, 121-23
Rosaire perpétuel, 72-73
Rosweide, père, S.J., 76
Roth, Suzanne, 29n.
Rouen, 10-12, 16, 19, 32, 40, 69, 83n.,
 108, 145
Rousseau, 121

Sacré-Cœur de Jésus, 73
Saint Alexis, tragédie, 105, 120-21
Sainte Confrérie, 73
Sainte Vierge, la, 72-73, 78, 83